# TEMPLARIOS
## EN AMÉRICA
### DE LAS CRUZADAS
### AL NUEVO MUNDO

TIM WALLACE-MURPHY
MARILYN HOPKINS

# TEMPLARIOS
## EN AMÉRICA
### DE LAS CRUZADAS
### AL NUEVO MUNDO

EDICIONES OBELISCO

Si este libro le ha interesado y desea que lo mantengamos informado de nuestras publicaciones, escríbanos indicándonos qué temas son de su interés (Astrología, Autoayuda, Ciencias Ocultas, Artes Marciales, Naturismo, Espiritualidad, Tradición...) y gustosamente lo complaceremos.

Puede consultar nuestro catálogo en www.edicionesobelisco.com

**Colección Estudios y Documentos**
TEMPLARIOS EN AMÉRICA
*Tim Wallace-Murphy / Marilyn Hopkins*

1ª edición: junio de 2008

Título original: *Templars in America*

Traducción: *Antonio Cutanda*
Maquetación: *Revertext. S.L.*
Diseño de portada: *Mònica Gil Rosón*

© 2004, Tim Wallace-Murphy and Marilyn Hopkins
Edición original en inglés publicada
por Red Wheel/Weiser, Books, York Beach, ME, USA.
(Reservados todos los derechos)
© 2008, Ediciones Obelisco, S.L
(Reservados los derechos para la presente edición)

Edita: Ediciones Obelisco S.L.
Pere IV, 78 (Edif. Pedro IV) 3ª planta 5ª puerta
08005 Barcelona - España
Tel. 93 309 85 25 - Fax 93 309 85 23
Paracas, 59 - Buenos Aires C1275AFA República Argentina
E-mail: info@edicionesobelisco.com

ISBN: 84-9777-470-3
Depósito Legal: B-18.086-2008

*Printed in Spain*

Impreso en España en los talleres gráficos de Romanyà/Valls S.A.
Verdaguer, 1 – 08786 Capellades (Barcelona)

Este libro está dedicado con todo respeto
a dos hombres excepcionales:

Al fallecido James P. Whittal, Jr.,
de Rowley, Massachusetts,
un arqueólogo brillante
y consagrado a su labor, que fue,
por encima de todo,
un extraordinario amigo.

Y a
Niven Sinclair,
de Londres, Inglaterra,
cuyos incansables esfuerzos por promover
una visión precisa de la historia han sido ejemplares.
Niven es, simplemente, el mejor amigo
que cualquiera podría desear.

# Agradecimientos

Esta obra es el fruto de diez años de investigaciones sobre las exploraciones transatlánticas que tuvieron lugar durante mil cuatrocientos años, desde tiempos de los romanos hasta el siglo XV. Como en cualquier empresa de este tipo, ha habido muchas personas que, desde dos continentes, han sido de gran ayuda, tanto por sus inspiraciones como por sus conocimientos. De ahí que agradezcamos encarecidamente la generosidad de espíritu que ha llevado a tantas personas a hacer tan valiosa aportación a nuestro entendimiento sobre este tema.

En Italia: a la Academia Naval Morosini de Venecia, al municipio de Venecia, y a nuestros buenos amigos Nicolo y Eleanor Zeno, de Venecia.

En Francia: a Guy Jourdan de Bargemon, de la Provenza; y al doctor Biorn Ivemark, de Belvezes-du-Razes.

En Inglaterra: al capitán Jack Lammaman; a Vic Rosati, de Totnes; a Lord Malcolm Sinclair, conde de Caithness y jefe hereditario del clan Sinclair; y a Tony y Anna Sinclair, de Londres.

En Escocia: a Stuart Beattie, del Rosslyn Chapel Trust; a James Mackay Munro, de Penicuick; al personal de la Biblioteca Nacional de Escocia, en Edimburgo; a Andrew Pattison, de Edimburgo; a Ian y Joan Sinclair, del Niven Sinclair Study Center, en Wick, Caithness; a Josh y Cath Gourlay, de Orkney; al Consejo de las Islas de Orkney; a los organizadores del Orkney Science Festival, y a los colaboradores del Sinclair Symposium, en Kirkwall.

En Estados Unidos: a D'Elayne y Richard Coleman, de Nueva York, fundadores de la Prince Henry Sinclair Society of America; a la Clan Sinclair Association of America; al personal de la biblioteca J. V. Fletcher Memorial, de Westford, Massachusetts; a Elizabeth Lane, también de Westford, a los miembros de la Westford Historical Society; a Connie Whittal, de Rowley, Massachusetts; a Michael Kerber, Mike Conlon y a toda la gente de Red Wheel/Weiser, de Boston, Massachusetts.

En Canadá: a la Clan Sinclair Association of Nova Scotia; a la Clan Sinclair Association of Canada; a Rob Cohn, de Halifax, Nueva Escocia; a Warden Hines y a sus colegas del municipio de Guysborough, Nueva Escocia; al consul italiano en Nueva Escocia; a Leo F. McKay, de Stellarton, Nueva Escocia; al concejal Miles McPherson, de Guysborough; a Bill Sinclair, de Halifax; a Jack Sinclair; y a Rory Sinclair, el gaitero del clan.

De la Nación Mi'qmaq: al gran jefe Benjamin Sylliboy y esposa; a Donald Julian, director ejecutivo de la Confederación de los Mi'qmaqs Continentales; al doctor Peter Christmas; al señor Daniel N. Paul y esposa, de Halifax; que tan generosamente nos ofrecieron su tiempo, sus conocimientos y su hospitalidad; y al señor Kerry Prosper y esposa.

Por último, y no por ello menos importantes, quiero dar las gracias a tres excepcionales personas cuyas vidas han supuesto una inspiración constante: la señora Rita Joe, poetisa laureada del pueblo mi'qmaq; Laura Zolo, la valerosa y hermosa balandrista de Elba, que recreó el viaje de Zeno/St. Clair desde Venecia hasta Nueva Escocia; y Niven Sinclair, de Londres, sin cuya pródiga ayuda, inspiración y aliento no se habría podido escribir este libro.

# Introducción

Oscar Wilde dijo en cierta ocasión: «Muchas personas descubrieron América antes que Colón, mi querido muchacho, pero la mayoría de ellas tuvieron la sensatez de guardar silencio acerca de ello». Al hacer este comentario, Oscar Wilde era consciente de la enorme controversia que existe en lo relativo a los viajes transatlánticos precolombinos. Por una parte, hay quien se suscribe a la teoría que dice que «no hubo contacto europeo con las Américas antes de Colón», idea que dio lugar al imperfecto axioma arqueológico de: «Las normas básicas de la arqueología afirman específicamente (aunque no estén escritas) que cualquier emplazamiento arqueológico que se descubra en Estados Unidos tiene que ser indio o colonial, y no puede haber sido ocupado por seres humanos, salvo que sean indios, antes de 1492».[1] En el otro extremo están aquellos otros que creen que personas de muchos y diferentes países visitaron una y otra vez las Américas a lo largo de toda la historia. Las opiniones no se dividen exclusivamente en terrenos razonables dentro de esta manzana de la discordia, puesto que a veces traspasan el reino de la fantasía. El autor Eric von Danniken llegó a afirmar incluso que seres venidos del espacio exterior utilizaron las líneas de Nazca, en América del Sur, como pistas de aterrizaje. Pero en algún lugar entre estos extremos se encuentra la verdad demostrable que respaldaba Oscar Wilde. Muchas personas cruzaron el Atlántico y llegaron a América, y la mayoría de ellas guardó silencio acerca de ello, normalmente, para proteger sus intereses comerciales.

En este libro vamos a explorar varios de estos viajes. La compleja y fascinante historia de la exploración de las Américas por parte de los europeos en la época del antiguo Egipto y de la Roma clásica se basa en sólidas evidencias arqueológicas, en archivos históricos y, sorprendentemente, en evidencias científicas y forenses modernas. Las habilidades que en el campo de la navegación y de la construcción de barcos permitieron a los vikingos cruzar el Atlántico con tanta frecuencia están bien documentadas, así como muchos de sus viajes. Las seculares tradiciones que vinculan tanto a irlandeses como a galeses con la exploración medieval del Nuevo Mundo, aunque aún clasificadas como mitos y leyendas, por cuanto no se han encontrado evidencias verificables que las sustenten, son no obstante fascinantes.

Igualmente legendaria es la tradición que dice que los monjes guerreros medievales de la Orden del Temple tuvieron vínculos comerciales con las Américas. Pero, a diferencia de otras leyendas, ésta tiene una sólida base en los hechos. Cien años después de la supresión de la herética Orden de los Caballeros Templarios, y casi un siglo antes que Colón, dos importantes familias templarias europeas unieron sus fuerzas con la pretensión de crear una nueva *commonwealth* en América, lejos de las garras represoras de la Santa Madre Iglesia y del largo brazo de la Inquisición. Y en este libro se cuenta su historia.

En 1396, Henry St. Clair, conde de Orkney y señor de Roslin, puso su flota bajo el mando de dos de los hijos de la famosa familia Zeno de Venecia, zarpando con ellos para explorar el Atlántico Norte y América, no una vez, sino, al menos, en dos ocasiones. Impregnados en la tradición y la espiritualidad templaria, atravesaron el Atlántico Norte a la manera de los antepasados vikingos del conde Henry. Dejaron pruebas, talladas en la piedra, a ambos lados del Atlántico, así como evidencias documentales aceptadas por la mayoría de los estudiosos y surgidas de una potente tradición oral que ha resistido la prueba del tiempo. Quizás el legado más perdurable no sea la iglesia redonda templaria que construyeran en el continente norteamericano, sino la perdurable amistad y fidelidad que, durante más de seiscientos años, ha existido entre el clan Sinclair, difundido ya por todo el mundo, y el pueblo mi'qmaq del noreste de Canadá. Esta amistad se basó desde un principio en unos valores espirituales compartidos, así como en los principios de la verdad y la justicia, valores que permitieron que estos viajes se caracterizaran por la paz, el respeto y la tolerancia, lejos del legado de desconfianza, odio y genocidio que mancillaron la casi totalidad de los contactos establecidos entre los invasores blancos y los pueblos nativos americanos.

Si bien estos viajes tuvieron un escaso impacto inmediato, tanto en lo político como en lo comercial, no dejaron de ser luces en el camino dentro de un proceso de acciones espiritualmente inspiradas que, con el transcurso de los siglos, han terminado por afectarnos a todos hoy en día. El nieto del conde Henry, el conde William St. Clair, jugó un papel fundamental en la transformación de los gremios medievales de Escocia (de los cuales él era el Gran Maestre hereditario) en la fraternidad de la francmasonería, cuyas creencias y tradiciones moldearon el pensamiento de los padres fundadores de Estados Unidos de América. Así, esta hermandad de inspiración espiritual dio al mundo un legado político perdurable e importantísimo: la Constitución de Estados Unidos.

Los viajes a América del conde Henry St. Clair y de Antonio Zeno, casi cien años antes que Colón, han engendrado una enorme controversia, así como multitud de informes, durante los últimos cincuenta años.[2] En varios libros se han llegado a dar unas fechas, un itinerario y una duración de los viajes para los cuales no encontramos justificación de ningún tipo. Hemos sido muy cuidadosos a la hora de utilizar los pasajes relevantes de la *Narración de Zeno*, allí donde se muestran de acuerdo con la geografía, en conjunción con los innegables conocimientos de Henry de los viajes previos de los vikingos a Vinlandia. Podemos seguir también el rastro de esta importante exploración a través de objetos arqueológicos, objetos que todo aquel que esté interesado puede ver aún y valorar por sí mismo. Aunque hemos hecho todos los esfuerzos posibles por mantener las especulaciones bajo mínimos, consideramos que la hipótesis que planteamos es razonable, a la luz de las evidencias y de una lógica desapasionada. Aceptamos *a priori* que no hay ningún modo, ni siquiera basado en una metodología racional, que pueda convencer a aquellos que se atrincheran en la posición de que no pudo haber contactos europeos con América con anterioridad a 1492. También aceptamos que los relatos previos que sugieren que el conde Henry y sus hombres tuvieron un periodo de actividades más amplio en las costas orientales de América seguirán teniendo sus defensores. Nuestro relato, que se basa en las evidencias, y que introduce sólo una especulación justificable, puede parecerle sobrio y cauto a algunos lectores que están familiarizados con el tema. Sin embargo, insistimos en que éste es el relato fundamental y definitivo de los viajes, basado firmemente en las evidencias conocidas, y que es, por tanto, el único que puede defenderse con seguridad. Creemos que puede ofrecer una base capaz de posteriores desarrollos y ampliaciones, siempre y cuando salgan a la luz con el tiempo evidencias válidas y relevantes.

# NOTAS

1. De la introducción del libro de Charles Michael Boland, *They All Discovered America* (Nueva York: Doubleday and Co., 1961).

2. Frederick Pohl, *The Lost Discovery* (Nueva York: WW Norton and Co., 1952); *The Sinclair Expedition to Nova Scotia in 1398* (Pictou, NS: Pictou Advocate Press, 1950); *Atlantic Crossings before Columbus* (Nueva York: WW Norton and Co., 1961); y *Prince Henry Sinclair* (Halifax, NS: Nimbus Publishing, 1967); Michael Bradley, *Holy Grail Across the Atlantic* (Ontario: Hounslow Press, 1988) y *Grail Knights of North America* (Toronto: Hounslow Press, 1998); Andrew Sinclair, *La espada y el Grial* (Madrid: Edaf, 1994); Niven Sinclair, *Beyond Any Shadow of Doubt* (Londres: publicación privada, 1998); Mark Finnan, *The Sinclair Saga* (Halifax, NS: Formac Publishing Co. Ltd., 1999); Stephen Sora, *The Lost Treasure of the Knights Templar* (Rochester, VT: Destiny Books, 1999); W. H. Hobbs, «The Fourteenth Century Discovery of America by Antonio Zeno», *Scientific Monthly*, Nº. 72, 1951, 24-31.

### Primera parte

# PREPARANDO EL TERRENO PARA LA EXPLORACIÓN

# 1

# El linaje de los ilustres St. Clair y los Caballeros Templarios

En la historia de Europa, es un hecho constatado que las dinastías reales vienen y van; surgen, gobiernan durante diferentes períodos de tiempo y son reemplazadas después por otras a raíz de *coups d'état*, guerras o como consecuencia de simple esterilidad biológica. El destino de ciertos aristócratas que alcanzaron el «favor real» es aún más pasajero y efímero pues, cuanto más rápido ascienden estos individuos, más rápida y más dura es su caída, terminando frecuentemente sus breves carreras de un modo espectacular, en el cadalso o en el extremo de una soga. Sin embargo, existe una familia aristocrática que demuestra ser la excepción a la regla, una dinastía que nunca pretendió trono alguno y que, sin embargo, siempre estuvo cerca de los puestos de poder, en el papel de consejeros de reyes, y que ejerció un poder virtualmente inquebrantable, así como una influencia sumamente sutil y penetrante, desde los últimos años del siglo IX hasta la última década del segundo milenio. Su historia es de gran interés para los estudiosos de la historia británica o escocesa, al igual que para los que siguen fascinados con los Caballeros Templarios o para los historiadores de las exploraciones precolombinas de América. Esta distinguida familia se conoce como «el Linaje Señorial de los Ilustres Sinclair», cuyo actual jefe hereditario del clan, el conde de Caithness, fue ministro del gabinete de gobierno del Reino Unido bajo la presidencia de la primera ministra Margaret Thatcher, a principios de la década de 1990.

Los St. Clair de Roslin son de verdadera estirpe vikinga, descendientes de Rognvald, conde de Möre, en Noruega.[1] A finales del siglo IX, el conde Rognvald luchó junto con el rey de Noruega, Harald el de la Cabellera Hermosa,

---

17

que le convirtió en *jarl,* o «conde», de North Möre, South Möre y Romsdale, regiones que se encuentran en las inmediaciones de la moderna ciudad de Trondheim, en Noruega.[2] Rognvald tenía tres hijos legítimos: Ivar, Thorir el Silencioso y Hrolf. También tenía tres hijos ilegítimos: Hallad, Hrollaug y Einar, que era el más joven de todos ellos.[3] Ivar acompañó a Harald el de la Cabellera Hermosa en su campaña para someter a las islas Shetland, las Orkney* y las Hébridas, así como en la aplastante incursión que realizara en la isla de Man, que la dejó en ruinas. Pero Ivar murió durante esta campaña y, como compensación, el rey le dio a Rognvald el condado de Shetland y Orkney.[4] Rognvald le cedió el gobierno de las islas a su hermano, Sigurd, quien, con Thorstein el Rojo y Aud la Meditabunda, conquistaron íntegramente Caithness, Moray y Ross, así como gran parte de Argyll, en Escocia.[5] Tras la muerte de Sigurd, su hijo gobernó durante un año, muriendo al cabo de este tiempo sin haber tenido descendientes. El hijo de Rognvald, Hallad, se convirtió en el nuevo conde, pero resultó ser un pésimo gobernante, por lo que Rognvald tuvo que replantearse el asunto.[6]

## Turf Einar, conde de Orkney

El problema de Rognvald consistía en que tenía que decidir cuál de los hijos que aún le quedaban sería el nuevo conde de Orkney y Shetland. Hrollaug le facilitó las cosas al anunciar que había decidido emigrar a Islandia, posiblemente para escapar del opresivo gobierno de Harald el de la Cabellera Hermosa, que era más autocrático de lo que era habitual en los reyes noruegos.[7] Hrolf, posiblemente por motivos similares, manifestó su deseo de proseguir con la tradición familiar de las incursiones y el pillaje, y anunció que iba a hacer una incursión por la costa occidental de Europa.[8] Con esto, Einar quedó como único candidato para heredar el condado de Orkney. En la *Saga Orkneyinga,* se ofrece una visión bastante más diplomática de todo este episodio, que se describe en los siguientes términos:

---

* Las islas Orkney se conocen en castellano como las Orcadas, pero hemos preferido mantener su denominación original por cuanto el título nobiliario que lleva su nombre se mantiene habitualmente en esta forma. *(N. del T.)*

—Entonces, ¿quieres que vaya allí? —preguntó Hrollaug.

—No estás destinado para ser conde —respondió Rognvald—. Tu destino te llevará a Islandia. Tendrás allí muchos descendientes, que se convertirán en los más nobles de los hombres.

Y, tras presentarse el hijo pequeño del conde,

—¿Quieres que vaya a las islas? —preguntó—. Puedo prometerte el favor más grande que puedas desear, el de que nunca más me vuelvas a ver. Hay muy poco aquí que me retenga, y ya no me veo a mí mismo siendo un fracasado en cualquier otro lugar.

—Considerando la clase de madre que tienes —dijo el conde—, nacida esclava por ambas partes de su familia, no es muy probable que hagas de ti un buen gobernante. Pero accedo; cuanto antes te vayas y más tarde regreses, más feliz seré.[9]

Einar gobernó en Orkney durante muchos años, y sería él el responsable de que se introdujera en las islas la costumbre de extraer turba como combustible para Tarbat Ness, en Escocia, dado que la leña para encender fuego era escasa en las islas. Como consecuencia de ello, a Einar se le conocería a partir de entonces como Turf Einar, Einar Turba.[10] Por extraño que parezca en un vikingo, murió en su lecho, y dejó tres hijos: Arnkel, Erlend y Thorfinn Aplastacráneos.[11]

# El ducado de Normandía

Hrolf, conocido como el Capataz,[12] debido a su gran tamaño, navegó hacia el sur, tal como había anunciado, hasta llegar a las costas del norte de Francia, entrando de este modo en la historia. Subió con su partida de guerreros por el río Sena, y decidió asentarse en aquellas exuberantes y fértiles tierras. Tras el infructuoso asedio de Hrolf a la ciudad de Chartres, el rey Carlos el Simple optó por utilizarlo como barrera defensiva frente a posteriores incursiones vikingas, y firmó la paz con él en el año 912. El tratado por el cual se le concedía a Hrolf el ducado de los territorios que llegarían a conocerse como Normandía («la Tierra de los Hombres del Norte») se firmó en el castillo de St. Clairsur-Epte.[13] En este tratado se hace referencia a Hrolf con la versión latina de su nombre, Rollo,* que sería el nombre que se le daría a partir de entonces. A Rollo se le dio la provincia de Normandía como vasallo del rey de Francia, con la condición de que se casara con la hija del rey, Gisele, y de que él y toda su partida se convirtieran al cristianismo.[14] Parte del ritual de la firma de este solemne y vinculante tratado consistía en un acto de homenaje al rey, en el que se suponía que Rollo tenía que besarle los pies al monarca francés como muestra de fidelidad. Pero Rollo, sintiendo que aquel acto le rebajaba, delegó en uno de sus tenientes de rango superior, un hombre alto y robusto, de más de un metro y ochenta centímetros de altura, para que ocupara su lugar. El vikingo se agachó gravemente y tomó el pie del rey entre sus manos; y, luego, se acercó el pie del monarca hasta los labios todo lo alto que era, haciendo que el rey cayera de espaldas desde su taburete y se quedara en el suelo haciendo aspavientos como un cangrejo boca arriba.[15]

Según una tradición, Rollo y sus oficiales de mayor graduación se bautizaron solemnemente en las aguas milagrosas de una fuente, que estaba alimentada por un manantial cuyo nombre honraba a San Clair, que había sido martirizado allí en el año 884.[16] Muchos pueblos de Normandía llevaban el nombre del santo, cuyo culto perduró durante más de mil años. El día del santo se celebraba particularmente en las zonas que guardaban relación con él: en las actuales ciudades de Gourney, Carentan, Saint-Roche, Saint Sylvain y Saint-Lo.[17] A pesar de la creencia largamente sustentada en la familia St. Clair, la población de St. Clair-sur-Epte, por importante que fuera en la historia de Normandía, nunca perteneció en realidad a Rollo ni a ninguno de sus sucesores. La familia Chaumont fue la propietaria del castillo y de las tierras durante varios siglos, y las tierras en sí formaban parte de la Ile de France, bajo la égida del rey, y no formaban parte de Normandía.[18] Según L. A. de St. Clair, en un escrito de 1905:

> Por tanto, es muy poco probable que ninguna familia utilizara el nombre de St. Clair-sur-Epte como nombre familiar. Es la ciudad de St. Clair, cerca de Saint-Lo, en las proximidades del límite occidental del Bessin, en la que se encuentra el verdadero origen del nombre de la noble casa de St. Clair.[19]

El uso del nombre de St. Clair como nombre de esta familia se remonta al reinado del cuarto duque de Normandía, Ricardo II, cuando los nombres de los territorios que ocupaban comenzaron a aplicarse a las personas que los go-

---

* A Hrolf (Rollo), se le conoce en castellano como Rollón, pero mantendremos la versión latina por ceñirnos al original inglés. *(N. del T.)*

bernaban. Dado que Rollo y Gisela no tuvieron hijos, Rollo se volvió a casar, esta vez con una tal Popa, hija del Conde de Bayeaux, que le dio un hijo al que se conocería como Guillermo Larga Espada. Éste, a su vez, sería sucedido por Ricardo I, cuya hija, Emma, se casaría con el rey Etelredo el Indeciso de Inglaterra. Otra de sus hijas se casaría con Geoffrey, conde de la Bretaña, mientras que una tercera, Matilda, se convertiría en la esposa de Eudes, conde de Chartres.[21] Pero, no contentos con unirse con la casa real de la Inglaterra sajona y con la familia del conde de la Bretaña, la familia de Rollo se unió también con las familias aristocráticas de Chaumont, Gisors, d'Evereaux y Blois, la familia de los condes de Champaña. También se vincularon con la ducal Casa de Borgoña, la Casa Real de Francia (los Capetos) y, más tarde, a través de la Casa de Flandes, con Godofredo de Bouillon, el primer soberano cristiano del Reino de Jerusalén, antecesor de los Habsburgo.[22]

## Los aliados aristocráticos de los vikingos

Si se tiene en cuenta la reputación que tenían los vikingos de invasores terribles y bárbaros salvajes, resulta un tanto difícil de comprender la disposición que mostraron las más destacadas familias aristocráticas francesas y de otros lugares a establecer vínculos matrimoniales con aquella pandilla de piratas guerreros. Las tierras de Normandía, por importantes que pudieran haber sido, no explican por qué algunas de las familias más antiguas de Europa se precipitaron para establecer alianzas matrimoniales con los vikingos. Cuando se estudia la genealogía de estas familias, uno se encuentra con que hicieron repetidas alianzas dinásticas entre sí; pero, además, se descubre el mismo patrón recurrente a lo largo del tiempo. ¿Existe alguna explicación para esto, o es que andaban escasos de ideas? Si se estudia la historia de las casas nobles de la naciente Europa junto con un mapa de los territorios que ocupaban, uno se da cuenta de que las consideraciones estratégicas constituían sólo un factor menor. Había algo más detrás, algo que es difícil, si no imposible, de explicar mediante los estándares aceptados de la historia.

La crianza, o quizás habría que decir intercrianza, de estas familias se parece más a la cría de un pura sangre en una caballeriza que a un comportamiento humano normal. Incluso dentro de las filas exclusivas de la nobleza, sobresale un grupo particular de familias. Todos sus matrimonios están dirigidos desde el interior de un grupo selecto, y los mismos nombres familiares

---

21

aparecen una y otra vez en las genealogías de todas ellas cada tres o cuatro generaciones. Hay una leyenda esotérica que ha perdurado a lo largo de los siglos que, por extravagante que pueda parecer, puede darnos un atisbo sobre la estructura de las creencias que engendraban unos comportamientos tan extraños: la tradición del Rex Deus.[23]

## La tradición del Rex Deus

Existe un grupo de familias en Europa, conocidas entre ellas como el Rex Deus, que tienen una tradición oral muy antigua, según la cual todas descienden de los veinticuatro sumos sacerdotes del Templo de Jerusalén de la época de Jesús.[24] Con el fin de mantener puros sus linajes, restringieron sus alianzas matrimoniales, siempre que les fue posible, a otras familias que afirmaban tener la misma ascendencia. En esto, replicaban la costumbre tradicional de las familias sumo sacerdotales del Israel bíblico. La mayoría de las personas sabe que la clase sacerdotal de aquella época era hereditaria, y que todos sus miembros pertenecían a la tribu de Leví. Pero lo que no es tan conocido es que, entre los levitas, los Cohen ocupaban un lugar especial. Los Cohen constituían un grupo aún más exclusivo, de entre cuyos miembros se elegía a los sumos sacerdotes. Al sacerdocio levítico general, la ley judía y la tradición le permitía el matrimonio fuera de la tribu. Pero a un Cohen no sólo le estaba prohibido hacer esto, sino que tenía la obligación estricta de casarse únicamente dentro de la familia Cohen, en su sentido amplio, preservando así, o al menos eso creían, un vínculo inquebrantable y directo con el sacerdocio instituido por Moisés.[25]

Las familias del Rex Deus afirmaban preservar las verdaderas enseñanzas de Jesús para las generaciones futuras, y estaban consagradas a la tarea de traer «el Reino de los Cielos a la Tierra». Ellos sabían que Jesús vino a revelar y no a redimir, y dado que su versión de «las verdaderas enseñanzas de Jesús» era considerablemente diferente del dogma de la Santa Madre Iglesia, tenían que mantener en secreto sus tradiciones con el fin de evitar las persecuciones.[26] La Iglesia, como guardiana autodesignada de la verdad divinamente revelada, había instituido un régimen de intolerancia y represión contra todo aquel que tuviera la temeridad de mostrarse en desacuerdo con sus enseñanzas; es decir, que a aquellos que no comulgaban con el anzuelo, el sedal y el plomo del dogma de la Iglesia se les consideraba herejes.[27]

En el Concilio de Nicea, en el año 325, se promulgó la doctrina de la Santísima Trinidad, que declaraba que Jesús era divino y equivalente a Dios Padre y al Espíritu Santo. Inmediatamente después de aquello, comenzarían a quemarse los libros escritos por los herejes,[28] y no pasaría mucho tiempo antes de que a los libros heréticos les siguieran en la hoguera sus autores. Por tanto, con el fin de sobrevivir, las familias del Rex Deus seguían aparentemente las observancias religiosas de la zona de Europa en la cual habitaban, pero mantenían vivas sus enseñanzas ocultas mediante una transmisión oral que pasaba, de generación en generación, a través de los vástagos elegidos, cuando eran lo suficientemente maduros como para ser iniciados.

Ricardo II, el cuarto duque de Normandía, tenía tres hijos: Ricardo III, que se convertiría en el quinto duque, Roberto el Diablo y Mauger el Joven. Pero tenía también dos hijas que llevaron a cabo importantes matrimonios dinásticos: Alix se convertiría en la esposa del conde de Borgoña, y Leonor se convertiría en la esposa de Balduino, el conde de Flandes. Dado que ni Ricardo III ni Roberto el Diablo dejaron hijos legítimos, la mayoría de los barones normandos habría preferido que la sucesión pasara al hijo del hijo pequeño del duque, Mauger.[29] Pero se creó un partido, dirigido por Raúl, condestable de Normandía, para apoyar las reivindicaciones de Guillermo, el hijo bastardo de Roberto el Diablo, que terminaría siendo conocido en la historia como Guillermo el Conquistador.

Mauger tenía tres hijos: Hamon, Walderne y Hubert. Hamon y Walderne murieron en la batalla de Val-des-Dunes, donde la sucesión de Guillermo el Bastardo quedó asegurada. Dos de los hijos de Walderne, Ricardo y Britel, se reconciliarían con Guillermo el Conquistador, y jugarían un importante papel en la conquista de Inglaterra, donde posteriormente recibirían tierras como recompensa. Pero quedaban otros dos hijos: Guillermo e Inés, que eran demasiado pequeños cuando su padre murió en la batalla de Val-des-Dunes, muerte que Guillermo nunca perdonaría a Guillermo el Conquistador.[30] Su hermana, Inés, se casó con Felipe Bruce, que era también de origen normando, y que sería antepasado de Roberto I Bruce, rey de Escocia tras la batalla de Bannockburn, a principios del siglo XIV.[31]

## El primer St. Clair señor de Roslin

Guillermo se uniría a una rama de la familia real de los sajones, y acompañaría al Atheling y a su hija, Margarita, a Hungría. Conocido como Guillermo el Decoroso por su pundonor y su cortesía, sería elegido, junto con Bartholomew Ladislaus Leslyn, para escoltar a la princesa Margarita a Escocia, donde tenía que contraer matrimonio con Malcolm Canmore, rey de los escoceses.[32] Como recompensa por sus servicios, se le concedió la baronía de Roslin «en arriendo de por vida». Más tarde, encabezaría el ejército escocés en los combates contra Guillermo el Conquistador, que para entonces ya era el rey de Inglaterra. Guillermo el Decoroso terminaría muriendo en una escaramuza con los ingleses en Northumberland.[33]

El primer St. Clair nacido en Escocia, Henri de St. Clair, fue confirmado como barón de Roslin, y también como barón de Pentland, por el rey Malcolm. Asumió también sobre sí la enemistad de su familia con la Casa Real de Inglaterra, tomando partido por el hermano depuesto del rey Enrique I de Inglaterra, Robert Courte-Heuze, al cual acompañó en la primera cruzada a Tierra Santa, en 1095.[34] Cruzaron Europa con el ejército cruzado, liderado por uno de los familiares de Guillermo, Godofredo de Bouillon, jefe de la Casa Real de Flandes. Tras la conquista de Jerusalén en el año 1099, se le ofreció la corona de Tierra Santa a Godofredo de Bouillon, cuya familia era Rex Deus, pero él renunció a tal honor y prefirió gobernar bajo el título de Protector del Santo Sepulcro.[35] Godofredo murió sin descendientes, siendo su sucesor su hermano, Baudouin (Balduino), que no mostró reluctancia alguna a la hora de aceptar la corona y de reinar como Balduino I de Jerusalén.[36] Le sucedería Balduino II, bajo cuyo reinado se fundaría una de las más controvertidas y calumniadas órdenes de la historia de la cristiandad: la Orden de los Caballeros Templarios.

## Los Caballeros Templarios

Uno de los fundadores de los templarios, que sería también su primer gran maestre, Hughes de Payen, se dice que fue a Tierra Santa desde Normandía acompañado de otro Henri de St. Clair.[37] Otro de los fundadores de la orden, André de Montbard, era familia del duque de Borgoña, y tío de una de las figuras más influyentes de la historia medieval, Bernardo de Claraval. Ambos eran vasallos a su vez del conde de Champaña, que jugaría un extraño y misterioso papel tanto en la tradición templaria como en la aparición de las historias del Santo Grial.[38]

Los condes de Champaña prestaban fidelidad al rey de Francia, al emperador del Sacro Imperio Romano y al duque de Borgoña. Pero, aún con todo, eran virtualmente príncipes independientes, que ocupaban un territorio algo más grande que el País de Gales, un territorio que se extendía al este y sudeste de París.[39] Los condes de Champaña tenían vínculos de sangre y de matrimonio con los St. Clair, con los reyes capetos de Francia, con el duque de Borgoña y con los reyes normandos y Plantagenet de Inglaterra.[40] En 1104, el conde de Champaña, Hughes I, se reunió en un cónclave secreto con los miembros de las familias nobles de Brienne, de Joinville, Chaumont y Anjou, todas las cuales eran Rex Deus.[41] Y casi inmediatamente después, partió hacia Tierra Santa y no volvió a las propiedades familiares hasta 1108, y regresó a Jerusalén en 1114. A su regreso a Europa un año después, hizo una importante donación de tierras a la Orden Cisterciense, en las cuales se construyó la Abadía de Clairvaux (Claraval).[42] Bernardo de Claraval sería su primer abad, y jugaría un papel crucial, si bien un tanto en la sombra, en la fundación de los Caballeros Templarios.

La Orden de los Pobres Caballeros de Cristo del Templo de Salomón, habitualmente conocidos como Caballeros Templarios, la fundaron en Jerusalén Hughes de Payen, André de Montbard y otros siete caballeros en el año 1118.[43] Esta nueva orden de nueve caballeros, conocida también como «la Milice du Christ» (la Milicia de Cristo), declaraba que su vocación era la de proteger las rutas de peregrinación en Tierra Santa. Basándose en las informaciones que les proporcionaban las tradiciones secretas del Rex Deus, los nueve caballeros iniciaron una descomunal excavación en los mismos cuarteles que se les había concedido, en lo que se conocía como los Establos de Salomón.[44] Las opiniones varían en lo relativo a lo que pudieran encontrar, pero existe cierto consenso en la idea de que debieron encontrar documentos y objetos que contenían los frutos de miles de años de conocimiento sagrado,[45] así como un tesoro desmedido. Las excavaciones les llevaron nueve años y, cuando las terminaron, los caballeros volvieron a Europa con sus descubrimientos, yendo en primer lugar a la Provenza, y luego a Normandía, Inglaterra y Escocia.[46] En Escocia, se fueron directamente a las posesiones de los St. Clair en Roslin. De hecho, diversos autores sostienen que Hughes de Payen estaba casado con una mujer de la familia St. Clair.[47]

La nueva orden recibió su regla en el Concilio de Troyes,[48] que estuvo dominado por el pensamiento de Bernardo de Claraval, quien escribiría lo que ahora podríamos calificar como de texto publicitario para la orden, titulado *Elogio de la nueva caballería*.[49] Tras el regreso de los nueve caballeros a Europa, la orden recibió numerosas donaciones de propiedades en la Provenza, el Languedoc, la Ile de France, Normandía, la España cristiana, Portugal, Inglaterra y Escocia, donde el rey David I les dio una extensión de tierra en Ballantradoch, junto a las propiedades de Roslin.[50] Su carrera hacia las riquezas, el poder y la influencia fue rápida y sostenida. En los cincuenta años que siguieron, adquirieron más tierras en los Países Bajos, Dinamarca, Noruega, Polonia, Alemania, Italia y Hungría.[51]

Siendo propietarios de tierras en todas las zonas climáticas de Europa, los templarios desarrollaron una gran destreza en todo tipo de cultivos. La protección de las rutas de peregrinación y el transporte de sus propias tropas y materiales a Tierra Santa, así como el transporte de peregrinos, les llevó a crear una flota grande y bien disciplinada,[52] gran parte de la cual se construyó en las atarazanas de Venecia. La orden se convertiría en aliada permanente de la Serenísima República de Venecia, y su poderío naval combinado permitiría mantener en pie el reino cristiano de Jerusalén frente al creciente poder de sus enemigos musulmanes.[53] Los beneficios comerciales de sus actividades en Europa se utilizaban principalmente para mantener los numerosos castillos y encomiendas que tenían en Tierra Santa, donde eran, ciertamente, el primer ejército profesional de Europa, desde la caída del Imperio Romano.[54]

Los intereses comerciales de los templarios fueron muchos y variados, y entre ellos se incluían la vinicultura, la agricultura, la cría de ganado, la construcción de barcos, la cantería, la minería y la construcción.[55] Aprendiendo de sus adversarios musulmanes, los templarios adoptaron la «nota de mano» sufí, y la utilizaron en sus transacciones económicas, que discurrían a todo lo largo y ancho de Europa, convirtiéndose en banqueros de reyes, papas, barones y obispos.[56] La protección de las rutas comerciales hizo factible y seguro el comercio entre lugares distantes y, como consecuencia de ello, el equilibrio del poder político comenzó a pasar poco a poco de los pendencieros barones a una nueva y emergente clase mercantil. El efecto transformador de las actividades de la orden en la cultura europea fue casi total. La paz, la seguridad en el transporte y el establecimiento de un eficiente sistema bancario fueron factores que, combinados todos ellos, crearon las condiciones ideales para la acumulación de capital a largo plazo y el posterior auge del capitalismo.

Pero el recordatorio más visible de las actividades de los Caballeros Templarios lo constituyen sus huellas arquitectónicas. La totalidad del desarrollo del estilo gótico, que, según los historiadores de la arquitectura, no evolucionó a partir de su predecesor, el románico, se suele atribuir a los descubrimientos que hicieron los templarios en sus excavaciones en Jerusalén.[57] Estuvieron implicados sin duda alguna en la financiación para la construcción de muchas de las grandes catedrales europeas, como la de

Chartres y la de Amiens, cuyas altas agujas constituyen un recuerdo permanente de la orden.[58] Los templarios estuvieron tan estrechamente ligados a los canteros que construyeron físicamente las catedrales (a los que se les conocía como los Hijos de Salomón), que su relación precisa sigue siendo materia de debate.[59] ¿Acaso eran dos ramas de una misma Orden, o simplemente los templarios eran los patrones y maestros de los canteros masones?

Sin embargo, una cosa es segura, y es que los fundadores de los Caballeros Templarios se aseguraron de que la orden estuviera siempre gobernada por un gran maestre perteneciente a las filas de las familias Rex Deus. Aunque cualquier caballero cualificado de noble nacimiento podía unirse a la orden, la lista de aquellos que servían en sus consejos internos refleja siempre los nombres de las familias que afirmaban descender de los sumos sacerdotes del Templo de Jerusalén.[60] Y el nombre de una de esas familias aparece siempre íntimamente enlazado con la orden, desde el tiempo de la cruzada que llevó a su creación hasta los tiempos de su larga batalla final por preservar sus tradiciones, después de su disolución: la familia de los St. Clair de Roslin.

## La caída de los templarios

La persecución de los Caballeros Templarios comenzó el viernes, 13 de octubre de 1307, con el arresto de la mayor parte de los templarios asentados en Francia. Después de muchos años de torturas, y acusados de herejía, el gran maestre de entonces, Jacques de Molay, y su compañero, Geoffroi de Charny, fueron asados vivos, a fuego lento, en una isla del Sena, en el centro de París.[61] El motivo del súbito arresto y la tortura de los templarios se hallaba en la codicia y la envidia del rey Felipe el Hermoso de Francia. Pero, a pesar de las precauciones tomadas al hacer sus planes y de la rapidez con la que se realizaron los arrestos, la noticia debió de filtrarse; pues, cuando los hombres del rey llegaron al Temple en París para apoderarse del convoy de lingotes de oro que el mismo rey había visto descargar pocos días antes, el tesoro se había desvanecido.[62] La flota de dieciocho barcos que había traído a De Molay y a su séquito desde Chipre a La Rochela también había desaparecido. Los minuciosos trabajos detectivescos de autores modernos como John Robinson, Michael Baigent y Richard Leigh tienden a confirmar con contundentes hechos históricos las tradiciones transmitidas de generación en generación dentro de la francmasonería francesa de que el tesoro de los templarios se puso a buen resguardo en Escocia.[63] Y sabemos que los St. Clair de Roslin eran miembros del grupo secreto que había fundado y dirigido la orden a lo largo de toda su historia, de donde podríamos concluir, sin sorprendernos demasiado, que su riqueza, que ya era considerable, se hizo aún más grande tras la supresión de la Orden Templaria. Uno de los más destacados genealogistas de los St. Clair dejó constancia de que, a partir de entonces, cada vez que los Señores de Roslin viajaban, iban acompañados por cien caballeros montados, mientras que las damas de Roslin eran atendidas por ochenta damas de honor, y la familia cenaba en bandejas de oro.[64]

## El santuario de Escocia

Tras la supresión de los templarios, un buen número de caballeros buscó refugio en Escocia. El motivo de ello era simple: durante el transcurso de la guerra civil por la corona escocesa, el principal pretendiente, Roberto Bruce, fue excomulgado por el asesinato ritual de su rival, John Comyn, en las dependencias de una iglesia. Y dado que la acción papal no produjo el resultado deseado de la deposición de Bruce, sus nobles también fueron excomulgados, poniéndose a todo el país bajo interdicto papal. Esto suponía que los mandatos judiciales del papa no tenían efecto en el reino de los escoceses,* convirtiéndolo en un refugio seguro para los Caballeros Templarios que huían de las garras de la Inquisición.[65] Sus habilidades militares y el armamento que traían consigo fueron muy bien recibidos por Roberto Bruce, que por entonces ya se había asegurado la sucesión y estaba luchando una guerra de supervivencia contra el rey de Inglaterra. Los acontecimientos desembocaron en la batalla de Bannockburn, en 1314. Según la mayoría de los relatos, los escoceses, que eran muy inferiores en número, crearon una potente posición defensiva y se las ingeniaron para repeler los repetidos ataques del ejército invasor. Cuando el día tocaba a su fin, los ingleses montaron un abrumador

---

* En tanto que en el resto de países europeos los reyes ostentaban el título de rey de Francia, rey de España o rey de Inglaterra, por ejemplo, en Escocia, se mantuvo una posición diferente al respecto, dándole más importancia al pueblo que al territorio. De ahí que, en Escocia, al rey no se le diera el título de rey de Escocia, sino de rey de los Escoceses. (N. del T.)

asalto. Pero, de pronto, un grupo de reservistas escoceses apareció en lo alto de una colina, y ante la mera visión de los recién llegados, el ejército inglés emprendió la huida sin siquiera pensárselo dos veces. La historia oficial es, francamente, increíble. Se dice que los reservistas que supuestamente pusieron en fuga al curtido ejército inglés con su mera presencia era «el pueblo llano», una colección de mozos de cuadras, caballerizos y campesinos de la zona. Pero, para cualquier historiador un poco racional, esta hipótesis es de lo más improbable, mientras que la verdad resulta bastante más creíble. Los reservistas escoceses estaban constituidos por una división de disciplinada caballería, con armadura completa, que luchaba bajo el fácilmente reconocible estandarte del Beausseant, la característica bandera de combate blanca y negra de la más aguerrida fuerza de combate de Europa: los Caballeros Templarios.[66]

Roberto Bruce, en 1320, sentó los cimientos de las futuras relaciones entre el rey de los Escoceses y su pueblo mediante la Declaración de Arbroath, en la que se declaraba la independencia de Escocia bajo cualquier circunstancia. Uno de los muchos firmantes fue Sir Henry St. Clair de Roslin. El nuevo rey era, por encima de todo, un hombre realista, y aunque las tradiciones escocesas nos dicen que terminó convirtiéndose en el gran maestre soberano de la Orden Templaria, también se dice que aconsejó a los templarios que pasaran a la clandestinidad y que operaran en secreto. El motivo de por qué les sugirió esto no es difícil de sospechar, pues Bruce sabía que, más pronto o más tarde, tendría que restablecer las relaciones con el papa y con los países que reconocían el poder papal, y no quería recompensar a aquellos aliados que le habían salvado el trono permitiéndoles convertirse en dianas visibles de la Inquisición. El destino de las propiedades templarias en Escocia fue también diferente al del patrón establecido en el resto de Europa. Algunas revirtieron a las familias que originalmente las habían donado, y que habían mantenido lazos estrechos con la orden a lo largo de toda su existencia. El resto pasó a manos de los Caballeros Hospitalarios. Pero en Escocia se mantuvo una distinción, como si los propietarios originales se las hubieran dejado en fideicomiso.[67]

Bruce comenzó a establecer alianzas internacionales como parte de su estrategia para restringir las incursiones inglesas en su reino. Pero una de esas alianzas destaca por encima de todas las demás, una alianza que data de este período y que se prolongó durante tantos siglos que se la ha llegado a conocer como «la *auld* alianza».\* Con ella, la relación entre los escoceses y las ra-

---

\* *The auld alliance*, en el original inglés. En escocés, *auld* significa «antiguo». Podría traducirse, por tanto, como «la antigua alianza». *(N. del T.)*

mas francesas de Rex Deus se formalizó de un modo tal que tendría una poderosa influencia en el desarrollo político y económico de Europa hasta bien entrado el siglo XVIII, y aún más allá.

## NOTAS

1. Tim Wallace-Murphy y Marilyn Hopkins, *Rosslyn: Guardian of the Secrets of the Holy Grail* (Shaftsbury, UK: Element Books, 1999), p. 198.

2. Hermann Pálsson y Paul Edwards, trad. *Orkneyinga Saga*, (Londres: Penguin Books, 1981), 4, p. 26.

3. *Orkneyinga Saga*, 4, p. 26.

4. Ibíd. 4, p. 27.

5. Ibíd., 5, p. 27.

6. Ibíd., 5, p. 28.

7. Ibíd., 6, p. 28.

8. Wallace-Murphy y Hopkins, *Rosslyn: Guardian of the Secrets of the Holy Grail*, p. 199.

9. *Orkneyinga Saga*, 6, pp. 28-29.

10. Ibíd., 7, p. 29.

11. Ibíd., 8, p. 32.

12. Ibíd., 4, p. 26.

13. *Véase* Robert Wace, *The History of the Norman People: Wace's Roman de Rou*, trad., Elizabeth Van Houts (Sin lugar de publicación: The Boydell Press, 2004); Marilyn Hopkins, Graham Simmans y Tim Wallace-Murphy, *Rex Deus* (Shaftsbury, UK: Element Books, 2000), p. 107. (Hay vesión castellana: *Los hijos secretos del Grial*, Barcelona: Planeta-De Agostini, 2006.)

14. Louis Anatole de St. Clair, *Historie Genealogique de la Famille de Saint Clair det ses alliances* (Paris: Hardy & Bernard, 1905), p. 7.

15. Wace, *History of the Norman People*.

16. St. Clair, *Histoire Genealogique de la Famille de Saint Clair*, p. 7.

17. Ibíd., p. 8.

18. Ibíd., p. 8.

19. Ibíd., p. 8.

20. Ibíd., p. 9.

21. Wallace-Murphy *et al.*, *Rex Deus*, p. 105.

22. Wallace-Murphy *et al. Rex Deus*, pp. 107-108.

23. Wallace-Murphy y Hopkins, *Rosslyn: Guardian of the Secrets of the Holy Grail*, pp. 97-98.

24. Wallace-Murphy *et al.*, *Rex Deus*, p. 38.

25. Ibíd., p. 41.

26. Wallace-Murphy et al., *Rex Deus*, p. 210.

27. Tim Wallace-Murphy, *The Templar Legacy and the Masonic Inheritance within Rosslyn Chapel* (Roslin, UK: The Friends of Rosslyn, 1994), p. 12.

28. Wallace-Murphy et al., *Rex Deus*, p. 95.

29 St. Clair, *Histoire Genealogique de la Famille de Saint Clair*, p. 10.

30. Ibid., pp. 11-12.

31. Ibid., pp. 15-16.

32. Wallace-Murphy, *The Templar Legacy and the Masonic Inheritance within Rosslyn Chapel*, p. 25.

33. Andrew Sinclair, *The Sword and the Grail* (Londres: Century, 1993), pp. 30-37.

34. St. Clair, *Histoire Genealogique de la Famille de Saint Clair*, p. 16.

35. John Robinson, *Dungeon, Fire and Sword* (Londres: Brockhampton Press, 1999), p. 20.

36. Robinson, *Dungeon, Fire and Sword*, p. 28.

37. Wallace-Murphy y Hopkins, *Rosslyn: Guardian of the Secrets of the Holy Grail*, p. 94.

38. Ibid., p. 94.

39. Wallace-Murphy et al., *Rex Deus*, p. 109.

40. Wallace-Murphy y Hopkins, *Rosslyn: Guardian of the Secrets of the Holy Grail*, p. 97.

41. Wallace-Murphy et al., *Rex Deus*, pp. 113-114.

42. Wallace-Murphy y Hopkins, *Rosslyn: Guardian of the Secrets of the Holy Grail*, p. 97.

43. Wallace-Murphy, *The Templar Legacy and the Masonic Inheritance within Rosslyn Chapel*, p. 17.

44. Trevor Ravenscroft y Tim Wallace-Murphy, *The Mark of the Beast* (Londres: Sphere Books, 1990), p. 52.

45. HRH, Prince Michael of Albany, *The Forgotten Monarchy of Scotland* (Shaftsbury, UK: Element Books, 1998), p. 61.

46. Wallace-Murphy et al., *Rex Deus*, p. 168.

47. Alegado por Baigent, Leigh y Lincoln en *El enigma sagrado* (Madrid: Martinez Roca, 1987); también por Andrew Sinclair en *La espada y el Grial*; sin embargo, no hemos podido encontrar ninguna evidencia creíble que apoye esta alegación.

48. Wallace-Murphy y Hopkins, *Rosslyn: Guardian of the Secrets of the Holy Grail*, p. 97; también, Robinson, *Dungeon, Fire and Sword*, p. 37.

49. Wallace-Murphy y Hopkins, *Rosslyn: Guardian of the Secrets of the Holy Grail*, pp. 95-96.

50. Wallace-Murphy et al., *Rex Deus*, p. 118.

51. Ibid., p. 120.

52. Wallace-Murphy y Hopkins, *Rosslyn: Guardian of the Secrets of the Holy Grail*, p. 99.

53. Robinson, *Dungeon, Fire and Sword*, pp. 320-323.

54. Wallace-Murphy et al. *Rex Deus*, pp. 119-20.

55.  Wallace-Murphy y Hopkins, *Rosslyn: Guardian of the Secrets of the Holy Grail*, pp. 99-100.

56.  Sinclair, *The Sword and the Grail*, p. 36.

57.  Wallace-Murphy *et al. Rex Deus*, p. 128.

58.  Ibid., pp. 121-122.

59.  Wallace-Murphy y Hopkins, *Rosslyn: Guardian of the Secrets of the Holy Grail*, p. 112.

60.  Wallace-Murphy *et al. Rex Deus*, p. 135.

61.  Robinson, *Dungeon, Fire and Sword*, pp. 432-34.

62.  Wallace-Murphy, *The Templar Legacy and the Masonic Inheritance within Rosslyn Chapel*, p. 21.

63.  Wallace-Murphy *et al., Rex Deus*, p. 177.

64..  Rev. Fr. Hay, *The Genealogie of the St. Clairs of Roslin* (Escocia: Maidement, 1835).

65.  Wallace-Murphy y Hopkins, *Rosslyn: Guardian of the Secrets of the Holy Grail*, p. 121.

66.  HRH, Prince Michael of Albany, *The Forgotten Monarchy*, p. 150.

67.  Wallace-Murphy *et al., Rex Deus*, p. 177.

# 2

# El comercio y el poder en la Europa posterior a los templarios

Roberto Bruce estableció unos vínculos comerciales viables con Francia, los Países Bajos, Dinamarca, Escandinavia y los puertos del mar Báltico. Los modelos comerciales que surgieron en el norte de Europa durante el siglo siguiente estuvieron dominados por un consorcio de puertos marítimos alemanes que llegarían a conocerse como la Liga Hanseática, que utilizó a la orden neotemplaria de los Caballeros Teutones como ejército de mercenarios.[1] La primera reunión conocida de representantes de las ciudades mercantiles de Lübeck, Hamburgo, Lüneburg, Wismar, Rostock y Stralsund tuvo lugar en 1256. A partir de esa fecha, su poder conjunto fue adquiriendo una eficacia creciente, hasta obtener el monopolio comercial en el norte de Europa y el Báltico.[2] El auge de la Liga Hanseática, o la Hansa, como se la llegaría a conocer, tuvo lugar en un tiempo en que la mayor potencia comercial de Europa pasaba por un período de declive, debido a los acontecimientos que estaban teniendo lugar en Oriente.

Venecia había dominado el comercio en el Mediterráneo oriental durante siglos.[3] Controlaba las rutas comerciales de Tierra Santa, dominaba el comercio con Bizancio y ejercía un monopolio virtual sobre el comercio de las especias y la seda. El Egeo era, en realidad, un lago veneciano, y Venecia mantenía su predominio en el comercio del Mediterráneo, frente a la dura oposición de sus principales rivales, Pisa y Génova. Los venecianos estaban siempre al acecho de cualquier vía o medio que les permitiera extender su imperio comercial y, en la época de la batalla de Bannockburn, en 1314, habían establecido vínculos comerciales con Europa occidental, llegando hasta Flandes e Inglaterra.

Lo único que les impedía expandir sus actividades más al norte era el creciente poder de la Hansa.

## La fundación de Venecia

Lo paradójico de este asunto es que Venecia, que había ejercido un poder
absoluto durante tantos siglos, había sido fundada por personas atemoriza-
das. La ciudad se creó en el inverosímil emplazamiento de la laguna Ventea
con el fin de protegerse de las sucesivas oleadas de invasores.[4] Esta extraña
mezcla de tierras pantanosas y de quinientos kilómetros cuadrados de agua
salada es, en parte, lo suficientemente poco profunda como para que los
hombres pudieran vadearla; y, sin embargo, estaba entrecruzada por canales
lo suficientemente profundos como para permitir la navegación de aquellos
barcos mercantes que habían sustentado su economía a lo largo de toda su
existencia. Por tanto, era a Alarico, el jefe de los godos, y a Atila, el de los
hunos, a quienes tenían que agradecer en realidad la fundación de «la Serenissima» Venecia, que sigue siendo una de las más hermosas ciudades del
mundo.

Protegida por su laguna, Venecia gozó de un alto grado de autogobierno,
incluso durante los últimos años del Imperio Romano. A mediados del siglo VI,
Venecia poseía la flota más poderosa del Adriático. En el año 726, cuando el
Imperio Bizantino en Italia había entrado en crisis, el papa animó a las provincias bizantinas de la península a que se rebelaran contra sus señores políticos
de Constantinopla. Fue entonces cuando las comunidades lacustres que con-
formarían la ciudad de Venecia eligieron como jefe a uno de ellos, Orso de He-
raclea, dándole el título de *dux*, o duque.[5] Acontecimientos similares tuvieron
lugar por todas partes, pero Venecia fue y siguió siendo diferente, en el sentido de que el cargo de *dux*, o *doge* en el dialecto veneciano, era electivo y no
hereditario. En un principio, el *doge* era elegido por el pueblo, pero el sistema
no tardó en cambiar y el *doge* pasó a ser elegido por el Gran Consejo. Este liderazgo electivo se mantuvo a lo largo del tiempo, dejando una estela de ciento diecisiete *doges*, hasta que Napoleón disolvió la Republica Veneciana a finales del siglo XVIII.[6]

# Venecia y las cruzadas

En la época de la primera cruzada, en 1095, mientras Pisa y Génova, potencias marítimas en ciernes, vislumbraban nuevas oportunidades en Oriente y comenzaban a preparar sus respectivas flotas, Venecia vacilaba. Su clase mercantil era demasiado práctica y realista como para involucrarse en la histeria religiosa que propugnaba la salvación de la cristiandad y, además, sabían muy bien que la guerra no era buena para el comercio. Desde la perspectiva de Venecia, la buena disposición de los árabes y de los selyúcidas turcos era esencial para que las rutas caravaneras de Asia permanecieran abiertas.[7] Gran parte de su comercio lo realizaban con Egipto, que se había convertido en el principal centro de intercambio para el comercio de las especias con la India y Oriente, y que era un buen mercado para la madera y los metales europeos. De modo que no sería hasta después de 1099, cuando Jerusalén ya había caído bajo el control de los cruzados, cuando la flota veneciana dedoscientos veleros se haría a la mar en dirección a Tierra Santa.[8]

Pero esta expedición se vio envuelta en una batalla con la flota pisana frente a las costas de Rodas, en la cual los venecianos se llevaron la mejor parte, capturando veinte naves de Pisa y más de cuatro mil prisioneros. Como era habitual, Venecia puso en primer lugar sus intereses, pues su flota no había arrimado todavía el hombro por la cristiandad. La flota veneciana atracó en Jaffa a mediados de junio de 1100. Godofredo de Bouillon fue a Jaffa para negociar con los venecianos, pero se vio obligado a regresar a Jerusalén tras sufrir un colapso. Como consecuencia de ello, su primo, el conde Warner de Gray, representó al Protector del Santo Sepulcro.[9]

Las condiciones que establecieron los venecianos eran un reflejo de su verdadera condición de mercaderes, más que de piadosos cruzados. A cambio de su ayuda al recién nacido estado, pedían los derechos de libre comercio por todo el país, una iglesia y un mercado en cada ciudad cristiana, un tercio de cualquier pueblo o ciudad que ayudaran a conquistar en un futuro y, por último, el control absoluto de la ciudad de Trípoli, por la cual estaban dispuestos a pagar un tributo anual.[10] La rapidez con la cual el estado cruzado aceptó estas condiciones es una buena muestra de lo mucho que necesitaban el apoyo naval de los venecianos.

La primera ciudad que asaltó la flota fue Haifa, que se rindió el 25 de julio, una semana después de la muerte de Godofredo de Bouillon. Los habitantes de Haifa disfrutaron del mismo trato misericordioso por parte de los cristianos que se le había dado a los de Jerusalén antes que ellos. Cristianos, judíos y musulmanes, por igual, fueron masacrados sin piedad. Es poco probable que los venecianos tomaran parte alguna en esta masacre, pero los piadosos cruzados se estaban comportando como solían hacerlo, pues se habían dado el gusto de realizar carnicerías similares en Jerusalén y en Galilea.

A medida que los cruzados consolidaban poco a poco sus dominios en Ultramar, la población cristiana iba en aumento, y las oportunidades para el comercio se expandieron con el incremento de la población. Con el fin de ejercer un papel dominante en este nuevo mercado y de limitar la influencia de Pisa y de Génova, otra flota veneciana de cien navíos llegó a Tierra Santa en octubre de 1110. La flota prestó su ayuda en el asedio de Sidón, y Venecia fue recompensada con una concesión sustancial en la ciudad de Acre. A la vista de que el comercio iba en aumento en Oriente Próximo, un nuevo y ambicioso programa de construcción de barcos se puso en marcha en Venecia. El *doge*, Ordelafo, nacionalizó la industria de la construcción naval y fundó un enorme complejo de astilleros, fundiciones y talleres que, con el tiempo, se conocería como el Arsenale.[11] En las décadas posteriores, el puerto de Venecia se convertiría en uno de los muchos centros de actividades de sus aliados, los Caballeros Templarios, que tenían fuertes conexiones con muchas de las más destacadas familias de la nobleza veneciana. Por otra parte, las famosas galeras de combate templarias se construían en las atarazanas de sus aliados los venecianos.

Cuando la ciudad de Jerusalén cayó en manos de los sarracenos el 2 de octubre de 1187,[12] el Papa Urbano III murió de la conmoción que le produjo la noticia.[13] Su sucesor, Gregorio VIII, convocó inmediatamente otra cruzada y, por una vez, Venecia respondió con entusiasmo. Con el derrumbamiento del estado cruzado, y con la consiguiente desaparición de los mercados de Tierra Santa, Venecia había sufrido una serie de importantes reveses comerciales. Acre, con su barrio veneciano, se había rendido, al igual que Sidón, Beirut y la mayoría de las ciudades de la costa y del interior. Venecia envió una flota de guerra en la Semana Santa de 1189, transportando un ejército de soldados italianos, con los añadidos posteriores de Inglaterra, Francia, Dinamarca, Alemania, los Países Bajos y Sicilia.[14] Entre ellos estaba Ricardo Coeur de Lion, rey de Inglaterra, y el rey Felipe Augusto de Francia.[15] Después de dos años de asedio, se reconquistó Acre.[16] Pero la aportación de Venecia parece que se limitó a proporcionar el transporte y a quedarse con una parte del botín.

# El saqueo de Constantinopla

Pero el verdadero borrón en la reputación de Venecia llegó con otra cruzada. En 1195, ya muerto Saladino, Tierra Santa parecía estar madura para la cosecha. En 1201, la República Veneciana accedió a transportar a 4.500 caballeros con sus caballos, 9.000 escuderos y 20.000 soldados de infantería, y a suministrarles de provisiones durante nueve meses.[17] El coste de la operación ascendería a 84.000 marcos de plata; y, por un sentido del deber cristiano, Venecia accedió a proporcionar, a partir de sus propios recursos, cincuenta galeras de combate plenamente equipadas, a cambio del 50 por 100 de todos los territorios conquistados.

Es interesante observar que en ninguna de las anotaciones sobre las negociaciones se hace mención alguna de qué país sería el objetivo inmediato de la cruzada. Los cruzados de base creían que iban a Tierra Santa, pero sus líderes tenían en mente Egipto, mientras que los venecianos tenían otras ideas, pues acababan de llegar a un acuerdo comercial sumamente provechoso con el sultán de Egipto.[18] Pero debió de haber una filtración, pues la pretensión de invadir Egipto se difundió entre las tropas en un tiempo notablemente corto. Muchos cruzados emprendieron la marcha por su cuenta a Tierra Santa, mientras que otros, que no tenían la intención de invadir Egipto, regresaron a sus casas. Como consecuencia de tanta confusión, menos de la tercera parte del ejército que se esperaba embarcar llegó a Venecia.[19]

Los venecianos habían cumplido su parte del trato, y exigían que se les pagara íntegramente, negándose en redondo a que se hiciera a la mar ningún barco hasta que el dinero estuviera disponible.[20] Y el resultado final fue sumamente vergonzoso. En vez de partir para liberar Tierra Santa de los infieles, la flota se dirigió hacia la ciudad cristiana de Constantinopla, entregándose a una orgía de saqueo y pillaje.[21] Aquello supuso un golpe mortal para el ya debilitado Imperio Bizantino, un golpe del cual ya no se recobraría. El mayor tesoro de arte y de conocimiento del Oriente cristiano quedó virtualmente destruido para siempre, mientras Venecia, la maquiavélica causa primera de esta tragedia, simplemente llenaba sus cofres una vez más.

En 1256, la rivalidad entre venecianos y genoveses llevó a una verdadera guerra civil en lo que quedaba del Reino de Jerusalén. En una disputa sobre qué estado tenía los derechos de propiedad sobre el monasterio de San Sabas de Acre, las tropas genovesas ocuparon el edificio en disputa, y la lucha no tardó en propagarse.[22] La disputa se prolongó durante varios años, y se convirtió en la causa principal de una serie de batallas, tanto en tierra como en el mar, entre los venecianos y sus aliados, por una parte, y los genoveses y sus partidarios por la otra. Los cruzados residentes y el resto de mercaderes civiles tomaron partido en esta guerra, que se prolongó hasta 1261. Los principales aliados de los venecianos fueron los Caballeros Templarios, quienes, según el historiador de los templarios John Robinson, no dudaron un ápice a la hora de inclinarse por sus «antiguos aliados», los venecianos.[23] Los Caballeros Hospitalarios, rivales tradicionales de los templarios, apoyaron la causa de los genoveses. Y el asunto culminaría finalmente en una batalla terrestre, que vencieron los templarios, y una serie de batallas navales en las cuales la flota veneciana se impuso a la genovesa, aunque los genoveses les superaban ampliamente en número.[24]

Posiblemente, los venecianos eran los más hábiles constructores de barcos del mundo en aquella época, y sus atarazanas y fábricas de armas eran enjambres de actividad constante. La brújula marina apareció en torno a 1275, convirtiéndose en una gran ayuda para la navegación y para la elaboración de mapas, que a partir de entonces se harían más precisos. Otra innovación de esta época fue el desarrollo del timón en los barcos, que permitió la construcción de barcos más grandes y, con ello, la posibilidad de continuar el comercio marítimo a lo largo de todo el año. Según el historiador John Julius Norwich, la apertura del comercio entre Venecia, Inglaterra y Flandes fue lo que...

> ... más que ningún otro factor, llevó a la introducción, hacia 1320, de un nuevo y revolucionario diseño de barcos. Hasta entonces, nunca se habían utilizado los remos para las naves comerciales; se habían circunscrito a los barcos de guerra, donde la velocidad y la maniobrabilidad eran esenciales... Ahora, los comerciantes necesitaban moverse con rapidez también y, teniendo que transportar cargas más valiosas, precisaban de una mayor protección. La respuesta la encontraron en la galera mercante.[25]

Aquellas primeras galeras mercantes llevaban ciento cincuenta toneladas de carga y, además de estar provistas de velas, eran propulsadas por doscientos remeros, todos ellos hombres libres. Los gastos de mantenimiento de una tripulación así eran elevados pero, a cambio, los viajes eran más rápidos, se obtenían mayores beneficios y proporcionaba una inmunidad casi total frente a la piratería. La maniobrabilidad y la rapidez de estas galeras reducían el riesgo de naufragios, y los remeros podían dotarse de armas fácilmente en caso de ataque.

# El imperio comercial veneciano

Las necesidades comerciales habían llevado a Venecia a convertirse en algo parecido a una potencia colonial. Tenía colonias en Grecia, y bases satélites, pueblos y ciudades en todo el Mediterráneo. Algunas, como las que había en la costa de Dalmacia, las obtuvieron en sus campañas contra los piratas que infestaban la zona, mientras que otras eran puestos comerciales de gran renombre, como Modone, Acre y Negropont. El 24 de enero de 1339, y como consecuencia de un tratado de paz, Venecia obtuvo finalmente territorios en la Italia continental, entre los que estaba Padua,[26] con lo que se aseguraron la provisión de trigo y de carne. En Padua, le devolvieron el poder a la Casa de Carrara, bajo la soberanía nominal del *doge* de Venecia. En el resto de las ciudades, Venecia utilizó una versión diluida del sistema republicano que tan bien le había funcionado a ella. Las ciudades estaban administradas por un *podesta*, y los pueblos por un *capitano* o *provveditore*, cargos que eran bastante similares a los del *doge*. Su forma de elección era igualmente bizantina, y su poder de maniobra independiente estaba estrictamente limitado. En Venecia, el *doge*, con toda su pompa y su esplendor, era de hecho el sirviente del Consejo de los Diez,[27] que era como un consejo de ministros del Gran Consejo parlamentario. En las ciudades independientes, el *podesta* era el sirviente de un oscuro funcionario conocido como «el Rector», que era siempre un veneciano, y que se responsabilizaba ante el Senado de Venecia y el Consejo de los Diez.

Hacia 1340, una armada turca de doscientos treinta barcos ponía en peligro el Mediterráneo oriental, ejerciendo una amenaza real, no sólo para las posesiones venecianas, sino también para todo el sudeste de Europa. La mayor parte de Asia Menor estaba bajo el dominio de los turcos, y las fuerzas turcas estaban a menos de cien kilómetros de las murallas de Constantinopla.[28] El otrora poderoso Imperio Bizantino estaba dividido a causa de disputas teológicas y rivalidades políticas, y se encontraba al borde de la bancarrota. Las únicas potencias que tenían alguna posibilidad de detener a los turcos eran Venecia y Génova.[29] Pero, por desgracia, la antigua y amarga rivalidad entre estos dos estados marítimos no cesaba, impidiendo cualquier tipo de alianza.

A pesar de la amenaza turca, Venecia disfrutaba de una época de paz, cabalgando la cresta de la ola de la prosperidad comercial hasta un punto que jamás se había alcanzado a lo largo de su historia. Los venecianos comenzaban a adornar su capital con nuevos edificios, con obras de arte y con signos externos de prosperidad. En enero de 1341, comenzó la reconstrucción del palacio del *doge*. Entre otras cosas, esta reconstrucción le dio al edificio la fachada que podemos ver hoy en día.[30] Este centro administrativo ofrece un asombroso contraste con el aspecto de los correspondientes centros de poder de las ciudades de la Italia continental, pues las fachadas exteriores de todos estos edificios suelen reflejar, en todos los casos, las relaciones que existían entre los gobernantes y los gobernados. Maquiavelo dijo que el Palazzo della Signoria de Florencia se construyó para proteger a las autoridades civiles de la cólera del pueblo. Siglos más tarde, John Addington Symonds hablaba de Ferrara como del lugar...

> ... donde el baluarte del este, con foso, puente levadizo y rastrillo, que arrojan densas sombras sobre el agua que protege las mazmorras, parece amenazar aún la plaza pública, e intimidar los hogares de los hombres.[31]

Sin embargo, el *doge* de Venecia no tenía necesidad de protegerse de su pueblo. Su palacio no estaba construido para intimidar, sino para celebrar; es un himno de alabanza y gratitud a Dios Todopoderoso por la estabilidad política, la prosperidad y la serenidad que Venecia, única entre todas las demás ciudades italianas, parecía disfrutar. John Julius Norwich describe la arquitectura del palacio como imbuida de «una deslumbrante fusión de gracia, luminosidad y color».[32] Sin embargo, la prosperidad y la reconstrucción de la que hicieron gala las autoridades venecianas no las cegó ante las realidades políticas y comerciales que podrían sobrevenir con el avance de los turcos.

## La peste

Pero una carga transportada por barcos venecianos y genoveses desde Crimea, en las primeras semanas de 1348, daría lugar al acontecimiento más devastador de su historia. Fuera lo que fuera que llevaran estos navíos mercantes como bienes comerciales, no dejaban de llevar también unos desagradables y sumamente prolíficos polizones: ratas infestadas con pulgas que transportaban el bacilo de la peste.[33] La peste negra había llegado a Europa y, hacia finales de marzo, Venecia estaba bajo sus garras, con más de seiscientos muertos al día.[34] Para cuando la epidemia siguió su curso, más de cincuenta familias nobles habían sido completamente barridas, y Venecia había perdido a más del 60 por 100 de su población. Y algo similar ocurrió en Génova.[35]

Hubiera sido hermoso poder decir que el hecho de compartir una experiencia tan traumática unió a los antiguos rivales comerciales; pero, por desgracia, no fue ése el caso. Se enfrentaron en una serie de terribles batallas navales, tomando ventaja primero un bando y luego el otro. Las bajas en hombres y en barcos fueron devastadoras. Un tratado de paz entre ambas ciudades, firmado en 1355,[36] vino seguido, por parte del bando veneciano, de una guerra con Hungría, que terminó con el Tratado de Zara, el 13 de febrero de 1358.[37] Esta aventura le costó a Venecia sus colonias en Dalmacia. Pero en 1373 estalló una nueva guerra con Génova, que se prolongaría intermitentemente durante varios años. En 1377, los genoveses, aliados con los remanentes del Imperio Bizantino, lanzaron un ataque conjunto sobre Tenedos,[38] que, situada en la boca del Helesponto, controlaba la entrada a los estrechos y al mar de Mármara. Si los genoveses conquistaban Tenedos, Venecia perdería todo el comercio que mantenía con Constantinopla, con los restos del Imperio Bizantino y con las costas que bordean el mar Negro. Aunque, afortunadamente para los venecianos, las pretensiones de la alianza genovesa y bizantina fracasaron.[39]

Pero las batallas verdaderamente importantes que pondrían fin a esta guerra entre Venecia y Génova se entablarían mucho más cerca de casa, frente a la costa de Anzio, en Italia,[40] y finalmente en la misma laguna veneciana. Una flota veneciana, bajo el mando del almirante Pisani, derrotó una fuerza genovesa en Anzio, sólo para perder otra batalla aún más terrible casi un año después, en Pola, donde sólo quedaron a flote seis maltrechas galeras venecianas, que pusieron lento y doloroso rumbo hacia el puerto de Parenzo. Pisani fue relevado del mando y encerrado en prisión durante seis meses, prohibiéndosele ostentar cargo alguno en la República durante un período de cinco años;[41] así, los venecianos se privaban de uno de sus más destacados almirantes, en una época en la que su otro gran almirante, un tal Carlo Zeno, estaba lejos, en el Mediterráneo oriental. Con la flota de Zeno en algún punto de la costa turca, los únicos barcos disponibles para la defensa de Venecia eran los maltrechos navíos de guerra que había en Parenzo. Por suerte, los genoveses habían perdido a su almirante en la batalla de Pola, y su flota no estuvo operativa hasta que se pudo enviar un sustituto desde Génova.

# La batalla de Chioggia

Durante este breve período de gracia, los venecianos fortalecieron las defensas de la ciudad, arrimando el hombro todos sus ciudadanos. Algunas familias ricas pusieron la totalidad de sus fortunas a disposición del estado; muchos nobles equiparon barcos o subvencionaron los costes de las obras defensivas. Y, mientras tanto, los territorios venecianos de la Italia continental eran atacados por los aliados de los genoveses, entre los que había un ejército de cinco mil húngaros.[42] No mucho más tarde, un escuadrón de avanzadilla de la marina genovesa se posicionó a la vista de la ciudad, más allá del Lido, que había sido fortificado con sólidas murallas y una triple zanja defensiva. Tres pesados cascos de barcos se encadenaron entre sí para cerrar la entrada de la laguna, y las hileras de pilas y estacas que se utilizaban para señalizar los bajíos en los canales se sacaron del lecho marino para no dar facilidades a la armada invasora. Un ejército de cuatro mil hombres a caballo, dos mil de infantería y un gran cuerpo de ballesteros defendían la cadena de pequeñas islas de Lidi, y barcos armados patrullaban constantemente la laguna, con el fin de bloquear cualquier intento de comunicación entre la flota genovesa y sus aliados en tierra firme. Las defensas se completaron justo a tiempo pues, el 6 de agosto, una flota genovesa de cuarenta y siete galeras, bajo el mando del recién designado almirante Pietro Doria, aparecieron frente a Chioggia, en las malolientes ciénagas del extremo meridional de la laguna de Venecia.[43]

La flota genovesa había venido desde el norte, incendiando Grando, Caorle y Pellestrina a su paso. Tras conquistar Malamocco, Doria se dirigió a Chioggia, donde la línea de Lidi confluía con la costa continental, con la esperanza de unirse a las fuerzas invasoras terrestres. Chioggia estaba defendida por una guarnición de tres mil hombres, pero cayó el 16 de agosto de 1379, tras una valiente defensa que produjo muchas bajas, tanto en las fuerzas venecianas como en las genovesas. Por vez primera en la historia de Venecia, una población fortificada dentro de la laguna, que controla un canal de aguas profundas que lleva directamente a la ciudad en sí, estaba en manos del enemigo.[44] La situación era tan desesperada en la ciudad que, en deferencia a las demandas del pueblo, el almirante caído en desgracia, Pisani, fue liberado de la prisión y puesto al mando supremo de las defensas de la ciudad. La moral en Venecia comenzó a crecer espectacularmente, y los trabajadores de las atarazanas estuvieron trabajando día y noche hasta lograr botar cuarenta galeras. Se completó una nueva muralla defensiva a lo largo del Lido en el plazo de cuarenta días, se extendió una cadena a lo ancho del extremo occidental del Gran Canal, y ésta, a su vez, se protegió con barcos armados con cohetes. Afortunadamente para Venecia, el almirante genovés no se decidió por un ataque frontal, y optó por bloquear la ciudad y privarla de alimentos hasta su rendición, con lo cual dio tiempo a Pisani para construir una formidable estructura defensiva que la hacía virtualmente inexpugnable.[45]

La primera señal de que los venecianos estaban empezando a tomar la iniciativa tuvo lugar cuando un pequeño escuadrón, bajo el mando de Giovanni Barbarigo, cayó sobre tres barcos genoveses que custodiaban uno de los fuertes de tierra firme y los destruyeron. Al mismo tiempo, Giacomo de'Cavalli llevó a cabo un avance lento pero sostenido hacia el sur, a lo largo de las Lidi, y reconquistó Malamocco. Ante la cercanía del invierno, el almirante genovés retiró sus fuerzas hasta la misma Chioggia, y esto le dio a Pisani la oportunidad que había estado esperando. Chioggia casi no tenía acceso al mar, salvo por tres estrechos canales. El plan de Pisani era sencillo: hundir el casco de un barco lleno de piedras en cada uno de los canales.[46] Los posibles puntos de escape que les quedarían así a los genoveses podrían estar bien controlados por las patrullas venecianas.

La expedición de bloqueo de los venecianos partió el 21 de diciembre de 1379, con Pisani en el navío de mando, acompañado por el *doge*. La expedición tuvo éxito; los cascos fueron hundidos, bloqueando efectivamente los canales, y quedando así la flota genovesa embotellada dentro de Chioggia.[47] Durante las tormentas del invierno resultaba bastante difícil mantener un estrecho control de los movimientos de los genoveses, y los venecianos tuvieron que patrullar la entrada septentrional de la laguna, así como los accesos a Chioggia. Existen dudas sobre si habrían podido mantener durante mucho tiempo sus posiciones; pero, el 1 de enero de 1380, el avistamiento de velas en el horizonte anunció la llegada de Carlo Zeno con el grueso de la flota veneciana. El sitio de Chioggia se mantuvo hasta la primavera, cuando llegó una nueva flota genovesa bajo el mando de Marco Maruffo. Pero, a pesar de todos sus esfuerzos, no pudo levantar el sitio de Chioggia y, el 24 de junio, los cuatro mil famélicos marinos genoveses que quedaban en la ciudad se rindieron incondicionalmente.[48] Venecia enloqueció de alegría. La casi totalidad de la población se echó a la laguna con embarcaciones de todo tipo, forma y tamaño, para recibir a la barcaza estatal del *doge*, que había permanecido con la flota durante todo el asedio. La victoria de Chioggia fue, en realidad, la victoria de todo un pueblo; una victoria que le trajo el reconocimiento a Pisani y al propio *doge*, pero, por encima de todo, a su oportuno salvador, Carlo Zeno.

# Carlo Zeno

Carlo, conocido como *il Leone*, el León, procedía de una de las más antiguas y respetadas familias de la nobleza veneciana. Los Zeno eran una familia que, por su nobleza, su servicio al estado y el carácter de sus acciones, fue tan celebrada en Venecia como los St. Clair lo fueron en Escocia. Desde tiempos inmemoriales, se puede encontrar el nombre de Zeno en los registros de cargos y dignidades más elevados del estado. En 1203, Marin Zeno tomó parte en la conquista de Constantinopla, y se convirtió en *podesta*, o gobernador, del enclave veneciano en la ciudad en 1205. Su hijo, Pietro, fue el padre de Rineri, que sería elegido *doge* de Venecia en 1282, y que gobernó bien durante diecisiete años. Rineri emprendió una guerra contra los genoveses con un éxito considerable, y fue el abuelo de Pietro, quien, en 1362, sería el comandante naval supremo de la liga cristiana contra los turcos. A Pietro le apodaban *Draconi*, por el dragón que blasonaba su escudo. Este guerrero tuvo tres hijos: Carlo il Leone, del que ya hemos hablado, Nicolo il Cavaliere, y Antonio.[49] Sería en 1364, durante un viaje de Carlos Zeno por las capitales del norte de Europa, cuando el destino de los tres hermanos Zeno y el de Henry St. Clair de Roslin se entrelazarían estrechamente.

## NOTAS

1.  Andrew Sinclair, *The Sword and the Grail* (Londres: Century, 1993), pp. 43, 129.
2.  Robert Fossier, ed., *The Cambridge Illustrated History of the Middle Ages* (Cambridge: Cambridge University Press, 1986), vol. 3, 1250-1520, p. 65.
3.  John Julian Norwich, *A History of Venice* (Londres: Penguin, 1983), p. 200.
4.  Norwich, *A History of Venice*, p. 4.
5.  Ibíd., pp. 13-16.
6.  Ibíd., pp. 623, 631.
7.  Ibíd., p. 77.
8.  Stephen Runciman, *A History of the Crusades* (Londres: Pelican, 1971), vol. 1, p. 312.
9.  Runciman, *A History of the Crusades*, vol. 1, p. 312.
10. Norwich, *A History of Venice*, pp. 79-80.
11. Albert of Aix, VII 225, pp. 521-23; traducción Sancti Nicolas, pp. 276-78.
12. Runciman, *A History of the Crusades*, vol. II, pp. 464-67.
13. Anthony Bridge, *The Crusades* (Londres: Granada Publishing, 1980), p. 205.
14. Norwich, *A History of Venice*, pp. 122-123.

15. Norwich, *A History of Venice*, p. 123.

16. Bridge, *The Crusades*, pp. 215-217.

17. Norwich, *A History of Venice*, p. 127.

18. Ibid., p. 128.

19. Ibid., p. 128.

20. Bridge, *The Crusades*, p. 231.

21. Norwich, *A History of Venice*, pp. 130-140.

22. John Robinson, *Dungeon, Fire and Sword* (Londres: Brockhampton Press, 1999), p. 322.

23. Robinson, *Dungeon, Fire and Sword*, p. 322.

24. Ibid., p. 323.

25. Norwich, *A History of Venice*, p. 203.

26. Ibid., p. 207.

27. Ibid., p. 197.

28. Norwich, *A Short History of Byzantium* (Londres: Penguin, 1998), p. 341.

29. Norwich, *A History of Venice*, p. 211.

30. Ibid., p. 212.

31. Cita de Norwich, *A History of Venice*, p. 212.

32. Norwich, *A History of Venice*, p. 212.

33. Fossier, *The Cambridge Illustrated History of the Middle Ages*, vol. 3, 1.250-1.520, p. 53.

34. Norwich, *A History of Venice*, p. 215.

35. Ibid., p. 216.

36. Ibid., p. 219.

37. Ibid., p. 233.

38. Ibid., pp. 246-247.

39. Ibid., p. 247.

40. Ibid., p. 248.

41. Ibid., p. 249.

42. Ibid., p. 250.

43. Ibid., pp. 250-251.

44.. Ibid., p. 251.

45. Ibid., pp. 252-253.

46. Ibid., p. 253.

47. Ibid., p. 254.

48. Ibid., p. 255.

49. Johann Reinhold Forster, *History of the Voyages and Discoveries made in the North* (Dublin: 1786), pp. 178 y siguientes.

# 3

# El primer St. Clair conde de Orkney

Hasta el examen más superficial de la historia de los St. Clair de Roslin demuestra con toda claridad el coraje del que hicieron gala las sucesivas generaciones de esta familia. El primer St. Clair barón de Roslin, William el Decoroso de St. Clair, murió mientras él y sus fuerzas defendían a Escocia de la invasión de los ingleses.[1] Su hijo, Henri de St. Clair, junto con caballeros de otras familias destacadas de Escocia, jugó un importante papel en la primera cruzada,[2] en el ejército liderado por Godofredo de Bouillon, y estuvo presente en la conquista de Jerusalén.[3] Durante los siguientes ciento cincuenta años, los St. Clair defendieron las fronteras escocesas contra las constantes incursiones inglesas, y participaron también en los consejos internos de la Orden de los Caballeros Templarios.

Otro Sir William St. Clair, el recién casado barón de Roslin, destruyó tres ejércitos británicos el día de su boda, en 1303, antes de volver al castillo de Roslin para consumar su matrimonio. Esta triple victoria recibió el nombre de la batalla de Roslin Moor, y se conmemoró en un monumento que se erigió en el pueblo de Roslin hace unos cuantos años.[4] Sir William y su hijo, Sir Henry St. Clair, se cree que fueron los que dirigieron la carga de la caballería templaria en la Batalla de Bannockburn, en 1314.[5] La señal de la tumba de Sir William St. Clair, decorada con símbolos templarios, se ha conservado, y ahora descansa en la santidad de la Capilla de Roslin.[6] El hijo de Henry, el caballero Sir William St. Clair, entró en la leyenda cuando, junto a su hermano John y Sir James Douglas, partió hacia Tierra Santa con el corazón de Roberto Bruce en un cofre de plata, con la intención de enterrarlo en Jerusalén. En su viaje, se detuvieron en un puerto español, donde se enteraron de que el cristiano rey de España estaba en guerra con los moros, que venían ocupando el sur de España desde hacía siglos. Los tres caballeros escoceses ofrecieron voluntariamente sus servicios, y el 25 de agosto de 1330, durante la batalla de Teba, en Andalucía, su bravura les aseguró un sitio para siempre en los anales de aquella contienda. En un lance del combate, los hermanos St. Clair quedaron incomunicados entre los sarracenos, y Sir James Douglas cargó contra éstos para ir en su rescate. El caballero, que llevaba el corazón de Roberto Bruce, arrojó el cofre de plata que contenía la reliquia real contra la multitud de sarracenos, tras lo cual los tres caballeros cargaron contra el enemigo, encontrando la muerte en su acometida. Los sarracenos quedaron tan impresionados con la bravura de los escoceses que devolvieron sus cuerpos y el cofre de plata a sus oponentes españoles.[7] A la manera de los templarios de antaño, las calaveras y los fémures de los tres caballeros fueron devueltos a Escocia para su entierro, junto con el cofre que contenía el corazón del fallecido monarca.

Este señalado acto de valentía quedó bien registrado, y forma parte de una extraña, casi mística, reproducción exacta de una leyenda española muy anterior. Un fascinante detalle mítico surgió tras la batalla de Clavijo, en el valle del Ebro, en el año 844, donde se dice que Santiago Matamoros bajó del cielo montado sobre un portentoso caballo de batalla blanco, para cabalgar junto al rey Ramiro I. Blandiendo su espada, Santiago galopó directamente contra las filas enemigas, haciendo que le siguiesen las fuerzas cristianas en una impresionante carga que arrambló a los moros. Las estimaciones sobre el número de infieles decapitados por este apóstol del Príncipe de la Paz varían ampliamente.

## Los primeros años de la vida de Henry St. Clair

El héroe St. Clair que murió con tanta bravura en Teba no vivió lo suficiente como para heredar la baronía de Roslin, que pasó de su padre directamente a su hijo, otro William St. Clair.[8] Este nuevo señor de Roslin se casó con Isabel, la hija de Malise Spera, el conde de Stratherne, Caithness y Orkney.[9] Isabel le dio un hijo, Henry St. Clair, en la torre de Robin Hood del castillo de Roslin, en 1345.[10] Pero un peligro de un tipo radicalmente diferente amenazó la vida del pequeño heredero a la baronía de Roslin. La epidemia de la peste bubónica, que habían traído de Oriente los mercaderes venecianos y genoveses en

1348, llegó a Escocia y, hacia 1350, estaba en su apogeo. La peste atacó a los escoceses con mucha más saña que cualquier invasor inglés hubiera puesto jamás. Se estima que un tercio de la población cayó bajo las garras de la peste negra. Pero la supervivencia de los St. Clair de Roslin y del joven Henry en particular se ha conservado en las historias de la familia casi como un acto de intervención divina. Dicen los registros de la época que los St. Clair rezaban a diario por la desaparición de la peste en la iglesia de St. Matthew, en los jardines del castillo. Más tarde, los historiadores de la familia atribuirían su supervivencia, aparentemente milagrosa, a las propiedades curativas de las aguas del Pozo del Bálsamo, que se encuentra a algo más de seis kilómetros del castillo de Roslin, y que recibía tal nombre en honor a la patrona de la familia, santa Catalina. Se creía que sus negras y oleosas aguas eran «un óleo precioso... de sus huesos [de los de Santa Catalina]».[11] Los miembros de la familia se untaban el cuerpo con las exudaciones de este milagroso pozo, y decían que había sido gracias a él que habían sobrevivido a la peste. Científicamente, bien podría atribuírsele a estas aguas tal mérito, dado que, según muchos, las sustancias oleaginosas son una especie de insecticida y, en cualquier caso, habría resultado difícil, si no imposible, que cualquier pulga hubiese podido sobrevivir lo suficiente, una vez atrapada en ese aceite, como para lanzar su picadura cargada de bacilos sobre la piel que había debajo.

El padre de Henry, William, murió combatiendo en Lituania cuando aquél contaba con sólo trece años de edad.[12] Sir William, acompañado por Sir William Keith, Sir Alexander Lindsay, Sir Robert Clifford y Sir Alexander Montgomery, estaba luchando junto a los Caballeros Teutónicos. Cada uno de los nobles escoceses había llevado consigo desde sus tierras sesenta jinetes y un fuerte contingente de soldados de a pie. Los Caballeros Teutónicos habían buscado su ayuda en la guerra que mantenían contra los lituanos bajo las habituales condiciones de la cruzada, es decir, la posibilidad de conseguir botines y la oportunidad de complacer a Dios matando paganos. Las razones económicas que había tras esta expedición eran apremiantes, pues los ingleses pedían un rescate por el rey David II de Escocia que ascendía a la enorme suma de cien mil marcos, y todos los nobles del país tenían que asumir su parte en el rescate.

Tras la muerte de su padre, Henry se convirtió, según el cronista de los St. Clair en el siglo XVII el padre Hay, «en barón de Roslin, barón de Pentland Moor, en pleno bosque, barón de Cousland, barón de Cardain Saintclair y gran protector, ardiente defensor del Príncipe de Escocia...»;[13] ¡enorme responsabilidad para un niño de trece años! Otro antiguo cronista y descendiente,

Henry Lord Sincleer, en un escrito datado en 1590, afirma que Henry era también caballero de la Orden de san Miguel, de Francia.[14] En 1363, cinco años después de suceder a su padre en la baronía, Henry fue designado embajador en Dinamarca, por lo que trasladó su residencia a Copenhague durante dos años.[15] Uno de sus primeros deberes oficiales fue el de asistir a la boda de la princesa Margarita de Dinamarca, que a la sazón contaba con diez años de edad y era hija del rey Haakon VI de Noruega. De aquella ceremonia surgiría una estrecha amistad entre Margarita y Henry, una amistad que perduraría hasta la muerte de él.

## La expedición de Knutson

La presencia de Henry en la corte escandinava vino a coincidir con ciertos acontecimientos acaecidos en los asentamientos vikingos de Groenlandia y del Nuevo Mundo. A pesar de las duras condiciones climáticas, la colonia de Groenlandia había sobrevivido allí durante trescientos cincuenta años, y mantenía unos vínculos comerciales regulares con Noruega, Bristol, Flandes y Colonia.[16] A principios de la década de 1340, las relaciones entre los colonos y los esquimales se habían deteriorado, y habían desembocado en el inicio de hostilidades. Un sacerdote llamado Ivar Baardson fue convocado para que acompañara a una flota de voluntarios que iba a ser enviada desde el Poblado Oriental al Poblado Occidental para ayudar a combatir a los esquimales.[17] El sacerdote contaba que, a su llegada al poblado, los esquimales tenían pleno control del lugar y que, al parecer, los colonos habían zarpado en grupo. Por otra parte, el obispo Oddson, en Islandia, decía que los colonos habían renunciado a la verdadera fe y que habían huido, instalándose con los colonos vikingos de Vinlandia.[18]

El abandono del Poblado Occidental queda aparentemente confirmado en el registro de la colecta del *Óbolo de san Pedro* que se enviaba a Roma desde la isla, que se redujo dramáticamente después de 1342.[19] Estos informes llegaron a Islandia en 1347, y a Noruega un año después.[20] Y aún pasó algún tiempo hasta que el rey Magnus de Noruega estuvo en disposición de actuar. Hay una carta suya, fechada en 1354, en la cual autoriza una expedición especial a Groenlandia bajo el mando de Sir Paul Knutson, antiguo recitador de la ley o juez de Gulathing:

... Nos deseamos hacerle saber a vos [Paul Knutson] que tiene que elegir hombres para partir en el *Knorr* [la nave comercial real]... de entre mi cuerpo de guardia y también de los criados de otros hombres que desee tomar para este viaje, y que Paul Knutson, el comandante, tendrá plena autoridad para elegir a aquellos hombres que considere mejor cualificados para acompañarle, sean oficiales u hombres...[21]

El objetivo de la expedición era traer de vuelta a los apóstatas al cristianismo.[22] Paul Knutson no era sólo el recitador de la ley del mayor de los cuatro distritos judiciales de Noruega, sino que también era miembro de confianza del consejo real, además de un hombre de considerable riqueza. A Knutson se le dieron plenos poderes para elegir a los hombres más adecuados para que le acompañaran, pero se sugería que algunos de ellos se extrajeran del cuerpo de guardia del rey. La pertenencia a este cuerpo, restringido a jóvenes de noble nacimiento, se consideraba como un primer paso para convertirse en caballero. El papel que debía desempeñar exigía un estado físico idóneo, una considerable habilidad en el manejo de las armas, tacto, cortesía y sentido común.

Se cree que Knutson fue primero a Groenlandia con el fin de recabar toda la información que pudiera encontrar acerca de los apóstatas.[23] Debía ser conocedor, por las sagas y por la historia de los vikingos, de los antiguos viajes a Helluland, Markland y Vinlandia, y no debió de resultarle difícil conseguir un piloto de entre los colonos del Poblado Oriental que trazara el rumbo hasta aquellas tierras. Por las sagas se sabía que Helluland, o Tierra de la Roca Plana, no era un buen lugar para nada, por lo que no era probable que fuera el lugar de refugio de los colonos fugados. En tanto que Markland era una buena fuente de madera y convenía investigarla, Vinlandia, que era famosa por su buen clima y su fertilidad, era el lugar más probable en el cual podrían encontrar a los otrora colonos.[24] La búsqueda en Vinlandia debió precisar de un abrigo costero seguro y de un asentamiento defendible tierra adentro que fuera suficientemente fértil como para sustentar a los miembros de la expedición.[25] Según el historiador Hjalmar Holand, parece que Knutson dividió su expedición en tres partidas.[26] Un grupo pequeño y al menos un barco debieron tomar como base el estuario del río San Lorenzo o bien la bahía de Hudson; otro grupo se introdujo profundamente tierra adentro; y el tercero estableció su base en Norembega, el punto donde, supuestamente, se había asentado antiguamente Leif Erikson.

Las pruebas de lo ocurrido con la exploración terrestre están inscritas en un objeto nórdico conocido como la Piedra Rúnica de Kensington, descubierto en Minnesota en 1898.[27] La inscripción está fechada en 1362, y la tradujo Hjalmar Holand así:

> (Somos) 8 godos (suecos) y 22 noruegos en (un) viaje de exploración por el oeste de Vinlandia. Habíamos acampado junto (a un lago con) 2 islotes, a una jornada de camino al norte de esta piedra. Salimos y pescamos un día. Después, vinimos a casa, encontramos a diez de nuestros hombres rojos de sangre y muertos. AVM (Ave Virgo Maria) libra (nos) del mal.
>
> Tenemos a diez hombres junto al mar para cuidar de nuestros barcos, a 14 jornadas de esta isla. (En el) año (de nuestro Señor) de 1362.[28]

La traducción de Holand de la piedra rúnica y su reivindicación de autenticidad fueron tan bien recibidas en los círculos académicos estadounidenses como una cobra en una fiesta de cóctel. La disputa sobre la procedencia de la Piedra de Kensington fue agria y prolongada. Con la estrechez de miras de su antiguo rechazo a cualquier sugerencia de contactos precolombinos con europeos, la comunidad académica respondió al principio acusando de falsificador al agricultor que había encontrado la Piedra de Kensington, a pesar del embarazoso hecho de que el agricultor había descubierto la piedra al arrancar un árbol en sus tierras, hallándola incrustada entre sus raíces. ¿De qué modo podría haber hecho tal falsificación, para que un árbol hubiera tenido tiempo de envolverla con sus raíces? Esto es algo a lo que en ningún momento se le dio una respuesta satisfactoria. Sin embargo, durante la última década, el *establishment* histórico de Norteamérica ha aceptado a regañadientes la autenticidad de la piedra,[29] para después ignorarla en silencio, con la mojigata esperanza de que, al menos en la memoria pública, la agria disputa sobre la procedencia de la piedra resultara bastante más memorable que la posterior verificación a regañadientes de su autenticidad.

La inmensa mayoría de los historiadores europeos que han investigado la expedición de Knutson coinciden en situar su base principal en Norumbega,[30] en o cerca de la actual ciudad de Newport, en Rhode Island, en el magnífico abrigo natural de la bahía de Narragansett.[31] Y el consenso de los historiadores emerge de la precisión de las descripciones existentes en el *Flateyabok* (*véase* el capítulo 6), de las características del abrigo natural, que habría resultado enormemente atrayente para gente marina como los vikingos y, por último, de los objetos de piedra que se han descubierto allí, de los que hablaremos en posteriores capítulos.[32] Lamentablemente, todo esto no se puede confirmar en los registros de la expedición de Knutson, pues muy pocos de sus miembros regresaron a Europa, y el mismo Knutson no parece haber estado entre ellos.[33] Sin embargo, la información que trajeron los supervivientes referente a la muerte del obispo de Groenlandia[34] tiende a confirmar la idea de los profesores Storm y Nansen, que sostienen que existen evidencias concluyentes de que lo que quedó de la expedición de Knutson llegó finalmente a Noruega en o alrededor del día de Año Nuevo de 1364, mientras Henry St. Clair era aún embajador en la corte.[35]

En 1360, mientras la expedición de Knutson estaba aún en marcha, un monje inglés llamado Nicholas Lynne llevó a cabo un viaje de exploración por el norte, a lo largo de la costa oeste de Groenlandia hasta llegar a la bahía de Hudson.[36] A Lynne se le conocía como «el hombre del astrolabio», y era un viajero célebre.[37] Era capaz de calcular la latitud con la ayuda de este nuevo instrumento, y está documentado que le dio un astrolabio a Ivar Baardson.[38] Las actividades de Lynne quedaron registradas en la obra *Inventio Fortunatae*, libro del cual se le dieron sendas copias al rey de Noruega y al papa Urbano V.[39] El historiador estadounidense Gunnar Thompson rompe filas con otros académicos en su traducción del título de esta obra. Él dice que la traducción más precisa es *El descubrimiento de las Afortunadas*, e identifica a las Afortunadas como las legendarias islas que los romanos decían haber encontrado en el lejano oeste, más allá del océano Atlántico.[40] Jacob Cnoyen, un belga que se encontraba en la corte sueca en la época del rey Magnus, hizo un relato de las andanzas de Lynne, relato del que hablaría más de un siglo después el gran geógrafo Gerardus Mercator.[41] Cnoyen confirmaba también que ocho supervivientes de la expedición de Knutson regresaron a Noruega en 1364.[42]

## El encuentro entre Henry St. Clair y Carlo Zeno

Las noticias sobre la expedición de Knutson fueron sólo una parte de las muchas cosas que afectaron a Henry St. Clair. Fue más o menos por aquella época cuando se prometió o se casó con la princesa Florentina de Dinamarca.[43] En varios manuscritos de los archivos escoceses se afirma categóricamente que se trató de un matrimonio,[44] mientras que otras fuentes, al parecer igualmente autorizadas, sostienen que fue una promesa de boda. También fue en 1364 cuando Henry conoció al hombre que terminaría convirtiéndose en el salvador de Choggia, Carlo Zeno de Venecia. Zeno estaba recorriendo las capitales del norte de Europa con el canciller del rey Pedro de Chipre, Philip de

Mezieres, con el fin de promover una nueva cruzada.[45] Su objetivo era doble. Por una parte, intentaban conseguir fondos para pagar tan costosa expedición. Por otra, deseaban reclutar fuerzas para luchar contra los infieles. Según el erudito londinense Niven Sinclair, Henry fue reclutado por el mismísimo rey Pedro de Chipre en el año 1365,[46] accediendo a tomar parte en la cruzada. Acompañó al ingente cuerpo de caballeros escoceses que se unieron al núcleo principal del ejército cruzado en Venecia, en 1366, donde renovaría su amistad con Carlo Zeno.[47] Una gran flota de más de trescientos barcos zarpó en dirección a Chipre y, más tarde, a Egipto, donde se permitieron otra orgía de saqueos y otra carnicería en la antigua ciudad de Alejandría.[48] Henry, por su participación en esta santa matanza, se ganaría un singular apodo; uno de sus hermanos, un tanto sardónicamente, le llamaría Henry el Bendito St. Clair a partir de entonces.[49]

## La lucha por el título de conde

A su regreso de la cruzada, Henry se vio libre para casarse con el amor de su infancia, Janet Halyburton, la hija de Lord Dirleton, dado que la princesa Florentina había muerto antes de alcanzar la pubertad.[50] Sólo hubo otras dos mujeres que ejercieran una fuerte influencia en Henry St. Clair: la reina Margarita, de la que ya hemos hablado, y su madre, que nunca le dejó que olvidara que, gracias a ella, él era el legítimo heredero del condado de Orkney, Caithness y Stratherne.[51] La sucesión al título de conde de las islas había sido materia de disputa desde que el último conde, Erngisle, había sido depuesto del título por tomar parte en un complot contra el rey Magnus II de Suecia.[52] Esto dejaba a tres contendientes legítimos para el título, Henry St. Clair, Malise Spera y Alexander de Arde, que eran nietos del conde Malise Spera.[53] Según las leyes hereditarias generalmente aceptadas de aquella época, el historiador J. Storer Clouston sostiene que el verdadero heredero era, probablemente, Alexander de Arde.[54] La reivindicación de Henry se basaba en la voluntad del conde Malise, que le había dejado el título a la madre de Henry y a sus herederos.[55] Pero, para reforzar aún más sus derechos, Henry podía apuntar el ser descendiente lineal directo de Turf Einar, Conde de Orkney e hijo natural de Rognvald el Fuerte.[56]

Para consternación de Henry St. Clair, Alexander de Arde fue designado gobernador de Orkney y comisionado del rey el 30 de junio de 1375; pero, al menos, no se le había investido como conde. De Arde ostentó el cargo de comisionado sólo durante un año, tras lo cual renunció a su posición, habiendo empleado aquel tiempo en las islas para fortalecer su relación con muchos de sus más destacados habitantes.[57] Orkney necesitaba desesperadamente un gobernador de mano dura pues, desde que fuera depuesto el conde Erngisle, las islas se habían ido sumiendo en la anarquía, situación que había exacerbado con sus acciones el obispo de la región, que se llevaba a matar con los representantes del rey. El comportamiento del obispo era tal que el arzobispo había tenido que enviar a dos comisionados para que investigaran sus acciones. Los comisionados informaron que:

> [El obispo] había nombrado a «extranjeros, vagabundos y apóstatas» durante breves períodos de tiempo para una comisión que había ido a parar a su propio bolsillo. En cuanto al modo en que se gastaba estas ganancias ilícitas, el obispo se entregaba «con tanta frecuencia a la cetrería y a la caza y a demás ligerezas, por no decir nada de otras cosas, que se ocupaba poco o nada en absoluto del gobierno de la Iglesia».[58]

Como consecuencia de la apropiación indebida de todos los fondos disponibles por parte del obispo corrupto, al alguacil del rey, Haakon Jonsson, le resultaba casi imposible recaudar los impuestos y las rentas destinados al rey.[59] Estos problemas agravaban otros problemas económicos de mayor envergadura que tenía que soportar el reino de Noruega en aquella época. Sus posibilidades comerciales se veían severamente mermadas por la Hansa, cuyo monopolio sobre el comercio del Báltico estrangulaba completamente los esfuerzos de Noruega en el este, y cuyas importaciones de piel de Rusia constituían una competencia fuerte y directa con las exportaciones de pieles de las colonias noruegas en Groenlandia, Markland y Vinlandia.[60] Esta delicada situación se veía agravada por las bandas de piratas que infestaban el mar del Norte y que ejercían un efecto devastador en el transporte de mercancías noruegas por todas partes. Alguien ha sugerido que uno de los factores que determinaron la designación de Henry St. Clair como conde de Orkney fue el hecho de que tuviera una situación económica suficientemente desahogada como para pagar los mil nobles de oro ingleses que se exigían por el título y por los derechos que iban con el título. En tales circunstancias, era evidente que se necesitaba un conde fuerte, capaz de restablecer la paz y el orden en las islas, de incrementar los ingresos, de limitar la acción depredadora del obispo y de poner fin a la piratería; y desde la privilegiada posición de verlo todo retrospectivamente, Henry parecía ser el candidato ideal en estos terrenos.

# Henry St. Clair, conde de Orkney

A la luz de los comentarios del historiador de Orkney, J. Storer Clouston, en lo relativo al mayor grado de legitimidad de los derechos sucesorios de Alexander de Arde, quizás resulte un tanto dificultoso discernir con precisión por qué se le concedió el título a Henry St. Clair. Indudablemente, Henry St. Clair poseía la suficiente fortaleza de carácter; pero también la tenía Alexander de Arde, que había establecido ya buenas relaciones con muchos de los isleños durante el año que estuvo de gobernador. ¿Acaso la designación de Henry fue meramente una cuestión de dinero? ¿Acaso el trato preferencial de Henry fue simplemente el reflejo de las estrechas relaciones que había establecido con la corona mientras era embajador? ¿O bien su elección no fue más que otro síntoma sutil de la influencia de las familias Rex Deus? ¿O pudo haber un acuerdo secreto entre Henry y la familia Zeno de Venecia, un acuerdo que quizás pudiera resolver los problemas económicos de Noruega de un solo golpe?

Henry St. Clair fue formalmente investido conde de Orkney el 2 de agosto de 1379.[61] En el documento de investidura, se instaba a Malise Spera a que cesara en sus reivindicaciones y a que renunciara a sus derechos, para que el rey de Noruega no sufriera más vejaciones por su parte ni por parte de sus herederos. En otra cláusula se daban las mismas instrucciones respecto a Alexander de Arde. J. Storer Clouston hace una relación del resto de términos del documento como sigue:

1. Sobre aviso de tres meses, el conde servirá al rey, fuera de Orkney, con cien buenos hombres o más, perfectamente pertrechados de armas.
2. Si Orkney, o la tierra de Shetland, es invadido, el conde lo defenderá, no sólo con la ayuda de los isleños, sino con toda la fuerza de nuestros parientes, amigos y sirvientes.
3. A los mismos efectos que el punto uno.
4. El conde no construirá castillos ni otras fortificaciones en las islas sin el consentimiento del rey.
5. Cuidará y protegerá a las tierras y a los habitantes de Orkney, clérigos y seglares, ricos y pobres.
6. No venderá ni empeñará ninguna tierra del condado.
7. Se compromete a asistir y a proporcionar lo necesario al rey o a sus hombres si ellos vienen a las islas.

8. Promete no plantear guerras, litigios ni disensiones que puedan perjudicar a Noruega.

9. Si perpetra una injusticia notable contra alguna persona, tendrá que responder ante el rey.

10. Responderá a la llamada del rey cada vez que se le convoque.

11. No violará ninguna tregua ni paz hecha por el rey con otros países.

12. No se confabulará con el obispo de Orkney, ni establecerá amistad alguna con él, a menos que sea con el beneplácito y el consentimiento de nuestro dicho señor el rey, sino que le ayudaremos contra el susodicho obispo hasta que haga lo que debe o merecidamente debería hacer en aquellas cosas que nuestro dicho señor rey desea o pueda razonablemente demandar del susodicho obispo.

13. Los herederos del conde tendrán que buscar la propiedad absoluta del condado de manos del rey (*id est*, sus herederos no heredarían el condado a menos que les conceda el título el rey).

14. El conde ha de pagar mil nobles de oro al rey.

15 y 16. Trata de la renuncia al título de Spera y de Arde.

17. El conde promete «que no asumiremos de ninguna manera para nos las tierras de nuestro dicho señor el rey. Ni ningún derecho ni demás que sus progenitores y nuestro dicho señor el rey hayan reservado para sí mismos, ni nos entrometeremos con aquellas tierras o derechos en modo alguno, las cuales tierras y derechos dentro del condado de Orkney ellos hayan reservado como se ha mencionado arriba, sino que tales tierras y derechos permanecerán en todos los aspectos reservados para ellos»[62]

La importancia del condado de Orkney para la corona noruega difícilmente se puede sobreestimar. Las islas de Orkney y Shetland no sólo producían unos ingresos de los que el rey estaba muy necesitado, sino que su posición geográfica les daba una enorme importancia estratégica. Como base de fuerzas navales, no sólo eran valiosas para eliminar la piratería del mar del Norte y para crear un nuevo vínculo comercial con Venecia, siguiendo la ruta de la costa oeste de Irlanda, que soslayaba el control que la Liga Hanseática tenía sobre el comercio entre el Mediterráneo y el norte de Europa. Sino que, además, si las islas caían bajo el control de la Hansa y de sus aliados, las consecuencias para el reino de Noruega serían desastrosas.

# Doble fidelidad

El condado de Orkney era el último condado que quedaba en el reino de Noruega, de ahí que el conde tuviera precedencia sobre el resto de la aristocracia de aquel país.[63] Como consecuencia de ello, la firma del conde en los documentos nacionales se encontraba siempre inmediatamente después de la firma del Arzobispo de Nidros y antes de las firmas de los obispos y del resto de nobles. El título de conde se tenía por un título de realeza, y estaba autorizado para utilizar el término honorífico de «príncipe».[64] Dentro del condado en sí, su poder era virtualmente absoluto, y tenía la prerrogativa de acuñar monedas, decretar leyes y perdonar crímenes. Cuando promulgaba nuevas leyes, el conde se ponía una corona, y se consideraba que sólo estaba un escalafón por debajo del rey.[65] Siguiendo la tradición del Rex Deus y con el fin de fortalecer su posición, Henry dispuso matrimonios dinásticos para sus hijos cuando éstos estuvieron en edad de casarse. Su hijo y heredero, también Henry, se casó con Egida Douglas, nieta del rey Roberto II de Escocia. E Ingeborg, hija de Valdemar, rey de Dinamarca, se casó con el segundo hijo de Henry, John.[66]

Henry St. Clair fue investido conde por el rey Haakon VI de Noruega, que moriría un año después. La real viuda, la reina Margarita, se convirtió en reina regente,[67] dado que su hijo, Olaf, era demasiado joven para gobernar de pleno derecho. Es probable que esta situación le hiciera más fácil al nuevo conde obtener el permiso de la corona para construir un castillo en Kirkwall, cosa que se le prohibía en el documento de investidura. El poder sólo existe cuando se ejerce, y los teóricos poderes que se le habían otorgado a Henry en su investidura hubieran sido ciertamente ilusorios, dada la caótica situación en la que se encontraba el condado de Orkney por aquella época, si él no hubiera tenido la fuerza para imponer las leyes del rey sobre sus nuevos súbditos. Siguiendo el principio básico del estratega alemán Clauswitz de «primero, asegúrate la base», Henry se hizo una fortaleza para sí mismo y para sus tropas. Al igual que muchos castillos de los Sinclair, estaba en la costa, y tenía una puerta que daba al mar, en caso de que necesitará recibir suministros por esa vía. El castillo de Henry, que ya no existe, fue descrito del siguiente modo:

> Declaro solemnemente ante Dios que la casa nunca ha sido construida sin el consentimiento del Demonio, pues es una de las fortalezas más poderosas de las islas británicas, y no tiene igual.[68]

Dos factores que probablemente hicieron más fácil a Henry obtener el permiso de la corona para construir su castillo son materias de dominio público, y hay que situarlas en el año de su investidura. La primera fue la promesa solemne de Henry, en la cual afirmaba que:

> ... prometo al más excelente de los príncipes, mi señor, el señor Haakon, rey de Noruega y Suecia, el ilustre, que en modo alguno enajenaré, empeñaré ni entregaré la seguridad de la tierra o de las islas del país de Orkney a otro que a mi señor, el susodicho rey, a sus herederos y sucesores, ni las rendiré sin el consentimiento de mi señor, el rey mencionado arriba, sus herederos o sus sucesores.[69]

Henry juró este documento delante de unos testigos de excepción, entre los que estaban Lord William y Lord Walter, los obispos de St. Andrews y de Glasgow, el conde William de Douglas, el conde George de March y una multitud de barones y caballeros. El segundo documento era quizás aún más importante. Era un contrato por parte del rey Roberto de Escocia, en el que tras negar que el reino de Escocia tuviera reivindicación alguna sobre el condado de Orkney, reconocía al rey Haakon el derecho a darle el condado «a nuestro querido pariente Henry, Conde de Orkney». Con detalles como éstos, Henry dejaba bien clara su posición, hasta cierto punto ambigua, que de otra forma podría haber sido causa razonable de preocupación para el rey Haakon. Como barón de Roslin, Henry era miembro de una aristocracia feudal que debía fidelidad estricta a su señor y soberano, el rey de los Escoceses. Pero, como conde de Orkney, era el primer noble de Noruega, y debía fidelidad en este cargo al rey Haakon y a sus herederos. Como consecuencia de la declaración del rey Roberto de Escocia, por la cual dejaba sentado no hacer reclamación alguna sobre Orkney, podemos suponer que cualquier reserva que hubiera podido tener el rey Haakon se habría desvanecido. El permiso para construir el castillo en Kirkwall debió concederse de manera oficial, dado que no existe registro de queja alguna por parte de la corona noruega sobre lo que, en cualquier otra circunstancia, habría supuesto un grave incumplimiento de los términos de la investidura. La aprobación real de las acciones de Henry en general, y de la construcción del castillo en particular, queda demostrada por el hecho de que Henry y sus herederos conservaron el condado durante tres generaciones bajo la égida de la corona noruega. Teniendo como base el castillo de Kirkwall, Henry llevó a cabo la difícil tarea de traer la ley y el orden a las islas de Orkney y Shetland.

# NOTAS

1. Louis Anatole de St. Clair, *Histoire Genealogique de la Famille de Saint Clair et de ses alliances* (Paris: Hardy & Bernard, 1905), p. 15.

2. St. Clair, *Histoire Genealogique de la Famille de Saint Clair*, p. 16.

3. Tim Wallace-Murhphy y Marilyn Hopkins, *Rosslyn: Guardian of the Secrets of the Holy Grail* (Shaftsbury, UK: Element Books, 1999), p. 200.

4. Andrew Sinclair, *The Sword and the Grail* (Londres: Century, 1993), p. 33.

5. HRH Prince Michael of Albany, *The Forgotten Monarchy of Scotland* (Shaftsbury, UK: Element Books, 1998), pp. 65, 150.

6. *Véase* la ilustración de cubierta de *An Illustrated Guidebook to Rosslyn Chapel*.

7. St. Clair, *Histoire Genealogique de la Famille de Saint Clair*, p. 18.

8. Ibid., p. 19.

9. Scottish Advocates Library, *Genealogical and Topical Mss. 22. 2. 9;* también Alexander Sinclair, *A Sketch of the History of Roslin and Its Possessors* (Edimburgo: Irwin, Maxwell, Dick, 1856).

10. Frederick Pohl, *Prince Henry Sinclair* (Halifax, NS: Nimbus Publishing, 1967), p. 10.

11. Rev. Fr. Hay, *Genealogie of the St. Clairs of Rosslyn* (Escocia: Maidement, 1835).

12. Pohl, *Prince Henry Sinclair*, p. 22.

13. Hay, *Genealogie of the St. Clairs of Rosslyn.*

14. Lord Henry Sincleer, *The Descent and Pedegree of the most noble and ancient house of the Lords of Sincleer* (no figura lugar de la edición, 1590).

15. Andrew Sinclair, *The Sword and the Grail*, p. 120.

16. Hjalmar R. Holand, *America 1355-1364* (Nueva York: Duell, Sloan & Pearce, Inc., 1946), pp. 8-11.

17. Holand, *America 1355-1364*, pp. 11-12.

18. *Gronlands, Historiske, Mindesmerker* (Copenhague: 1838-1845), vol. II, pp. 459-464.

19. Frederick Pohl, *The Lost Discovery* (Nueva York: Norton and Co., 1952), p. 196.

20. Holand, *Explorations in America before Columbus* (Nueva York: Twayne Publishers, Inc., 1956), p. 154.

21. Traducción de la carta original, publicada por el Instituto Smithsonian, *Miscellaneous Collections*, vol. 116, n°. 3, 20.

22. Holand, *Explorations in America before Columbus*, p. 157.

23. Holand, *Westward from Vinland* (Nueva York: Duell, Sloan & Pearce, 1940), p. 91.

24. *Gronlands, Historiske, Mindesmerker*, vol. III, pp. 120-122; también Profesor Storm, «Studier over Vinlandsreiserne», *Aaboger for Nodske Oldkyndighed og Historie* (Copenhague, 1887), p. 73.

25. Holand, *Explorations in America before Columbus*, p. 160.

26. Holand, *Explorations in America before Columbus*, p. 278.

27. Rolf M. Nilsestuen, *The Kensington Runestone Vindicated* (Lanham, MD: University Press of America, 1994), pp. 7-10.

28. Holand, *Explorations in America before Columbus*, p. 166.

29. *Véase* Rolf M. Nilsestuen, *The Kensington Runestone Vindicated*, pp. 7-10.

30. Hjalmar Holand, Pierre Crignon, Verrazano y Jean Alphonse hablan de Norumbega y describen o indican su posición.

31. Holand, *Explorations in America before Columbus*, p. 256.

32. Véanse los capítulos 9 y 10 de este libro.

33. Holand, *Explorations in America before Columbus*, p. 278.

34. Ibid., p. 279.

35. De la expedición de Knutson también habla el obispo Olaus Magnusson en *Historia de gentibus septentrionalibus* (Roma, 1528).

36. Holand, *Explorations in America before Columbus*, p. 284.

37. Gunnar Thompson, *The Friar's Map* (Seattle: Laura Lee Production & Argonauts of the Misty Isles, 1996), pp. 92-93.

38. Holand, *Explorations in America before Columbus*, p. 286.

39. Thompson, *The Friar's Map*, p. 3.

40. Ibid., p. 107.

41. Inscripción de Mercator en el margen de su mapa de 1569.

42. Holand, *Explorations in America before Columbus*, p. 286.

43. Hay, *The Genealogie of the St. Clairs of Rosslyn*, y Andrew Sinclair, *The Sword and the Grail*, p. 121.

44. Advocates Library Edimburgh, *Genealogical and Topical Mss*, 22. 2. 9.

45. Niven Sinclair, *Beyond Any Shadow of Doubt* (Londres: publicación personal), 1998), secciones 2 y 6.

46. Andrew Sinclair, *The Sword and the Grial*, p. 121.

47. Jacopo Zeno, obispo de Padua, *Biography of Carlo Zeno* (se cree que se escribió en 1460).

48. Andrew Sinclair, *The Sword and the Grail*, p. 121.

49. Pohl, *Prince Henry Sinclair*, p. 36.

50. Hay, *The Genealogie of the St. Clairs of Rosslyn*; Pohl, *Prince Henry Sinclair*, p. 32.

51. Niven Sinclair, *Beyond Any Shadow of Doubt*, sección 10.

52. Pohl, *Prince Henry Sinclair*, p. 27.

53. Ibid., pp. 27-28.

54. J. Storer Clouston, *A History of Orkney* (Kirkwall, UK: W. R. Mackintosh, 1932).

55. *The Chartulery of St. Giles*, an. Dom. 1362; Henry Lord Sincleer, *The Descent and Pedegree of the most and ancient house of the Lords of Sincleer* (no figura lugar de publicación, 1590).

56. *Véase* el Apéndice A, si se desea ampliar la información sobre el linaje.

57. Pohl, *Prince Henry Sinclair*, p. 36; Clouston, *A History of Orkney*.

58. Clouston, *A History of Orkney*.

59. Pohl, *Prince Henry Sinclair*, p. 30.

60. Ibid., p. 193; Andrew Sinclair, *The Sword and the Grail*, pp. 43, 129.

61. Nº. 813. 2 de agosto de 1379. Marstrand. P298. Nº. 820. 1 de septiembre de 1379. St. Andrews. P300.

62. Clouston, *A History of Orkney*, pp. 234-237.

63. Eric Linklater, *Orkney and Shetland, an historical and geographical survey* (Londres: Robert Hayle, 1965), p. 73.

64. Hay, *Genealogie of the St. Clairs of Rosslyn*.

65. Pohl, *Prince Henry Sinclair*, p. 43.

66. Ibid., p. 48; Andrew Sinclair, *The Sword and the Grail*, p. 124.

67. *Larousse Encyclopaedia of Ancient and Medieval History* (Londres: Paul Hamlyn Ltd., 1965), p. 386.

68. Cita en página 125 de Andrew Sinclair, *The Sword and the Grail*.

69. Thormedus Torfaeus, *Orcades seu rerum Orcadensium historiae* (Copenhague: HC Paulli, 1715), p. 177 *Diplomatorum Norvegicum*, vol. 55, nº. 460, p. 358. Nota: Éstos son registros gubernamentales de Noruega, algunos de los cuales se citan en Thomas Sinclair, *Caithness Events* (Wick, UK: W. Rae, 1899).

# 4

# Henry consolida su poder

Para la consolidación de su poder en sus nuevos dominios isleños, Henry St. Clair tuvo una considerable ventaja, en virtud de su ascendencia familiar, pues el alguacil noruego de Orkney en 1364 era su tío, Thomas St. Clair. Las familias nativas de las islas Orkney y Shetland eran descendientes de los colonos vikingos, y entre sus antepasados figuraban los nobles propietarios de tierras que habían servido en las asambleas de gobierno, o Lagtings, tanto de las islas Orkney como de las islas Shetland.[1] Entre ellas estaban las familias de Berstane, Clouston, Cragy (Craigie), Cromarty, Peterson, Petrie, Heddle, Halcro, Ireland, Kirkness, Linflater, Ness (más tarde Peterson, Petrie, Tulloch), Paplay, Rendall, Scarth (antiguamente Harraldson/Bolt), Scalter y Yenstay. Según el genealogista Nicholas Cran-Sinclair, todas estas familias estarían autorizadas ahora a llevar el tartán de los St. Clair y a ser reconocidas oficialmente como tribus regionales y dependientes del clan Sinclair.[2]

Un destacado autor, Eric Linklater, dice que «a diferencia de sus predecesores inmediatos, Henry I se identificó con Orkney, y parece que vivió allí de una forma modélica».[3] Henry había llegado a las islas para quedarse, y la concesión del título de conde no era más que una licencia real para intentar obtener el control de las islas a base de carácter y por la fuerza de las armas; le ofrecía la oportunidad, más que el derecho, de gobernar. Sus oponentes eran muchos y variados, y entre ellos estaban todos los que incumplían la ley: recaudadores de impuestos ilegales, un obispo corrupto y toda la colección de piratas y contrabandistas que infestaba las islas. Henry no se hacía ilusiones, y sabía que tendría que luchar para imponer su autoridad. Pero tenía una ventaja, una ventaja que se le había concedido en el mismo momento de la investidura: que Malise Spera y Alexander de Arde tenían prohibido abandonar Noruega,[4] lo cual apartaba de su camino, al menos durante un tiempo, a sus dos peores adversarios. El nuevo castillo de Henry, completamente rodeado por las aguas del abrigo natural de Kirkwall, le dio una base fortificada con la cual contrarrestar el palacio del obispo, en el cual el prelado albergaba una numerosa guarnición, con la que imponía sus ilegales apropiaciones de tierras, impuestos y rentas.[5] Oponiéndose al obispo, Henry no sólo estaba cumpliendo con los deseos del rey, sino que también estaba granjeándose una gran popularidad ante su nuevo pueblo que, comprensiblemente, se resentía de las tropelías del sacerdote mercenario que había estado explotándoles durante tantos años. El odio hacia el obispo era intenso, y cada movimiento que hacía Henry para restringir su poder incrementaba su popularidad y llenaba de esperanza a los isleños.[6] En 1382, el pueblo se levantó en una violenta rebelión contra el aberrante eclesiástico; las crónicas dicen que «entonces se corrió la quejumbrosa voz de que el obispo William había sido asesinado en las Orkney… muerto o quemado por su grey».[7] El obispo era escocés, y su grey era nórdica. En consecuencia, el capítulo de la catedral de St. Magnus en Kirkwall le pidió al papa Urbano, en Roma, que nombrara a John, el párroco de Fetlar, como nuevo obispo. Pero eran tiempos agitados en el seno de la Iglesia, y había un cisma papal, de modo que había dos papas en aquel momento, uno en Roma y otro en Aviñón. El papa de Aviñón designó a Robert Sinclair como obispo de Orkney, pero nunca tomaría posesión de su cargo.[8] Y Henry utilizó todo aquel tiempo de disputas sucesorias para consolidar su poder, recobrar las tierras que había robado el anterior obispo y devolvérselas al rey, a la gente a la que se las había arrebatado o al mismo condado.

## El dominio del mar

En la época del nombramiento de Henry como conde, las islas Orkney y las Shetland eran prósperas, sustentando cada archipiélago una población de aproximadamente veinticinco mil personas. Las islas exportaban grandes cantidades de pescado, cerdo, ovejas y pieles a Escocia y a los mercaderes hanseáticos. Importaban madera, lino, betún, cera, sal y mercancías de peltre.[9] La prosperidad de los isleños era una garantía de que los ingresos por impuestos pudieran ser elevados; pero, para eso, habría que recaudarlos. Sin embargo, a medida que

Henry incrementaba su control sobre las islas, era cada vez más consciente del dominio absoluto que ejercía la Liga Hanseática sobre el comercio en la zona.

Henry era un hombre de carácter y coraje y, bajo su gobierno, las islas comenzaron a disfrutar de lo que probablemente sería su período más fructífero y próspero en la historia. Con el tiempo, obtuvo el control político y militar sobre la principal isla de Orkney, pero no encontraba el modo de extender su poder sobre las islas más pequeñas, ni sobre las islas Shetland, a menos que primero consiguiera el dominio del mar. Cuando el castillo de Kirkwall estuvo terminado, comenzó a ejercer su poder sobre la isla e hizo planes para construir una flota. Dado que Orkney estaba casi despoblada de árboles, Henry tuvo que recurrir a sus tierras en Escocia para conseguir la materia prima de sus barcos.[10] En el bosque de Pentland, cerca de Roslin, había abundancia de robles y pinos de buena calidad. Con su madera, construiría una flota de trece barcos: dos galeras de remos de una única cubierta, un buque de guerra de cubierta larga y diez barcos de tres palos.[11]

El historiador Frederick Pohl, que ha hecho una serie de estudios en profundidad sobre las exploraciones del Atlántico Norte, sostiene que Henry armó a su nueva flota con cañones,[12] y afirma que el conde descubrió la posibilidad de esta forma de combate en el mar cuando recibió la noticia de la victoria veneciana en Chioggia. Aunque, en teoría, esto sería posible, resultaría ciertamente improbable, dado que no existen evidencias contemporáneas que confirmen que en Chioggia se utilizaran cañones. Además, existen serias dudas sobre la posibilidad de que Henry hubiera recibido a tiempo noticias detalladas sobre esta victoria como para variar el programa de construcción naval que llevaba entre manos.

La importancia capital que tenía el poder naval para el conde quedó registrada heráldicamente. El nuevo escudo de armas tenía el campo dividido en cuatro cuartos. En el segundo y el tercero, estaba la cruz angrelada familiar de los St. Clair en plata sobre fondo de sable, imitando los colores templarios del Beausseante, negro y blanco. El primer y el cuarto cuartos tenían una galera armada en oro sobre fondo azur, dentro de un doble trechor contraflordelisado, también en oro.[13] Así, el nuevo blasón heráldico combinaba el viejo esquema con el nuevo. La cruz angrelada del Linaje Señorial de los Ilustres St. Clair transmitía la idea de una antigua y valerosa familia, mientras que las galeras denotaban la fuerza naval, y el doble trechor indicaba un rango semejante al de la realeza.

Henry no sólo era el conde de Orkney; era todavía barón de Roslin, Pentland y Cousland, y tenía que hacer viajes ocasionales a Escocia para ocuparse de sus propiedades y cumplir con sus obligaciones para con la corona escocesa. Visitó Roslin en junio de 1384 para investir a su primo, James St. Clair, como barón de Longformacus, con una donación de tierras, siendo testigos del acto Thomas Erskine de Dun, George Abernethy de Soulston, Walter Halyburton de Ilk y John Halyburton de Dirleton.[14] El conde también estuvo ausente de las islas durante un prolongado período en 1385, cuando el gran ejército inglés del rey Ricardo II marchó sobre Escocia, Henry pasó varias semanas en esta campaña. Las tropas bajo su mando hostigaron a las fuerzas invasoras inglesas, para luego llevar la batalla a las provincias del norte de Inglaterra, poniendo sitio a Carlisle.

La defensa de Escocia le impidió volver a Orkney durante varios meses.[15] Cuando volvió, continuó con los preparativos para someter a las Shetland, mientras seguía haciendo visitas ocasionales a sus propiedades del sur. En una de aquellas visitas a Edimburgo, en 1387, Henry y su antiguo rival, Malise Spera, firmaron un tratado de amistad que, por su propia naturaleza, daba a entender que seguía habiendo bastantes problemas por resolver entre ellos. Sus preparativos en las islas se vieron interrumpidos de nuevo a finales de 1387, debido a la urgencia de ciertos servicios que tenía que prestar en Escandinavia.

## La reina Margarita

La reina Margarita era reina regente de los tres reinos de Noruega, Dinamarca y Suecia, ostentando ese cargo en tanto el pequeño rey Olaf fuera menor. Pero el rey Olaf murió en 1389. Siendo uno de los electores de rango superior para el trono de los tres reinos, el primer deber de Henry estaba en la corte. El 2 de febrero de 1388, la reina Margarita, una hermosa mujer de treinta y cinco años, fue elegida reina vitalicia de Noruega y de Suecia, y heredera legítima y regente de Dinamarca.[16] Esta astuta e inteligente mujer era más sabia de lo que sus años pudieran indicar, por lo que se ha llegado a decir de ella que era la «Semiramis del norte».[17] La reina regente, en su sabiduría, era consciente de que, en el curso normal de los acontecimientos, sus súbditos hubieran preferido ser gobernados por un rey. Para asegurar su posición, pero también para dar continuidad a su reino en el futuro, adoptó a un niño de cinco años, Eric de Pomerania, como heredero. Después, Margarita persuadió al Consejo de Electores para que reconocieran a Eric como legítimo heredero de los tres reinos, lo cual, en realidad, dejaba las riendas del poder en sus propias manos hasta que Eric alcanzara la mayoría de edad.[18] La cédula por la cual se proclamaba a Eric como heredero al trono de Noruega fue firmada por Vinold, Arzobispo de Drontheim; Henry St. Clair, conde de Orkney; varios obispos y los nobles del consejo.[19] Henry estaba en Helsingborg, en Suecia, el 9 de julio de 1389, cuando Eric fue proclamado rey de este país; y estuvo también presente en septiembre de 1389, cuando Eric fue coronado rey de Noruega.[20] El mismo día en que Eric fue proclamado rey de Suecia, el conde Henry firmó un solemne compromiso vinculante con Haakon Jonsson, el mayordomo real de Noruega:

> Que por la presente se sepa que nos, Henry St. Clair, conde de Orkney y barón de Roslin, con nuestros herederos, nos comprometemos y obligamos ante un hombre de la nobleza, Haquin el hijo de John, o sus sucesores, en 140 libras esterlinas de oro escocés, a serle pagadas a él o a sus herederos o a sus comisionados, en la iglesia de St. Magnus el Mártir, en Tingwall, en Shetland, en plazos anuales, sin fraude ni engaño; sea en el primer plazo, en el día de san Lorenzo de 1390, 40 libras; en el segundo plazo, el mismo día de 1391, 40 libras; en el tercer plazo, el mismo día de 1392, 40 libras; y en el cuarto plazo el mismo día, 20 libras, todos en el mismo lugar. Si nos o nuestros herederos no pagáramos a Haquin Johnson o a sus sucesores, éstos podrán apoderarse de todas nuestras rentas por sus pérdidas y por el retraso, y podrán confiscar las islas de Sanday y Ronaldsay, en Orkney, no reduciéndose en modo alguno la dicha suma de 140 libras, y que disfruten de las rentas y de lo confiscado hasta que la deuda quede plenamente saldada. Se añade nuestro sello en el Palacio de Helsingborg.[21]

A primera vista, este acuerdo parece disponer una promesa sumamente inusual, realizada por el exaltado conde de Noruega ante el mayordomo del rey. Henry se comprometía, efectivamente, a pagar cuatro sustanciales sumas de dinero al mayordomo en una zona donde no había puesto sus pies todavía, con una cláusula de penalización que le privaría de los sustanciales ingresos de algunas de las islas que había sometido. Sin embargo, no se dice nada del motivo de estos pagos. La explicación es sencilla. El documento demuestra con toda claridad que, ahora que Henry tenía ya pleno control sobre Orkney, donde había saldado una obligación similar no mucho después de su designación como conde, se le ordenaba ahora que extendiera el gobierno de la ley a las islas Shetland y que las sometiera también. A menos que las islas Shetland fueran pacificadas y volvieran a un estado de observancia de la ley, Henry sería incapaz de realizar los pagos a los que se había comprometido. Este solemne compromiso refuerza la segunda cláusula del documento de investidura, y prueba más allá de toda duda que el condado de Orkney que se le había concedido a Henry St. Clair era el tradicional condado vikingo, que incluía a las islas Shetland. Además, es un claro reconocimiento de las dificultades a las que se había enfrentado Henry en su investidura: en primer lugar, se esperaba de él que sometiera a Orkney bajo un compromiso similar de pago de cuotas en Kirkwall[22] ante el mayordomo del rey, y ahora se le consideraba lo suficientemente poderoso como para llevar la ley a Shetland como conde de esas islas. Es evidente, por la diferencia temporal entre la fecha de firma de este documento y la fecha de pago de la primera cuota, que la reina Margarita era sabedora de que Henry estaba ahora al mando de tropas suficientes, y de una flota para transportarlas, y que, por tanto, podría actuar de inmediato para lograr el control de las islas Shetland.

## Henry se impone en las Shetland

La campaña del conde en las islas Shetland, a pesar de las dimensiones de su flota, estuvo plagada de dificultades. Además de los problemas inherentes a cualquier empresa naval en aquellas turbulentas aguas y en aquel tiempo, hay que recordar que en las Shetland vivían más de veinticinco mil isleños, y que eran descendientes de la misma estirpe vikinga, una estirpe combativa, que había dado origen a los habitantes de las Orkney. Por otra parte, el conde no disponía del factor sorpresa, dado que sus intenciones debían de ser obvias desde hacía meses. En la primavera de 1390, Henry había estado en Scone, Escocia, para rendir homenaje al rey Roberto III, que acababa de acceder al trono escocés.[23] Fue tras satisfacer esta obligación cuando el conde pudo comenzar sus operaciones navales en las Shetland.

Su primer punto de ataque fue la isla de Fer (Fair), que se halla a poco más de medio camino entre las Orkney y las Shetland.[24] En sus días de furia, el Océano Atlántico azota la costa rocosa de la isla de Fer por uno de sus lados, mientras que, por el otro, es el Mar del Norte, en ocasiones igualmente violento, el que azota su costa. La isla en su totalidad mide alrededor de 6 kilómetros de largo por 750 metros de ancho. Tiene una inhóspita costa rocosa, rodeada por multitud de arrecifes y bajos de arena, y está batida por fuertes corrientes marinas.[25] Desde la perspectiva de Henry, aquella isla suponía un gran desafío, aunque fuera una isla pequeña y estuviera escasamente poblada, por cuanto sólo había tres lugares posibles de desembarco para su flota. No disponemos de detalles sobre el punto de desembarco elegido finalmente, pero sabemos que, una vez en tierra, Henry se puso a negociar con algunos de los isleños. Mientras avanzaban las negociaciones, se vio sorprendido cuando, sin previo aviso, los isleños tomaron las armas y echaron a correr hacia la costa, donde había encallado un gran barco entre las dentadas rocas.[26] Los habitantes de la isla de Fer, al igual que los de Cornualles y los de otras costas igualmente peligrosas, no le hacían ascos a la idea de sacar provecho del infortunio de aquellos que naufragaban en sus cercanías. La carga de cualquier barco arrojado por el mar a sus orillas no dejaba de ser un blanco fácil, y los duros isleños no mostraban mucha clemencia con los supervivientes de un naufragio.

Mientras Henry contemplaba la escena, se dio cuenta de que los mástiles del barco se habían partido, presumiblemente por el impacto, y la tripulación se aferraba desesperadamente a las barandillas y al cordaje, para que no se los tragaran las olas. Ninguno de ellos intentaba nadar hasta la costa, dado que en ella estaban los isleños formando una larga línea, blandiendo sus armas con intenciones asesinas.[27] Henry ordenó a sus tropas que dispersaran a la muchedumbre sedienta de sangre y logró lanzar unos cabos hasta los restos del barco, permitiendo que la tripulación alcanzara la orilla sin contratiempos. Para comunicarse con los marinos del barco naufragado, el conde Henry utilizó el idioma que cualquier hombre educado de la cristiandad debía conocer, el latín, y preguntó de dónde venían. Le respondieron que eran de Venecia. Y resultaba que el nombre del capitán era Nicolo Zeno.[28]

## La alianza Zeno/St. Clair

Nicolo Zeno era hermano pequeño del héroe de Chioggia, Carlo Zeno, con quien Henry había trabado amistad en las cruzadas y que, con anterioridad, había visitado la corte noruega en 1364. Sabemos que los venecianos hacían un viaje anual a Flandes y a Inglaterra, y que tenían prohibido navegar más hacia el norte debido al monopolio que ejercían los mercaderes de la Liga Hanseática. También sabemos que los modelos comerciales venecianos estaban en un estado de cambio constante, debido a que el creciente poder de los turcos estaba restringiendo considerablemente sus actividades en el Mediterráneo oriental, y a que su imperio comercial estaba bajo la amenaza constante de sus rivales, los genoveses. En sus viajes por el norte, Carlo Zeno, vástago de una de las familias de mercaderes más importantes de Venecia, había tomado nota de los potenciales beneficios que el comercio de pieles y de pescado estaba dejando en los países escandinavos desde las recién descubiertas tierras del oeste. Carlo Zeno estaba en la corte de Noruega y de Suecia cuando llegaron las noticias de la expedición de Knutson, y cuando las informaciones sobre los viajes de Nicholas Lynne fueron enviadas desde Noruega a Roma, de modo que no debieron de pasarle inadvertidas las posibilidades comerciales que podrían abrirse en el Nuevo Mundo. Dado que los acuerdos con la Liga Hanseática insistían en que las mercancías venecianas sólo podrían ser transportadas hacia el norte de Europa y el Báltico a bordo de los barcos de la Hansa, la presencia de un barco veneciano en aquellas latitudes se habría visto como un acto de provocación extrema por parte del monopolio hanseático. ¿Qué explicación había para que Venecia se arriesgara a las iras de la Hansa de un modo tan provocativo? Nosotros estamos convencidos de que había una explicación.

Venecia necesitaba expandir sus rutas comerciales y burlar el monopolio hanseático sobre el comercio en el norte de Europa. Mientras estaba en Noruega, Carlo Zeno había sabido de la existencia de nuevas tierras en el oeste, y era lo suficientemente astuto como para valorar sus potenciales beneficios. Había conocido a Henry St. Clair y debía ser consciente de que también él estaría bajo presión a la hora de iniciar un cambio efectivo en los modelos comerciales del condado de Orkney. Tanto Carlo como Henry eran del Rex Deus, y estaban empapados en la tradición templaria, lo cual les daba una base segura para establecer un compañerismo fundamentado en el secreto y la confianza. También eran plenamente conscientes de que la persecución y la represión eran inherentes a la cristiandad europea. La Santa Madre Iglesia estaba dando caza sin tregua a los herejes, y tras el genocidio de los cátaros[29] y el arresto y la tortura de los Caballeros Templarios,[30] no había nadie que pudiera considerarse a salvo de la Inquisición. Desde la perspectiva del Rex Deus, existía la necesidad clara de una comunidad comercial en el norte, más allá del alcance de la Hansa y de la Iglesia, donde los hombres de talento pudieran prosperar y practicar sus verdaderas creencias abiertamente y sin temor. Cada uno de los pasos que había dado Henry en su carrera, desde sus mismos comienzos, había tenido siempre un único y supremo objetivo: obtener el condado de Orkney. Lo que se nos hace evidente ahora es que ése no era más que el primer paso de otros muchos. Henry, con el apoyo de los hermanos Zeno, utilizaría su poder, su flota y sus habilidades navales para alcanzar un objetivo común: utilizar las islas de su condado como peldaños para cruzar el Atlántico norte y crear un asentamiento en el Nuevo Mundo basado en los principios de la tolerancia y la libertad.[31]

## Nicolo Zeno

Nicolo Zeno era casi tan diestro y experimentado como su hermano Carlo, pues había sido capitán de galera ya en la guerra contra los genoveses.[32] Había sido también embajador de Venecia en Ferrara, en el norte de Italia, y su riqueza personal (que había utilizado para construir y equipar un barco para su viaje por el norte) era tal que se le consideraba como a uno de los hombres más ricos de Venecia.[33] Había tenido a su familia informada de sus progresos en todo momento mediante una serie de cartas, continuadas por su hermano Antonio, que editaría y publicaría posteriormente un descendiente suyo, y que sería el comienzo de lo que se conocería con el tiempo como la *Narración de Zeno*.[34] En sus cartas, Nicolo hablaba del paso por el estrecho de Gibraltar y describía su navegación hacia el norte, siguiendo la ruta establecida para los viajes anuales de los venecianos a Inglaterra y Flandes, y continuaba con el relato de una terrible tormenta, que provocó el naufragio del que ya hemos hablado. El relato de Nicolo llama a esta isla *Frislanda*, corrupción del término latino *Fer Insula*. Al conde Henry se le describe como a un valiente guerrero, renombrado por sus proezas navales, además de como «un gran señor que gobernaba ciertas islas llamadas Portlanda, que están al sur de Frislanda».[35] Actualmente, se acepta que Portlanda es una versión italianizada del antiguo nombre de Orkney, Pentland.[36] Además de decir de él que era el señor de estas islas, a Henry se le describe como duque de ciertos dominios de Escocia. Nicolo y sus hombres fueron invitados a prestar servicio a bordo de la flota de Henry,[37] y sus habilidades en la navegación resultaron muy provechosas. De hecho, si no hubiera sido por la habilidad y la experiencia de los marinos venecianos, es muy posible que las operaciones navales y terrestres combinadas de Henry en las Shetland hubieran ido al traste, debido a la naturaleza de estas peligrosas aguas. Una vez sometidas las islas, Henry felicitó al capitán Nicolo por «preservar a esta flota y por ganar tantos lugares sin molestia alguna para sí».[38]

Nicolo Zeno sería recompensado por sus servicios en la campaña con la distinción de la caballería, que le sería conferida por el mismo conde Henry,[39] mientras que la aportación hecha por sus hombres quedaría sellada con valiosos regalos. La victoriosa expedición se dirigió después hacia la principal ciudad, que se encuentra en el sudoeste de la isla, en una bahía cuyas aguas tienen abundante pesca, la principal fuente comercial de las islas. De hecho, las Shetland se habían hecho ricas con el comercio del arenque, del abadejo, el brosmio y el bacalao, de los que había gran demanda en Flandes, la Bretaña francesa, Inglaterra, Escocia, Noruega y Dinamarca.[40]

Los pescadores de las Shetland estaban acostumbrados a realizar largos viajes por el Atlántico Norte, y se contaba que, en cierta ocasión, la isla había acogido a más de dos mil naves de pesca de Flandes y de otros países. Sorprendentemente, la gente hacía poco uso del dinero, y funcionaban mediante un sistema de trueque, pagando sus impuestos con mantequilla, aceite de pescado y telas corrientes. En la misma *Narración de Zeno*, se dice que la mención de estas cuestiones se tomó de una carta de Sir Nicolo a Sir Antonio, su hermano, en la que le solicitaba que enviara otro barco a las islas para que su uniera a la expedición. La narración prosigue así:

> Dado que Antonio sentía un gran deseo de ver, como su hermano, el mundo y sus distintas naciones, y de hacerse un gran nombre por sí mismo, compró un barco y dirigió su rumbo de este modo. Tras un largo viaje, lleno de muchos peligros, se encontró a salvo con Sir Nicolo, que le recibió con gran regocijo, dado que no sólo eran hermanos de sangre, sino también de coraje.[41]

## La autoridad de Henry sobre todas las islas

Henry utilizó el principal puerto de Shetland como base naval en las islas, e instaló un sistema de balizas, pues, en días claros, las señales de humo que se hacían desde la punta más meridional de Shetland eran visibles desde la isla de Fer, y las que se hacían desde el extremo sur de Fer se podían ver fácilmente desde Ronaldsay, en las Orkney.[42] Bajo el gobierno de Henry, el mayordomo del rey podía desembarcar ahora sin impedimentos; y como muestra clara de que las islas estaban ahora bajo el imperio de la ley, el representante de Henry le pagó al mayordomo el dinero acordado. Dejando a Sir Nicolo al cargo de su flota, Henry pasó por Kirkwall en su camino a Escocia, donde tenía que asistir a la coronación del rey Roberto III.

El control de Henry sobre las Shetland queda confirmado en una carta firmada por él el 23 de abril de 1391, en la que autoriza la donación de ciertas tierras de Aberdeenshire a su hermanastro, a cambio de su renuncia a los derechos familiares sobre el condado de Orkney y Shetland. En la carta, dice:

> A todos los que vean o escuchen la presente, yo, Henry St. Clair, conde de Orkney y señor de Roslin, ¡Dios me guarde!, le concedo a mi hermano, David St. Clair, de por vida, a causa de su reclamación, a través de nuestra madre Isabella Sperra, en Orkney y Shetland, todas las tierras de Newburgh y Auchdale, en Aberdeenshire, para que se me devuelvan si sus herederos fallecen.[43]

Al cabo de tres meses de la firma de esta carta, el enconado resentimiento y la rivalidad entre Malise Spera y el conde Henry alcanzó su punto final con un acontecimiento sangriento. La situación llegó a un punto crítico durante la asamblea anual legislativa y judicial, o Lagting, en Tingwall, en las Shetland. La reunión se celebraba en una isla, en un pequeño lago al cual se accedía mediante una calzada de piedra. El Lawthing no tenía sólo una naturaleza legislativa, sino que también permitía la audiencia de quejas y de peticiones, así como la firma, ante testigos, de acuerdos y cartas. Era una institución democrática de la tradición vikinga, en la cual el rey, o el conde o su representante, presidía, pero no dictaba órdenes. En 1391, se llevó a juicio un caso que implicaba a Malise Spera.[44] A pesar de estar ligado a un dictamen real desde el mismo acto de investidura de Henry y de haber firmado un tratado de amistad con él, Malise había retenido ilegalmente ciertas tierras de las que se había apoderado injustamente con anterioridad. Los herederos legítimos de estas tierras, John y Sigurd Hafthorsson, reclamaban sus derechos ante el Lawthing. Pero, desafiando las costumbres, Spera llegó a la reunión acompañado por un cuerpo de hombres armados y se resistió por la fuerza al juicio que se pretendía realizar contra él, por lo que Henry emprendió una acción rápida y apropiada. En un relato de la época, se afirma que «parece que el conde estaba a punto de celebrar un juicio para determinar los derechos legales de las partes implicadas. Pero tuvo lugar un conflicto, y la disputa terminó con mano firme... Malise Sparre, con otros siete, fue muerto en Hjaltland por el conde de Orkney».[45] El sometimiento de las Shetland, que vino seguido poco después por una importante victoria sobre los piratas, dejó una impresión imperecedera en Escandinavia. A los ojos de su soberana y amiga, la reina Margarita, el conde Henry St. Clair, con la ayuda de los hermanos Zeno, se había ganado una bien merecida reputación por sus habilidades marinas.

Hacia 1392, el reino de Noruega había perdido casi por completo su poderío marítimo, debido a las acciones depredadoras de los piratas y a las batallas con la Hansa.[46] Y como recurso provisional para remediar esta cuestión mientras se llevaba a cabo un programa de construcción de barcos, la reina Margarita estableció correspondencia con el rey Ricardo II de Inglaterra con el fin de obtener un salvoconducto para Henry St. Clair, conde de Orkney y señor de Roslin, para que se desplazara a Londres a fin de arrendar tres barcos de guerra que permitieran enmendar de algún modo las deficiencias de la flota noruega. El 10 de marzo se le concedió el salvoconducto a «Henry Seint Cler, Comes Orchadie et Dominus de Roslyne» para entrar en Inglaterra con una partida de no más de veinticuatro personas. Cualquiera que fuera un fugitivo de las leyes inglesas quedaría excluido del salvoconducto, que era válido hasta el 29 de septiembre del mismo año.[47] Es muy probable que Henry llevara consigo en esta visita a algunos de sus consejeros italianos y, a la vista de lo que sucedería después, es razonable suponer que Henry aprovechara la ocasión para adquirir cordajes, herramientas y armamento naval para sus propios fines, al tiempo que cumplía con sus deberes para con la reina. Y así se preparó el terreno para la exploración hacia el oeste.

## NOTAS

1. Niven Sinclair, *Beyond Any Shadow of Doubt* (Londres: publicación privada, 1998), sección 4.

2. Basado en el trabajo original realizado por el genealogista Nicolas Cram Sinclair, de Edimburgo, que utilizó entre otras fuentes: Peterkins Craven, *Rentals: St. Clair's Records of the Earldom of Orkney* y Roland William St. Clair, *The St. Clairs of the Isles* (Auckland, NZ: H. Brett, 1890.

3. Eric Linklater, *Orkney and Shetland, an historical and geographical survey* (Londres: Robert Hale, 1965), p. 73.

4. El documento de investidura está registrado en el *Norske Folke Historie* de Munch, 2ª serie, vol. II, p. 95, y en *Diplomaticum Norvegicum*, vol. II, pp. 353-55.

5. Andrew Sinclair, *The Sword and the Grail* (Londres: Century, 1993), p. 125.

6. Frederick Pohl, *Prince Henry Sinclair* (Halifax, NS: Nimbus Publishing, 1967), p. 57.

7. *Icelandic Annals 1382.*

8. Pohl, *Prince Henry Sinclair*, p. 57.

9. Ibid., p. 60.

10. Ibid., p. 63.

11. Johann Reinhold Forster, *History of the Voyages and Discoveries made in the North* (Dublín... 1786), pp. 178 y siguientes.

12. Pohl, *Prince Henry Sinclair*, pp. 65-66, 77.

13. Pohl, *Prince Henry Sinclair*, p. 54.

14. Pohl, *Prince Henry Sinclair*, p. 67.

15. Pohl, *Prince Henry Sinclair*, p. 67.

16. Andrew Sinclair, *The Sword and the Grail*, p. 125.

17. Niven Sinclair, *Beyond Any Shadow of Doubt*, sección 10.

18. Ibid.

19. Pohl, *Prince Henry Sinclair*, p. 68.

20. Niven Sinclair, *Beyond Any Shadow of Doubt*, sección 10.

21. *Diplomaticum Norvegicum*, vol. II, nº. 515, p. 396.

22. Extracto de *Diplomatorum Norvegicum*, citado en Thomas Sinclair, *Caithness Events* (Wick, UK: W. Rae, 1899).

23. Andrew Sinclair, *The Sword and the Grail*, p. 126.

24. Pohl, *Prince Henry Sinclair*, p. 74.

25. Ibid., p. 75.

26. Ibid., p. 76.

27. Pohl, *The Sinclair Expedition to Nova Scotia in 1398* (Pictou, NS: Pictou Advocate Press, 1950), p. 6.

28. Andrew Sinclair, *The Sword and the Grail*, p. 128.

29. Tim Wallace-Murphy, Marilyn Hopkins y Graham Simmans, *Rex Deus* (Shaftsbury, UK: Element Books, 2000), capítulo 12.

30. Tim Wallace-Murphy y Marilyn Hopkins, *Rosslyn: Guardian of the Secrets of the Holy Grail* (Shaftsbury, UK: Element Books, 1999), pp. 103-104.

31. Andrew Sinclair, *The Sword and the Grail*, p. 108.

32. Forster, *History of the Voyages and Discoveries made in the North*.

33. Ibid.

34. Andrew Sinclair, *The Sword and the Grail*, pp. 127-128.

35. R. H. Major, trad., *The Voyages of the Venetian Brothers Nicolo and Antonio Zeno to the North Seas in the XIVth Century* (Londres: The Haklyut Society, 1883), p. 4. En los sucesivo, haremos referencia a esto como la *Narración de Zeno*.

36. Pohl, *The Sinclair Expedition to Nova Scotia*, p. 9.

37. Major, *Narración de Zeno*, p. 6.

38. Ibid., p. 6.

39. Pohl, *Prince Henry Sinclair*, p. 83.

40. Ibid., p. 84.

41. Major, *Narración de Zeno*, p. 10.

42. Pohl, *Prince Henry Sinclair*, p. 85.

43. Los cuadernos de Robert Riddel, en la Advocates Library, Edimburgo, mencionado también en Clouston, *Records of the Earldom of Orkney*.

44. Pohl, *Prince Henry Sinclair*, p. 88.

45. Roland William St. Clair, *The St. Clairs of the Isles*, p. 98.

46. Pohl, *Prince Henry Sinclair*, p. 89.

47. El documento original se conserva en la Oficina Nacional de Registros de Londres.

### Segunda parte

# TRAS LA ESTELA DE LA HISTORIA

# 5

# Misterios precolombinos

Los primeros indicios de que pudo haber algún contacto entre el hemisferio oriental y el occidental en tiempos precolombinos proceden de los escritores griegos y romanos de la antigüedad. De las tierras situadas en el extremo oeste del océano, más allá de las Columnas de Hércules, hablaban ya Aristóteles (o uno de sus discípulos),[1] Platón,[2] Diodoro Sículo,[3] Teopompo de Quíos,[4] Plutarco,[5] Estrabón,[6] y Eratóstenes de Cirene.[7] Aunque muchas de estas referencias pudieran haber tenido un fundamento legendario, algunos de los informes tienen cierto aroma de verdad, y hablan con la voz de la experiencia:

> De los intransitables límites del Océano no sólo es que no hay nadie que haya intentado describirlos, sino que a ningún hombre se le ha permitido llegar: son sencillamente inaccesibles, debido a las algas marinas que obstruyen el paso y a la caída de los vientos... Este mismo océano tiene en su región occidental ciertas islas, conocidas por casi todos en razón del gran número de los que van y vienen.[8]

Difícilmente se puede encontrar un texto que describa mejor los peligros que para la navegación planteaba el mar de los Sargazos, y obviamente tiene que basarse en la experiencia directa. Pero lo más intrigante de esta referencia es que lleva la observación añadida de que las Indias Occidentales eran visitadas regularmente. Pero aún resulta más extraño que las referencias probablemente más importantes a viajes transatlánticos precolombinos procedan de la fuente más improbable de todas: el mismo Colón.

# ¿Qué sabía Colón?

En 1959, el profesor ruso Isypernick descubrió una carta escrita por Colón dirigida a la reina Isabel de España, una carta que demuestra que Colón era perfectamente consciente de la existencia de las Indias Occidentales antes de zarpar en su trascendental viaje, y que llevaba un mapa de las islas que habían hecho exploradores anteriores. Esta declaración recibiría posteriormente el apoyo de G. R. Crone, de la Royal Geographical Society, que afirmaba que había mapas en la Biblioteca del Congreso que demostraban este hecho.[9] El profesor Ivan Van Sertima, de la Universidad de Rutgers, sostiene que Colón confirmó la existencia de una ruta comercial secreta entre África y el Nuevo Mundo, detalle que mencionó don Juan, el rey de Portugal, en una conversación. El navegante genovés afirmaba que, en su segundo viaje a América, los nativos le hablaron de la existencia de unos comerciantes que llevaban lanzas con las puntas de oro, y que, además, eran negros.[10]

En 1970, Alexander von Wuthenau, profesor de arte de la Universidad de las Américas de Ciudad de México, confirmó los contactos africanos con la América precolombina.[11] Tras un exhaustivo examen de gran número de colecciones privadas y de museos de toda América, y como resultado de sus propias excavaciones en México, descubrió un número sustancial de cabezas negroides en arcilla, cobre, copal y oro. Las cabezas, encontradas en distintos estratos, cuyas fechas iban desde las más antiguas civilizaciones americanas hasta la época de Colón, son indudablemente de influencia africana. Los rasgos faciales negroides, con nariz y labios gruesos, con señales de tatuajes y el típico cabello rizado, fueron hábilmente tallados por los escultores y los artistas americanos del periodo precolombino.[12] Según una autora estadounidense, Frances Gibson:

> Cuando los españoles llegaron a Panamá se encontraron con colonias negras. El hombre blanco, el hombre negro, el rojo, con las vestimentas de los indios de América del Norte, y el hombre amarillo están claramente representados en los murales de Chichén Itzá.[13]

## Difusión cultural

Otro primitivo explorador español que insinuó la existencia de contactos precolombinos por parte de pueblos europeos y mediterráneos, el padre Gregorio García, hacía mención de la inmensa diversidad racial de los nativos americanos en su libro *El origen de los indios del Nuevo Mundo e Indias occidentales,* que fue publicado en 1607:

> Los indios proceden de muchas naciones del Viejo Mundo. Algunos descienden, probablemente, de los cartagineses; otros son descendientes de las diez tribus perdidas de Israel; mientras que otros proceden de la Atlántida, de Grecia, de Fenicia y de China.[14]

Naturalmente, el padre García atribuía la diversidad racial que había encontrado en América a aquellos orígenes que él podía vislumbrar desde su propio marco de referencia, es decir, los conocimientos y las leyendas europeas, mediados por los estudios bíblicos que constituían el fundamento de su fe. No era el único que sugería que los nativos americanos eran descendientes de las diez tribus perdidas de Israel, pero una sugerencia no es una prueba. Mucho se ha dicho también sobre las similitudes entre las pirámides de América Central y las de Egipto, pero hace tiempo que estas ideas se han desestimado. Otros españoles hicieron referencias a la amplia variedad de especies vegetales de América que les resultaban desconocidas, pero también dieron descripciones detalladas de flora que era habitual en Europa.[15] El autor inglés Nigel Davis, en otro tiempo miembro del Parlamento, que vivió durante muchos años en México, planteaba las siguientes preguntas: «¿Cómo llegaron las plantas del Viejo Mundo al Nuevo? ¿No sería el hombre responsable de su llegada en tiempos prehispánicos?». Si tenemos en cuenta la enorme extensión de océano que separa los dos continentes, sugerimos que el hombre es el único vector creíble en este caso.

El historiador de las culturas Joseph Campbell, que tiene una bien merecida reputación internacional por sus ideas y sus conocimientos, ha estudiado los mitos de los pueblos de las Américas desde una perspectiva mundial. Y en este aspecto se ha salido de las filas de la mayoría de sus colegas estadounidenses, al decir:

> Sería razonable pensar que las mitologías subyacentes que se representaron en las distintas formas artísticas de las culturas superiores de América Central eran, en última instancia, no sólo similares a las de la antigua Grecia y el antiguo Oriente, sino que formaban en realidad un único bloque con ellas, una remota extensión provincial del único legado histórico y la única historia universal de la humanidad.[16]

La idea de que los primitivos constructores megalíticos de Europa Occidental pudieran haber cruzado también el Atlántico podría dar sentido a este tipo de difusión cultural. Esta extraña sugerencia procede de un linaje distinguido, ya que fue propuesta por los profesores Sean O'Riordain y Glyn Daniel, del University College de Dublín, destacados expertos en megalitos y en tumbas de corredor en Europa, que escribieron esto en la década de 1950.[17] Sus ideas podrían explicar también los vínculos culturales entre las construcciones megalíticas de Europa Occidental y las de Nueva Inglaterra, en la costa este de los Estados Unidos.

A pesar de lo difundida que pueda estar la idea de que la cultura de los nativos americanos era una verdadera cultura de la Edad de Piedra, no existen evidencias de que se trabajara el metal en tan remota antigüedad. Los objetos metálicos más antiguos de América del Norte se han encontrado en Minnesota y Wisconsin. Están hechos de cobre, y entre ellos hay hachas, cuchillos y cinceles, datados entre el 3000 y el 4000 a.e.c. El cobre, en su estado natural, se encontraba en bloques, en un estado relativamente puro, y no precisaba fundirse.[18] Un investigador y autor estadounidense moderno, el doctor Gunnar Thompson, afirma que los pozos mineros abandonados que existen cerca del Lago Superior, algunos de los cuales se sumergen varios cientos de pies por debajo de la superficie, constituyen el legado visible de antiguos navegantes. Thompson sostiene que las tribus de la zona, que solían hacer hojas afiladas y ornamentos a partir de pepitas encontradas en la superficie, afirman que las minas no las hicieron sus antepasados. Los arqueólogos estadounidenses estiman que de estas minas se extrajo más de medio millón de toneladas de cobre, y que sólo una minúscula proporción se ha encontrado hasta la fecha en montículos funerarios y otros emplazamientos arqueológicos de la América continental. Thompson especula que la mayor parte de aquel cobre debió de exportarse a ultramar.[19] Pero todavía queda por explicar una extraña anomalía. En unos exámenes realizados y publicados en 1991, se demuestra que algunos de los objetos de cobre encontrados en los montículos funerarios de América del Norte no estaban hechos de cobre puro, sino de aleaciones de cinc y cobre de origen mediterráneo.[20]

El hecho de que fueran posibles los viajes transatlánticos incluso en un distante pasado ha quedado de manifiesto en un descubrimiento realizado en la isla de Corvo, la isla más occidental de las Azores, que se encuentra a sólo mil millas de la América continental. En este lugar, en 1749, se encontró un tarro lleno de monedas fenicias datadas entre el 330 y el 320 a.e.c.[21] Además, en el texto maya del *Popol Vuh*, las creencias religiosas aztecas y las tradiciones mexicanas cuentan la misma historia acerca de una flota de barcos tripulada por hombres blancos barbados que llegaron a sus costas muchos siglos antes.

De esto dio cuenta en el siglo XVI el padre Bernardino de Sahagún,[22] que dejó el registro más completo de los hábitos, las tradiciones y las creencias de las gentes de América Central. Esta obra maestra en doce volúmenes, titulada *Historia general de las cosas de Nueva España*, que el historiador Paul Johnson describió como la mayor obra del Renacimiento, se consideró como una obra peligrosamente herética en su propia época, de ahí que se proscribiera y no viera la luz del día durante varios siglos.[23]

## ¿Petroglifos egipcios en América del Norte?

En 1993 se dio cuenta del hallazgo de dos grupos de petroglifos que apuntan a un posible contacto egipcio con las Américas y que siguen siendo objeto de estudio. Uno está situado en el estado de Oklahoma, y el otro en Rochester Creek, en el centro de Utah. Si, con el tiempo, se demostrara que son de origen egipcio, no sólo se confirmarían los contactos precolombinos, sino que también quedaría demostrado que estos contactos penetraron tierra adentro mucho más allá de lo que hubiera podido imaginarse previamente.

Gloria Farley fue la primera en sugerir, en 1978, una posible conexión egipcia para el emplazamiento de Oklahoma, cuando identificó con Anubis una figura en forma de perro aparecida en una de las cuevas.[24] Ciertas inscripciones indican que el emplazamiento es equinoccial (relacionado con el equinoccio), mientras que otras ofrecen detalles de adicionales «interacciones con el sol en ese momento del año». Estas traducciones han sido validadas, dado que las «interacciones con el sol» han sido observadas y registradas desde entonces por Rollin Gillespie, Phil Leonard, Bill McGlone y Jon Polansky. De este descubrimiento se habló en un documental para la televisión titulado *History on the Rocks*,* que fue producido por Scott Monahan, de Denver, Colorado.[25]

Cerca de la figura de Anubis de la cueva número 2 del emplazamiento de Farley hay un grabado de una mujer que exhibe su canal del parto, y que Gloria Farley identificó como una *sheila-na-gig*. Las *sheila-na-gigs* son «burdos» cincelados medievales en los que se representan los genitales femeninos, y que se encuentran habitualmente en muchas iglesias y catedrales medievales europeas. La posibilidad de que esta figura tenga un origen egipcio/feni-

* Historia en las rocas. *(N. del T.)*

cio ha quedado claramente demostrada[26] en dos representaciones similares, descubiertas en la costa fenicia, que datan del primer milenio a.e.c., representaciones que fueron ilustradas por Stern en 1989.[27]

Las similitudes entre determinados petroglifos norteamericanos y los antiguos jeroglíficos egipcios también han sido resaltadas por arqueólogos como Phil Leonard, durante las investigaciones realizadas en Rochester Creek. Leonard y sus colegas intentaron interpretar uno de los paneles de Rochester Creek utilizando los significados que se les asignaban a las figuras en la iconografía egipcia. La mayor parte de las similitudes representan el viaje del alma después de la muerte, con todos sus peligros concomitantes, hasta que alcanza su destino final. La parte derecha del panel principal está enmarcada por un gran arco similar a un arcoiris. Debajo del arco hay una figura femenina mostrando el canal del parto, que enmarca un círculo de colores claros. Justo por debajo de este grabado, hay una figura masculina itifálica reclinada (un símbolo que se llevaba en las celebraciones de la antigüedad). Según las creencias egipcias, la diosa Nut da a luz al sol cada mañana, y se la solía representar dando a luz al sol con su consorte, Geb, reclinado ante ella.

También se pueden ver dos escarabajos en la zona enmarcada por el arco; en la iconografía egipcia, el escarabajo del estiércol estaba estrechamente vinculado con la salida del sol. Una figura serpentina, bajo el extremo izquierdo del arco, es una clara representación de una cobra egipcia; y también se pueden ver criaturas parecidas a hipopótamos, cocodrilos y un perro que enseña los dientes y la lengua. En la tradición egipcia, el alma, en su viaje final, es atacada por una extraña criatura conocida como «el Devorador del Injusto». Esta criatura era mitad cocodrilo y mitad hipopótamo. Hay otras muchas figuras de posible origen egipcio, y David Kelley, tras examinar personalmente el emplazamiento, afirma que «la mera presencia de un posible hipopótamo apunta claramente a una tradición externa a este continente».[28] Los dibujos de las inscripciones, junto con las sugerencias egipcias del equipo de investigadores, le fueron avanzados a un importante egiptólogo, el profesor J. Gwyn Griffiths, del University College de Swansea, en Gales. El profesor Griffiths hizo el siguiente comentario:

> Varias de las unidades individuales y de los grupos quedan atractivamente explicadas, desde mi punto de vista, con estas sugerencias. El arco central parece ser una bóveda celeste (más que un río celestial), pero esto apoyaría la idea de que lo que se está representando aquí es el nacimiento diario del sol y su recorrido por los cielos.[29]

Estamos totalmente de acuerdo con William McGlone, Phil Leonard, James Guthrie, Rollin Gillespie y James Whittall en que las notables similitudes que se observan en este emplazamiento con la antigua iconografía egipcia no se pueden explicar bajo el término de «arte rupestre amerindio»,[30] dado que parece haber una notable influencia egipcia de algún tipo en los glifos. Pero es esencial que se hagan investigaciones meticulosas, con una mentalidad abierta, en emplazamientos como éstos. No se pueden desestimar sin realizar más análisis; sobre todo cuando el antiguo presidente de la New World Foundation,* Thomas Stuart Ferguson, ha informado del descubrimiento en Chiapa de Corso, en el sur de México, de unos sellos marcados con jeroglíficos egipcios.[31]

## ¿Comercio de Egipto con América?

En Europa se han encontrado intrigantes evidencias que vendrían a demostrar la existencia en la antigüedad de un contacto regular entre Egipto y América, un contacto que tendría un motivo evidente: el comercio. En 1976, la doctora Michelle Lescot, del Museo de Historia Natural de París, estuvo examinando los tejidos con los que se envolvió la momia del faraón egipcio Ramsés II (h. 1290-1224 a.e.c.) con el fin de determinar el motivo de la degradación del tejido. La doctora Lescot estaba buscando bacterias o virus pero, para su consternación, lo que descubrió fueron restos de tabaco.[32] Su descubrimiento provocó una considerable controversia. Pero, cuando prosiguió con el examen en el interior mismo de la momia, sus hallazgos quedaron confirmados. Las pruebas que se realizaron posteriormente demostraron más allá de toda duda que los órganos internos, que se habían puesto en unas jarras (canopes) durante el proceso de momificación, se habían preservado con una mezcla de productos vegetales, entre los que había llantén, trigo, ortigas, semillas de pimienta negra, manzanilla y hojas de tabaco picadas.[33] Y dado que el proceso de momificación que utilizaba estos procedimientos era de larga duración, debió de haber un comercio regular con el continente americano, puesto que, en aquella época, esta variedad en particular de tabaco era autóctona de América, y no se daba en ningún otro lugar. Las implicaciones comerciales de estos hallazgos simplemente se ignoraron, por cuanto eran demasiado incómodas como para que la comunidad académica las aceptaran.

* Fundación del Nuevo Mundo. (N. del T.)

En 1992, la toxicóloga alemana Svetlana Balabanova hizo varios descubrimientos increíbles durante el transcurso del examen forense de fragmentos de nueve momias egipcias pertenecientes al Museo de Múnich. Tras tomar y analizar muestras de los huesos, de la piel, de la cabeza y de los músculos abdominales, se encontró con índices elevados de diversas drogas. En las nueve muestras había rastros de hachís, algo que no debería resultar sorprendente, dado que esta planta era habitual en Egipto. Pero el resto de hallazgos resultó tan sorprendente que la doctora Balabanova dio inmediatamente los pasos necesarios para que sus descubrimientos los verificaran independientemente otros tres laboratorios. En ocho de las momias había evidencias claras de nicotina; pero lo más extraño de todo fue que las nueve momias tenían rastros evidentes del alcaloide activo de la planta de la coca: la cocaína.[34] El etnobotánico Michael Carmichael, durante un congreso celebrado en Londres en el año 2000 (The Alternative Egypt Conference)* dijo que lo más probable es que los rastros de nicotina se debieran a la utilización por parte de los egipcios de drogas psicotrópicas derivadas de la mandrágora o de la belladona, cuyo uso era habitual en aquella época. Sin embargo, la utilización de la planta de la coca como droga, que sí se ha demostrado en el Perú de la antigüedad, en torno al 2500 a.e.c., era desconocido al otro lado del Atlántico hasta mediados del siglo XIX. La doctora Balabanova es una experta pericial cuyos informes toxicológicos se aceptan sin cuestionar en los tribunales de Alemania, de modo que su metodología está más allá de toda duda. Desde 1992, se han llevado a cabo pruebas con más de tres mil cuerpos conservados de este modo, y en un elevado número de éstos se han encontrado rastros tanto de nicotina como de cocaína.[35] Evidentemente, estos hallazgos han sido tan sorprendentes que han tenido que verificarse independientemente.

En 1996, una importante cadena de televisión pidió a la profesora Rosalie David, de la Universidad de Manchester, Inglaterra, que llevara a cabo unas pruebas similares con las momias que se conservan en su propio departamento de Egiptología, y la escéptica doctora David descubrió, para su sorpresa, que tres de las momias que examinó dieron positivo en nicotina, pero ninguna de las muestras dio positivo en cocaína.[36] Desde entonces, aunque a regañadientes, los científicos se han visto obligados a considerar seriamente lo que, para ellos, era lo menos probable, pero que ahora es la única conclusión posible: que había existido algún tipo de comercio entre Egipto y América. Si bien es posible que, teóricamente al menos, el tabaco pudiera haberse

* Congreso Alternativo sobre Egipto. *(N. del T.)*

---

86

cultivado en África después de su importación desde América, no se puede decir lo mismo de la cocaína. Por tanto, la única explicación razonable para la existencia de índices tan elevados de esta sustancia se hallaría en la aceptación de que hubo un comercio regular entre Egipto y el continente americano. Teóricamente al menos, los barcos egipcios de papiro podrían haber cruzado el Atlántico, como demostró Thor Heyerdahl a mediados del siglo XX, cuando cruzó el Atlántico en una embarcación de papiro llamada *Ra* desde el norte de África hasta las Barbados.

## ¿Viajes transatlánticos?

Los barcos romanos, que eran bastante más sofisticados que los egipcios, no habrían tenido ningún problema en realizar este viaje. Los barcos romanos, bastante más grandes que el buque insignia de Colón, la *Santa María*, eran habituales ya en los tiempos de Jesús. Lionel Casson, un historiador especializado en la navegación de la antigüedad, ha afirmado que los romanos disponían de buques de carga de alrededor de 340 toneladas, y barcos de grano de 1.200 toneladas. Los barcos de carga se construían con pino, abeto o cedro, y sus cascos solían ir revestidos con láminas de plomo por debajo de la línea de flotación, con una capa de tela asfáltica entre el plomo y el casco de madera. Las velas se hacían de lino, y el cordaje con lino, cáñamo, papiro trenzado o, en ocasiones, piel.[37]

Se han encontrado varios naufragios romanos frente a las costas de Estados Unidos, Honduras y Brasil, y de muchos de ellos se han recuperado objetos perfectamente identificables, principalmente ánforas. Ya en 1971, un buceador encontró dos ánforas en Casting Bay, en Maine, a doce metros de profundidad. Los especialistas de la Early Sites Research Society de Massachusetts las identificaron como ánforas de manufactura ibérico-romana del siglo I e.c. Y aún se descubrió otra ánfora cerca de la costa en Jonesboro, Maine.[38] En 1972, se descubrieron grandes cantidades de ánforas en el fondo del mar Caribe, frente a las costas de Honduras. Los expertos que las examinaron dijeron que eran originarias de los puertos norteafricanos, y presentaron una solicitud para que se les permitiera hacer una excavación adecuada en el pecio. Los funcionarios del gobierno de Honduras denegaron esta responsable y legítima petición, porque «temían que una investigación más profunda pudiera comprometer la gloria de Colón».[39]

---

Las ánforas norteafricanas parecen abundar en las Américas. En 1976, un buceador brasileño, Roberto Teixeira, encontró varias de ellas en el lecho marino, cerca de Río de Janeiro. Y tras su descubrimiento, se recuperaron aún más ánforas. Como consecuencia de ello, el arqueólogo Robert Marx inspeccionó el pecio, y le pasó algunas de las ánforas a la profesora Elizabeth Will, del departamento de Historia de la Grecia Clásica de la Universidad de Massachusetts, que las identificó como originarias de Marruecos. Posteriormente, afinaría aún más el punto de origen, situándolo en el puerto mediterráneo de Zillis, y datándolas en el siglo III e.c. Marx recuperó miles de fragmentos de cerámica del pecio antes de que (¡sorpresa, sorpresa!) le fuera denegado el permiso para seguir con las excavaciones.[40] Esta vez no se trataba de un prejuicio «pro-colombino»; las autoridades brasileñas estaban preocupadas de que, si seguían apareciendo evidencias de barcos romanos en la antigüedad, menguara la fama del «descubridor oficial de Brasil», Pedro Álvares Cabral.[41]

Los objetos de origen romano en América del Norte no se limitan a los hallazgos realizados en los pecios de los naufragios. En 1943, James Howe compró una granja a orillas del río Roanoke, cerca de Jeffress, Virginia. Lo primero que encontró fue hierro del pantano (limonita), junto con escoria, por lo que concluyó que había descubierto el lugar en el que había habido una antigua forja colonial. Pero no pudo encontrar registros históricos que confirmaran que había habido una herrería en las inmediaciones de su propiedad. Intrigado, siguió buscando, y encontró más de ciento ochenta kilos de hierro, y un horno de fundición natural, que debieron de utilizar aquellos herreros no identificados. Howe comenzó a excavar con sumo cuidado, y encontró diversas cantidades de hierro hasta una profundidad de ochenta centímetros. Después, encontró una soberbia copa de bronce en un estado relativamente bueno, dos fragmentos de bronce y un huso del mismo material. El hecho de encontrar bronce en medio de una antigua herrería significaba que los objetos de bronce debían de haberse importado desde algún lugar lejano, y que no se habían hecho allí, puesto que no había rastro alguno de cobre ni de estaño (los metales con los que se hace el bronce) en ninguna parte cerca de los emplazamientos.[42] La copa de bronce es fascinante; seis copas de un tipo y de una metalurgia similares se han encontrado en las ruinas de Pompeya, y se estima sin lugar a dudas que tienen más de dos mil años de antigüedad. Hay otra copa casi idéntica en el Museo Smithsoniano de Estados Unidos, si bien no lleva fecha sino, tan sólo, un signo de interrogación. Pero no es difícil encontrar prejuicios similares. Una cabeza de clavo, encontrada en un emplazamiento arqueológico romano en Saalfeld Fort, Alemania, está fechada en el año 200 e.c. Claro está que se encontró en Europa. Mientras que una cabeza de clavo idéntica, que se exhibe en el Museo Smithsoniano, no lleva fecha; sólo lleva un signo de interrogación. Pero no nos sorprende, porque ésta se encontró en América.[43]

Un comentarista del siglo XVI, Lucio Marineo Sículo, cuenta en su *Crónica de España* que en una mina de oro de América se había encontrado cierta cantidad de monedas de oro romanas: «ciertas piezas de dinero, grabadas con la imagen de César Augusto: las cuales John Rufus, arzobispo de Consentium, se las envió al Papa como testimonio».[44] Presumiblemente, estas monedas estarán languideciendo en algún lugar del Vaticano. Existe un objeto indudablemente romano, una cabeza de terracota, que fue encontrada por un reputado arqueólogo mexicano durante una excavación (perfectamente supervisada y controlada), y que está fechada en el siglo II e.c. El arqueólogo, José García Payón, del Museo Nacional de México, hizo el descubrimiento en 1933. Se encontró por debajo de un suelo de cemento que data del siglo XI y, por tanto, no se puede atribuir a ningún tipo de importación colonial.[45] Debido a las circunstancias de su hallazgo, que tuvo lugar durante el transcurso de una excavación patrocinada por el museo, no puede haber discusión alguna acerca de su autenticidad. Sin embargo, el sistema académico de Estados Unidos acogió con un ensordecedor silencio esta evidencia de contactos romanos con América Central.

## Los viajes celtas: ¿mito o realidad?

Del mismo modo que el mítico viaje de Thor Heyerdahl con la *Ra* demostró que los egipcios podían haber llegado a América, aun con las formas de navegación más primitivas, la recreación de Tim Severin en 1976 del viaje de san Brandan hizo plausibles muchos de los antiguos mitos celtas. Las leyendas irlandesas hablan de multitud de viajes a una tierra mágica que existía en el lejano oeste. En estas leyendas se habla, por ejemplo, del viaje de Bran, que cruzó el Atlántico hasta llegar a un lugar que era más de diez veces mayor que Irlanda; y se cree que un clan celta, los formorianos, buscaron refugio allí tras ser derrotados en la batalla. De varios héroes irlandeses se dice que navegaron hacia el oeste, hasta una tierra idílica llamada Mag Mel, o *Tir na n'og*.[46]

Por otra parte, las leyendas celtas de viajes transatlánticos no se limitan a la Tierra de los Santos y los Eruditos. Las tradiciones populares de los pueblos nativos americanos tienden a confirmar las historias de los «nativos» irlandeses. Un investigador abnaki (tribu de la región conocida hoy como Nueva Escocia), Bernard Assiwini, cuenta que una anciano de su tribu relataba la siguiente historia:

> Nuestros jefes hablan de extranjeros que vinieron hasta nosotros en barco, a través del mar, hace unos dos mil años. Establecieron sus colonias en nuestros territorios, e intentaron llevársenos por la fuerza. Pero destruyeron sus barcos, y nuestros padres, los algonquinos, les convencieron para que vivieran con nosotros. Se llamaban a sí mismos «Kelts».[47]*

Quizás el celta más famoso en viajar al Nuevo Mundo sea san Brandan, el abad de Clonfert. Existen tres versiones de esta leyenda; dos de ellas son del siglo VIII, la *Vita Brendani (La vida de Brandán)* y la *Navigatio Sancti Brendani (El viaje de san Brandan)*. La tercera versión se encuentra en una obra del siglo XII conocida como *El libro de Lismore*. Según se dice, san Brandan cruzó el Atlántico en 565 e.c., y pasó siete años en América del Norte, antes de volver a Irlanda. Las versiones del siglo VIII de este viaje dicen que su barco era un *curragh*, una embarcación de piel con armazón de madera; pero en *El libro de Lismore* se dice que el viaje se realizó en una gran embarcación de madera tripulada por seis monjes.[48] No existe ninguna evidencia arqueológica que apunte a la veracidad de esta leyenda, con la posible excepción de una cabaña de piedra con forma de colmena que se encuentra en Upton, Massachusetts. Esta intrigante construcción se levanta en una tierra de la que fue propietario hace tiempo nuestro colega Malcolm Pearson, y es muy parecida a las primitivas celdas de los monjes celtas encontradas en las Islas Blasket, frente a la costa de Kerry, en el sudoeste de Irlanda.[49]

Pero los románticos irlandeses no son los únicos a la hora de elaborar un folklore poético sobre antiguos contactos con América. Los galeses sostienen que el príncipe Madoc ab Owain Gwynedd fue el verdadero descubridor de América.[50] Según se dice, Madoc envió tres expediciones a través del océano: «la primera para reconocer el paso del océano, la segunda para explorar y buscar una tierra adecuada y la tercera, con una flota de diez barcos, transportando colonos, ganado y animales de granja». De la leyenda de los históricos

---

* Aunque la palabra inglesa que identifica a los celtas se escribe *celts*, normalmente se pronuncia como *kelts*. (N. del T.)

viajes de Madoc habla Caradoc de Llancarfan en *Historia Cambria*, que fue editado y traducido al inglés en 1584, con el fin de fundamentar las reivindicaciones inglesas para colonizar América del Norte. Otra versión de la gesta de Madoc se puede encontrar en *De originibus americanus* (libro IV), publicado en La Haya en 1652. En esta obra se dice:

> Madoc, un príncipe de Cambria, con algunos de su nación, descubrió y habitó unas tierras en el oeste, y casi no hay duda de que su nombre y su recuerdo se siguen conservando entre las personas que viven allí.[51]

Aunque las expediciones de san Brandan y de Madoc sólo se pueden calificar como de legendarias, hay que reseñar que los españoles decían haber encontrado antiguos fuertes de piedra en Florida, y atribuían su origen a antiguos colonos galeses.[52] La tradición nativa americana habla de encuentros con blancos que subían navegando por los ríos, y el jefe de los shawnee, Pezuña Negra, afirmaba en 1851 que, según una antigua historia, en Florida habían vivido hombres de raza blanca mucho antes de la llegada de los españoles. Existen numerosos informes no corroborados según los cuales había nativos americanos que hablaban galés en los primeros años de los asentamientos coloniales. De una tribu, los *mandan* de Dakota del Norte, se decía que eran «hombres blancos, vestidos de pieles rojas, que comprendían el galés».[53] Por desgracia, no se puede consultar a los *mandan* sobre este asunto porque, debido al regalo que les hicieron los colonos europeos, la viruela, esta tribu se extinguió. Estas leyendas llevaron a John Evans, de Londres, a explorar América en 1792, en busca de evidencias sólidas de la existencia de nativos que hablaran galés. Pero, por desgracia, llegó demasiado tarde. Sus seguidores declararon «que todas las noticias que habían llegado de la frontera eran o bien parte de una conspiración para desposeer a Colón de su legítima gloria, o bien consecuencia de una arraigada histeria de masas».

El anticuario estadounidense Arlington Mallery afirmaba que muchos de los emplazamientos que había investigado en el este de Estados Unidos durante la década de 1940 eran hornos de fundición de hierro de origen celta. En 1986, Joseph Gardner y su equipo encontraron en Chattanooga (Viejo Fuerte de Piedra, en Tennessee), en Desoto Falls (Alabama) y en Fort Mountain (Georgia) lo que consideraron que eran evidencias arqueológicas de las leyendas galesas. Desde el punto de vista de Gardner, estos tres fuertes en ruinas no eran de construcción nativa americana; aparentemente, databan del siglo XII.

El emplazamiento de Tennessee en particular se parecía mucho a las ruinas medievales que se pueden encontrar en Gales. Sin embargo, sí que se han encontrado evidencias claras e innegables de habitación celta lejos de Irlanda o de Gales, pero no en la América continental, sino en Groenlandia, donde una excavación arqueológica ha descubierto que unos cimientos de construcciones celtas fueron reutilizados por colonos posteriores en la construcción de sus propias moradas. Estos colonos, que vinieron posteriormente, procedían de una raza famosa por sus habilidades marineras; una raza que, sin duda alguna, llegó a la América continental: los vikingos.

## NOTAS

1.  Aristóteles, o bien un discipulo suyo, a veces denominado pseudo-Aristóteles, que se supuso erróneamente que era Aristóteles. Traducción latina de *De Mundo*, (Venecia, 1521), 3, 392b.

2.  Peter Kalkavage, trad. *Plato's Timaeus* (Newburyport, MA: Focus Publishing, 2001).

3.  Diodorus Siculus, *Bibliotheca Historica*, C. H. Oldfather, trad. (Londres: Heinemann, 1935), 9:19, 20.

4.  Citado en Aelian, *Varia Historica* (Cambridge, MA: Harvard University Press, 1997), 3:18.

5.  La mención sobre tierras en el Atlántico de Plutarco se hace en su «Life of Sestorius», en *Plutarch's Lives*, John y William Landhorne, trad. (Londres: William Tegg, 1865), pp. 399-400.

6.  Estrabón, *Geografía*, vols. 1 y 2 (Madrid: Editorial Gredos).

7.  Citado por Estrabón en *Geographica*.

8.  Jordanes, *De summa temporum de origine actibus gentis Romanorum* (hacia 551 e.c.), 1:4, 7.

9.  Frances Gibson, *The Seafarers: Pre-Columbian Voyages to America* (Philadelphia: Dorrance & Co., 1974), p. 33.

10.  Ivan Van Sertima, *They Came before Columbus* (Nueva York: Random, 1976), pp. 1-10.

11.  Alexander von Wuthenau, *The Art of Terracota Pottery in Pre-Columbian Central and South America* (Nueva York: Crown Publishing, 1969).

12.  Van Sertima, *They Came before Columbus*, pp. xiv, xv.

13.  Gibson, *Seafarers*, p. 45.

14.  Citado en Gunnar Thompson, *American Discovery* (Seattle: Misty Isles Press, 1992), p. 23.

15.  Nigel Davies, *Voyagers to the New World* (Nueva York: William Morrow and Co., 1979), p. 60.

16. Joseph Campbell, *The Mythic Image* (Princeton, NJ: Princeton University Press, 1974), p. 133.

17. S. O'Riordain y G. Daniel, *Newgrange*, citado también por Frances Gibson, *Seafarers*, p. 7.

18. Davies, *Voyagers to the New World*, p. 73.

19. Thompson, *American Discovery*, p. 143.

20. Servicio de noticias Scripps Howard, 27 de marzo de 1991.

21. Charles Michael Boland, *They All Discovered America* (Nueva York: Doubleday and Co., 1961), p. 24.

22. Thompson, *American Discovery*, p. 85.

23. Paul Johnson, *A History of Christianity* (Londres: Peregrine Books, 1978), p. 403.

24. William McGlone *et al.*, *Ancient American Inscriptions* (Rowley, MA: Early Sites Research Society, 1993), p. 139.

25. McGlone *et al.*, *Ancient American Inscriptions*, p. 140.

26. Ibíd., pp. 154-155.

27. Ephraim, Stern, «What happened to cultu figurines», *Biblical Archaeological Review*, XV (4) 22-29, 53-54.

28. McGlone *et al.*, *Ancient American Inscriptions*, pp. 251-268.

29. Carta a Jim Whittal de Sociedad de Investigación de Emplazamientos Antiguos.

30. McGlone *et al.*, *Ancient American Inscriptions*, p. 268.

31. Davies, *Voyagers to the New World*, p. 142.

32. Andrew Collins, *Gateway to Atlantis* (Londres: Headline, 2000), p. 115.

33. Peter James y Nick Thorpe, *Ancient Inventions* (Londres: O'Mara Books, 1994), p. 350.

34. Svetlana Balabanova, Franz Parsche y Wolfgang Pirsig, «First Identification of Drugs in Etyptian Mummies», *Naturwissenschaften*, 79, 1992, p. 358.

35. Balabanova, «First Identification of Drugs in Egyptian Mummies», p. 358; también «Research Verifies the Use of Hashish, Cocaine, and Nicotine in Prehistoric Culture», *Sociology of Drugs*, March 1993.

36. Programa de televisión de la serie Equinox, «Mystery of the Cocaine Mummies», emitido en el Canal 4 de Inglaterra en 1996, repetido en 2000.

37. Lionel Casson, *The Ancient Mariners: Seafarers and Sea Fighters of the Mediterranean in Ancient Times* (Princeton, NJ: Princeton University Press, c. 1991); Boland, *They All Discovered America*, p. 55.

38. Thompson, *American Discovery*, p. 175.

39. Ibíd., p. 175.

40. Robert y Jennifer Marx, *In Quest of the Great White Gods; Contact between the Old and the New World from the Dawn of History* (Nueva York: Crown Publishers, 1992)

41. Thompson, *American Discovery*, p. 175.

42. Boland, *They All Discovered America*, pp. 56-58.

43. Ibíd., p. 67.

44. Gibson, *Seafarers*, p. 19.

45. Thompson, *American Discovery*, p. 175; Gibson, *Seafarers*, p. 19.

· 46. Gunnar Thompson, *The Friar's Map of Ancient America—1360 d. C.* (Seattle, WA: Laura Lee Production & Argonauts of the Misty Isles, 1996), p. 27.

47. Bernard Assiwini, historiógrafo de los abnaki, 1973.

48. Gibson, *Seafarers*, pp. 19-22.

49. Boland, *They All Discovered America*, p. 130.

50. Se afirma en el *liber quator* de *De Originibus Americanus*, publicado en La Haya en 1652.

51. Richard Haklyut, *English Voyages*, 16 vols. (Edimburgo: E. & G. Goldsmid, 1885-1990).

52. Richard Deacon, *Madoc and the Discovery of America* (Nueva York: George Baziller, 1967), p. 54.

53. Thompson, *The Friar's Map*, pp. 31-32.

54. Ibid., pp. 31-32.

# 6

# Los vikingos marcan el rumbo

Indudablemente, los invasores vikingos causaban espanto, y sus incursiones en las Hébridas Exteriores, en las costas escocesas e inglesas, en Irlanda y en las ciudades costeras de Europa no dejan de conformar una base válida para las crónicas de un clero aterrorizado. Pero, si hemos de ser justos, habrá que decir que los vikingos no eran más crueles que sus enemigos cristianos; de hecho, la única diferencia entre unos y otros era que los cristianos, por norma, no atacaban las propiedades de la Iglesia, mientras que para los vikingos eran unos de sus principales objetivos. Esta violencia, no obstante, era sólo uno de los aspectos de una sociedad emergente, compleja y de múltiples facetas que, gracias a sus capacidades marineras, fue capaz de pasar de un lado a otro el mundo conocido y de convertirse en uno de sus elementos más transformadores.

Por encima de todo, los vikingos eran señores del mar. Esto le dio a su cultura una grandísima proyección, pues no sólo fueron invasores, sino también exploradores, y comerciantes sumamente agudos. Entre los siglos VIII y X, sus exploraciones les permitieron crear los cimientos de una red de vínculos comerciales, con los cuales llevarían a su tierra natal los productos y las ideas de todas las costas mediterráneas, desde Bizancio[1] hasta las Columnas de Hércules, conocidas ahora como el estrecho de Gibraltar.[2] Una tribu vikinga conocida como los «Rus» fundó Moscú, y los barcos vikingos recorrían de punta a punta los ríos de lo que ahora es la gran Rusia, llegando hasta el mar Caspio y el mar Negro.[3] Debido a la presión de la población en sus tierras natales, los vikingos se convertirían también en colonos y colonizadores en Orkney,

Caithness, York, las costas orientales y meridionales de Irlanda, el norte de Francia, Sicilia y, finalmente, las islas del Atlántico Norte, incluidas Islandia y Groenlandia.[4]

Lejos de ser unos simples y brutales paganos, los vikingos tenían una cultura rica, sofisticada y compleja, imbuida con unos ideales que, en la actualidad, sólo podríamos calificar de democráticos. Los gobiernos de los reyes vikingos de Noruega estuvieron moderados por un parlamento de nobles;[5] y, bajo este tipo de régimen, Escandinavia se convirtió, en múltiples aspectos, en la encrucijada cultural del mundo, donde las ideas recogidas a través de su extensa red comercial se importaron, resintetizaron y, en muchos casos, se reexportaron a las colonias vikingas. Cuando la mayor parte de Europa hacía sus construcciones con madera, o zarzo y barro, los vikingos construían ya con piedras. Una habilidad en particular de los vikingos, en la que no serían igualados durante siglos, fue la de la construcción de puentes. Sus artesanos hacían joyas de una sofisticación y una belleza que siguen maravillando a arqueólogos e historiadores actuales. (Puede verse un magnífico ejemplo de este arte en el tesoro que se descubrió en Irlanda en enero de 2000.) Pero, por encima de todo, a los vikingos se les recordará siempre como constructores de barcos por excelencia.[6]

## Los *drakkars* vikingos

El *drakkar* era, en muchos aspectos, el logro supremo de la cultura vikinga, pues constituía el medio a través del cual llevaron a cabo sus incursiones, su comercio y sus exploraciones. De ahí que no fuera simplemente una forma de transporte, sino una fuente de poder y, en el caso de jefes y nobles de relevancia, el lugar de descanso final en su camino hacia el Valhalla. Es esta costumbre la que ha permitido a los historiadores y arqueólogos modernos conocer en profundidad las técnicas de construcción naval de los vikingos.

Tres enormes montículos de factura humana adornaron en otro tiempo los límites del fiordo de Oslo; uno en la costa oriental, en Tune, y dos en el oeste, en Gokstad y en Oseberg.[7] Cada uno de ellos estaba erigido sobre un barco. Los tres navíos, excavados entre finales del siglo XIX y principios del XX, se pueden ver ahora en el museo naval de la Isla de Bygdoy, a un corto paseo en barco de la ciudad de Oslo. El primero que se excavó fue el de Tune, en

1867;[8] el segundo, el de Gokstad,[9] que es el más grande, y que se cree que data de los alrededores del 900 e.c., fue excavado en 1880. La tercera y última excavación tuvo lugar en Oseberg en 1904.[10] Posteriormente, se descubrirían otros cinco barcos vikingos, casi perfectamente conservados, bajo el agua, en Skuldelev, en el fiordo de Roskilde, en Dinamarca, en el año 1962.[11] Otro barco se descubrió en 1970, y se exhibe ahora en el Museo del Condado de Vestfold, en Tunsberg.[12] Así, en el transcurso de poco más de cien años, se han hecho unos descubrimientos que nos dan una magnífica base sobre la cual valorar con gran precisión las habilidades vikingas en la construcción naval, y que nos permiten comentar con una considerable precisión sus características náuticas.

El más soberbio ejemplo entre estos hallazgos es el de Gokstad. Este barco fue construido tanto para la navegación a vela como para la propulsión mediante remos. El barco está construido según el sistema de tingladillo, consistente en dieciséis hileras de tablones, en las que cada tablón monta sobre el que está debajo y va calafateado con hilos de lana embreada.[13] Los tablones no van clavados, sino que van sujetos al costillaje con mimbres inmovilizados mediante abrazaderas. Además, las cuadernas del costillaje no van sujetas a la quilla, método de construcción que dota al casco de una flexibilidad mucho mayor que la que aportan las modernas técnicas de construcción naval. Hay dieciséis huecos para remos a cada lado del barco, en la decimocuarta hilera de tablones, todos ellos adornados con postigos de madera, que se podían cerrar cuando el barco navegaba a vela. Por tanto, hay un regala de dos tablones de alto por encima de los huecos de los remos, lo cual le da al barco una mayor altura de borda bajo la vela.

La quilla tiene 20,10 metros de largo, y está hecha con una única pieza de madera, de tal modo que ofrece la mayor fuerza posible con el menor peso posible.[14] La altura de la quilla hasta la parte superior del regala, en la mitad del barco, es de 2,02 metros. Y las dimensiones generales del barco son de 23,30 metros de la roda a la popa, y 5,20 metros de manga en su punto máximo, estimándose el peso del casco plenamente equipado en 20,2 toneladas métricas. Cruzando la popa, hay una construcción especial, una cámara mortuoria de madera, en la cual se encontraron los restos de un jefe vikingo exquisitamente ataviado.[15] Por desgracia, debido a las atenciones de los ladrones de tumbas, sus armas desaparecieron. Al parecer, los ladrones de tumbas concentraban sus esfuerzos en las armas y en los objetos valiosos de las tumbas de los hombres, y en las joyas de las tumbas de las mujeres. Pero, a pesar de los actos depredadores de los ladrones, lo que queda es más que interesante:

*Figura 1. Réplica de un drakkar vikingo.*

finos tejidos bordados en oro, los restos de un pavo real y abundantes utensilios de cocina.

Thor Heyerdahl y Tim Severin no fueron los primeros aventureros modernos en demostrar que era factible cruzar el Atlántico en barcos de diseños antiguos. En 1893, una réplica del barco de Gokstad, al mando del capitán Magnus Andersen, cruzó el Atlántico para llegar a la inauguración de la Exposición Universal de Chicago.[16] El capitán comentó que el desempeño del barco había sido magnífico, y que el timón era obra de un genio. El 15 de mayo de 1893, el drakkar adelantó con sus velas a los barcos de vapor de la época cubriendo 223 millas náuticas en veinticuatro horas, con un promedio de velocidad de 9,3 nudos. El mismo año, una réplica del buque insignia de Colón, la *Santa María*, cruzó también el Atlántico, pero sólo consiguió un promedio de 6,5 nudos.[17] Así pues, es evidente que en calidad de diseño, en construcción y rendimiento, los barcos vikingos del siglo X eran muy superiores a las carabelas del siglo XV que utilizó Colón. De todos los barcos vikingos que se han excavado hasta el momento, el barco de Gokstad es el más cercano en diseño a los drakkars que llegaron a Islandia, Groenlandia y Vinlandia, tal como cuentan las sagas vikingas.

# Las sagas vikingas

La cultura vikinga, aun con toda su sofisticación, no produjo casi literatura escrita. Su historia se transmitía oralmente en relatos o sagas que describían acontecimientos particulares o episodios relacionados entre sí. Estas sagas, entre las que se encuentran el *Islendingabok*,[18] el *Flateyabok*,[19] el *Hauksbok*,[20] y la *Orkneyinga Saga*,[21] no tomaron forma escrita hasta los siglos XII a XIV.

Vistos al principio por los historiadores como meros mitos o tradiciones populares, a lo largo de los dos últimos siglos estas sagas han llegado a ser aceptadas por los académicos. Aunque tienen un estilo narrativo, son ricas en material histórico,[22] y se han convertido en indicadores literarios de evidencias irrefutables sobre la ocupación vikinga de Islandia, Groenlandia y, lo más espectacular de todo, de la isla de Newfoundland, en Terranova. Actualmente, se acepta ya la autenticidad de las sagas como documentos históricos, y el único punto sobre el cual parecen disentir hasta cierto punto los historiadores es en la datación exacta de los hechos relatados, e incluso aquí existe un gran consenso, que limita la variación de opiniones a no más de dos años. Para nuestros propósitos, utilizaremos las fechas intermedias de aquellas que proponen las autoridades en la materia.

La saga más antigua en tomar forma escrita fue el *Islendingabok*, escrita por el sacerdote e historiador islandés Are Frodi, conocido también como Ari el Sabio.[23] Su relato, escrito entre 1122 y 1132, nos ofrece algunas gemas de información acerca de la exploración y el asentamiento vikingo de las islas y las costas del Atlántico Norte. Vinlandia se menciona cuatro veces, y también se dice que los colonos vikingos en Groenlandia encontraron las ruinas de moradas y los utensilios de piedra que dejaron otros colonos antes que ellos, y que las ruinas eran similares a las descubiertas en Vinlandia. Naturalmente, Ari llegó a la conclusión de que los utensilios habían pertenecido a los *skraelings*, o nativos.[24] El historiador Ian Wilson sugirió en 1991 que las ruinas prenórdicas de Vinlandia mencionadas en el *Islendingabok* bien podían haber pertenecido a los celtas que otrora habitaron Groenlandia.[25] Si las ruinas eran tan parecidas como sugiere Ari, esto podría ser bien cierto, pues en unas recientes excavaciones en Groenlandia se ha demostrado concluyentemente que muchas de las construcciones vikingas se habían hecho con los cimientos de primitivas construcciones celtas. Según Hjalmar J. Holand, la mención más antigua acerca de Vinlandia se encuentra, no en las sagas islandesas, sino en una inscripción rúnica de una piedra desenterrada en Noruega.[26]

Puede surgir cierto grado de confusión cuando se estudian los relatos de Vinlandia, puesto que existen dos fuentes diferentes acerca de la historia de su exploración, si bien ambas parecen fuentes autorizadas. Una, escrita en islandés antiguo, a finales del siglo XIV, se la entregó un tal Hakonarson al rey de Dinamarca en el año 1647. Hakonarson vivía en Flatey, una isla de uno de los fiordos de Islandia, de donde proviene el nombre por el que se conoce habitualmente esta saga, *Flateyabok*.[27] La otra fuente se encuentra en la Biblioteca Arnamagnean de Copenhague. Es el llamado *Hauksbok*, escrito por Hauk Erlendsson, que murió en 1334. Erlendsson era descendiente de Thorfinn Karlsefni, y el *Hauksbok* contiene la «saga de Karlsefni».[28] Muchos expertos creen que, si bien el *Hauksbok* es la más antigua de estas dos fuentes, el *Flateyabok* procede de fuentes groenlandesas más antiguas, de ahí que con frecuencia se haga referencia a él como la *Saga de Groenlandia*.[29]

El origen y la naturaleza de ambos libros es muy diferente. El *Hauksbok* contiene un más que halagador relato de las hazañas de Thorfinn Karlsefni y, como era costumbre en la Edad Media, está ricamente bordado con episodios que, con toda probabilidad, están tomados de otras fuentes. El *Flateyabok*, que la mayor parte de los expertos cree que es históricamente el más exacto, tiene un estilo narrativo libre y directo, y contiene directrices de navegación bastante más precisas, como sería de esperar en un pueblo de marinos.[30]

## La exploración del Atlántico Norte

La estirpe marina de los vikingos se vio impulsada a viajar incesantemente por una doble motivación. Por un lado, la escasez de tierras; y, por otro, un intenso sentido de la aventura y la ambición de buscar nuevas tierras que saquear o, mejor aún, donde asentarse. Islandia la descubrió por accidente Gardar Svarvasson en 861, cuando un vendaval lo desvió de su rumbo, durante un viaje desde Noruega hasta las islas Hébridas.[31] Los primeros colonos vikingos llegaron nueve o diez años más tarde. En aquella época, la isla ya había sido colonizada por monjes celtas de Irlanda, que habían estado allí durante siglos. Pero no les entusiasmaron demasiado los nuevos colonos, de modo que volvieron por donde habían venido, dejando tras ellos, según el *Landnamabok*, «campanas, libros y báculos».[32]

Islandia fue el lugar de nacimiento del explorador Eric el Rojo, quien, aún hoy, es un nombre conocido por todos. En 982, Eric zarpó hacia el oeste, llegando a Groenlandia, a un lugar llamado Mid Glacier, una montaña cubierta de hielo que posteriormente recibiría el nombre de Blacksark. Luego navegó hacia el sur, a lo largo de la costa este, en busca de tierras de pasto adecuadas para la colonización. Siguiendo una vieja tradición vikinga, buscaba estas tierras en las zonas costeras cercanas a fiordos rocosos, tierras que se irrigarían por sí solas con el deshielo de las cimas rocosas. Bordeó la punta meridional de Groenlandia y se dirigió hacia la costa del sudoeste, acampando para pasar el invierno en una gran isla, a la cual le dio el nombre de Ericsey, en el Briedifjord.[33] Tras el deshielo primaveral, Eric recorrió con su nave el fiordo, llamado ahora Tunugdliarfik. Finalmente, encontró una tierra adecuada en el fondo del fiordo, y eligió este lugar para crear allí una granja.

A Eric el Rojo se le acredita erróneamente el descubrimiento de Groenlandia; pero, como ya hemos mencionado, sabemos que los celtas estuvieron allí antes que él. Según la saga, encontró fragmentos de embarcaciones y utensilios de piedra, que habían dejado allí las gentes que habían habitado previamente los fiordos groenlandeses. Con la llegada del verano, exploró la región occidental, poniéndole nombre a cada isla, cada fiordo y cada cabo por los que pasaba. Se dice que, con la esperanza de animar a otros a colonizar aquel territorio, le puso a esta tierra de glaciares el engañoso aunque atractivo nombre de Groenlandia.[34]* Esta afirmación es ciertamente cuestionable, pues el historiador moderno Kare Prytz dice que el papa Gregorio IV escribió a Ansgar, el legado del papa en Escandinavia, ya en 831, dándole instrucciones para que Groenlandia estuviera administrada por el arzobispo de Hamburgo.[35]

Para el verano de 986, Eric había conseguido todo el apoyo que necesitaba para su nuevo asentamiento; más de mil personas se apiñaron en treinta y cinco barcos y zarparon con él. Muchos de los barcos se dispersaron debido a vientos adversos, o se perdieron en el mar; sólo catorce llegaron a su destino final, y el número de colonos que desembarcó en Groenlandia se estima en poco más de cuatrocientos.[36] Menos de un año después, un joven llamado Bjarni Herjulfsson partió de Islandia para reunirse con su padre en la recién poblada Groenlandia. Tras perder el rumbo debido a las inclemencias del tiempo, los vientos lo llevaron bastante más hacia el sur, alcanzando a ver una tierra desconocida. De este nuevo país se decía que era boscoso, con bajos

---

* *Greenland* en el original inglés, «Tierra Verde». *(N. del T.)*

collados y sin montañas. Todavía con la intención original de reunirse con su padre, Bjarni viró hacia el nordeste. Su barco bordeó las costas de otras dos tierras desconocidas, y prosiguió su singladura hasta alcanzar el borde sudoccidental de Groenlandia. Cuando al fin llegó, describió sus aventuras con detalles tan precisos que todo aquel que lo deseara hubiera podido encontrar fácilmente las tierras que había visto.[37]

Frederic Pohl, un historiador del siglo XX que realizó un prolongado estudio de los viajes precolombinos a América, trazó el rumbo que siguió Bjarni hasta Groenlandia. Comparando el relato de Bjarni de su primer avistamiento de nueva tierra con la topografía de la costa este de América del Norte, Pohl sugiere que el primer desembarco de Bjarni tuvo lugar en Cabo Cod, cuya costa encaja con las descripciones dadas por el vikingo.[38] Según la saga, Bjarni navegó después durante dos días en dirección nordeste, sin ver tierra, y llegó a una tierra llana, cubierta de bosques, que tanto Pohl como Holand sugieren, lógicamente, que se trataba del sur de Nueva Escocia.[39] Siguiendo la costa (y la lógica de este argumento), el tercer avistamiento debió de ser el de la isla montañosa de Newfoundland, cuyas características encajan de nuevo con lo descrito en la saga.

Aunque la temperatura en Groenlandia hace mil años era apreciablemente más cálida que en el presente, el país no dejaba de ser sombrío y poco hospitalario. Sin embargo, la colonia de Eric prosperó durante varios cientos de años,[40] llegando a sustentar, con el tiempo, dieciséis iglesias parroquiales, una catedral, un monasterio y un convento de monjas. Trece años después de la fundación de la colonia, Eric envió a su hijo, Leif, a Noruega. Durante el viaje, el barco de Leif perdió el rumbo y tocó tierra en las Hébridas, estableciendo en su época el récord de haber sido el viaje más largo que había realizado un nórdico en océano abierto: más de dos mil quinientos kilómetros. Cuando Leif llegó a Noruega, en el verano de 999, se convirtió al cristianismo por orden directa del rey Olaf Tryggvason. Los métodos evangelizadores del rey eran un tanto brutales y directos; a sus súbditos les dio a elegir: o se convertían al cristianismo o se metían en una cuba de aceite hirviendo.[41] Leif pasó el invierno en Indoors, llamada ahora Trondheim, y luego, obedeciendo las órdenes del rey, y con su protección, fue enviado de vuelta a casa, a Brattahlid, Groenlandia, con la misión de evangelizar. Como consecuencia de su ministerio en su tierra natal, todo el pueblo, con una notable excepción, su padre, se convirtió al cristianismo.[42]

# El viaje a Vinlandia de Leif Erikson

Leif, impregnado del sentido vikingo de la aventura y la curiosidad, pidió a Bjarni las direcciones de navegación hacia las nuevas tierras que había descubierto, y zarpó con una tripulación de treinta y cinco hombres, y desembarcó en la última isla montañosa que Bjarni había visto. Exploraron la isla y descubrieron que, tierra adentro, había grandes montañas cubiertas de hielo. Según la saga, entre el mar y las montañas había algo así como una gran roca plana, carente en su casi totalidad de buenas cualidades. Leif la llamó Helluland, la Tierra de la Roca Plana.[43] Existe un punto en la costa de Newfoundland que encaja con esta descripción de un modo curiosamente preciso. Si Leif hubiera desembarcado en lo que ahora se llama Flat Rock Cove (Ensenada de la Roca Plana), cerca de St. John's, habría encontrado un refugio natural ideal para su barco, y el cercano paraje de Flat Rock Point encajaría a la perfección con la descripción dada en el relato.

La saga cuenta después que Leif y sus hombres volvieron al barco y se hicieron de nuevo a la mar. Navegaron hasta encontrar la segunda de las nuevas tierras; pero, a diferencia de Bjarni, ellos sí que desembarcaron. Se trataba de una tierra boscosa bordeada de blancas arenas. En el punto donde desembarcaron, la orilla formaba una suave pendiente hasta el mar. Leif llamó a este país Markland, la Tierra de los Bosques.[44] Leif y sus hombres dejaron Markland con cierta precipitación, dado que habían detectado un viento poco habitual que soplaba justo en la dirección que querían seguir. Después de navegar durante dos días hacia el sudoeste, tiempo en el cual un barco vikingo de su época habría recorrido casi quinientos kilómetros, Leif tocó tierra de nuevo. Esto le habría situado en la región del sudeste de Nueva Inglaterra.[45]

Este lugar parecía casi ideal. En los ríos había abundantes salmones, y se diría que el ganado no habría tenido problemas para alimentarse en invierno, pues no parecía crearse escarcha en el suelo, y la hierba se mantenía lozana.[46] Y también había mucha madera en la región. Las horas diurnas y nocturnas se dividían de forma más igual que en Groenlandia, de manera que la partida de vikingos se estableció allí, construyéndose casas para pasar el invierno. Cuando los refugios estuvieron terminados, Leif dividió su partida en dos grupos; uno de ellos guardaría las casas, y el otro exploraría la región, intercambiándose los papeles de cuando en cuando. La saga[47] cuenta que, una noche, uno de ellos, Tyrk el alemán, desapareció. El grupo de búsqueda lo encontró exultante, pues Tyrk había encontrado vides y uva.[48] De ahí que Leif le pusiera a aquella tierra el nombre de Vinlandia, que debió ser descubierta, según

Hjalmar R. Holand, en el año 1003.[49] Tras pasar el invierno en Vinlandia, Leif y su grupo volvieron a casa con el barco lleno de productos agrícolas de esta nueva tierra.

## El viaje de Thorwald

A la vuelta de Leif a Groenlandia, su hermano, Thorwald, inspirado por lo que contaban de aquellas nuevas tierras, tomó la determinación de partir hacia Vinlandia para proseguir la exploración. Thorwald debió de partir el mismo año en que volvió Leif, en 1004, o como mucho un año después.[50] Cuando llegó a lo que había sido el asentamiento de Leif, dividió en dos a su grupo y, con uno de ellos, tomó un bote y exploró la costa hacia el oeste del asentamiento,[51] probablemente en lo que ahora es la región de Block Island Sound y Long Island Sound. Al verano siguiente, Thorwald navegó hacia el este con algunos de sus hombres, pasando por el actual Nantucket Sound, y luego hacia el norte, donde se encontraron con un temporal, que les arrojó a la orilla en las cercanías de un cabo. Es muy probable que este cabo fuera Cabo Cod.[52] Cuando la embarcación quedó varada, se dieron cuenta de que la quilla había quedado seriamente dañada, y les llevó algún tiempo reemplazarla. Cuando terminaron esta tarea, se hicieron a la mar nuevamente en dirección norte, dejando la costa al oeste, y exploraron por vez primera las regiones costeras que había entre Vinlandia y Markland. Llegaron a un cabo de aguas profundas, amarraron la embarcación a la costa y tendieron una pasarela. Aquella región era tan hermosa que Thorwald decidió que era allí donde quería construir su hogar.[53]

En su recorrido de regreso hasta el barco, descubrieron tres canoas boca abajo en una playa, a resguardo del cabo; bajo cada una de las canoas, había tres indios durmiendo, y los vikingos los tomaron prisioneros. Pero uno de ellos escapó y, según cuenta la saga, «ellos mataron a los ocho».[54] No se mencionan las circunstancias de la matanza; pero, como demostrarían posteriormente los acontecimientos, resultó ser un acto tremendamente imprudente. Más tarde, cuando los vikingos volvieron a su embarcación, una flotilla de canoas indias les salió al paso, atacándolos con una lluvia de flechas. Los vikingos respondieron poniendo sus escudos a lo largo de la borda del bote, en la tradicional disposición de combate, y, al cabo de poco tiempo, los atacantes se retiraron. Pero había habido una baja entre los vikingos, el propio Thorwald, que llevaba una flecha clavada en el costado. Con la certeza de que iba a morir, dio instrucciones a sus hombres para que le enterraran en el lugar que había elegido para su nuevo hogar.[55] Y así lo hicieron, tras lo cual volvieron a Vinlandia, donde pasaron el invierno siguiente, dedicando su tiempo a cortar madera, para llevarla consigo de regreso, a Groenlandia.

## La exploración de Thorfinn Karlsefni

Thorfinn Karlsefni, que era de ascendencia real, además de ser un hombre acaudalado, llegó a Groenlandia en 1008 o 1009, acompañado por Snorri Thorbrandson, un viejo amigo de Eric el Rojo, y por una tripulación de cuarenta hombres. Poco después llegó otro barco vikingo, aproximadamente del mismo tamaño, bajo el mando de Bjarne Grimolfson y Thorhall Gamalson. Leif Erikson invitó a los jefes de ambos barcos, junto con sus tripulaciones, para que fueran sus invitados durante el invierno,[56] tiempo que aprovecharía Thorfinn para cortejar y casarse con Gudrid, una viuda protegida de Leif Erikson.[57] Durante las largas noches del invierno, Leif puso al día a Thorfinn en lo referente a las exploraciones en Vinlandia, por lo que éste decidió ir a ver aquel lugar con sus propios ojos. La expedición zarpó en 1009 o 1010, pero el *Hauksbok* y el *Flateyabok* no se ponen de acuerdo en lo referente al número de personas que tomaron parte en la expedición. El *Hauksbok* dice que eran ciento sesenta hombres y mujeres; el *Flateyabok* dice que eran sólo sesenta hombres y cinco mujeres. Pero en lo que no hay diferencias es en que en el grupo había residentes de Groenlandia, y en que se llevaron también ganado, puesto que los expedicionarios pretendían asentarse allí.

Existe una sorprendente contradicción entre el relato del *Hauksbok* y el del *Flateyabok* en cuanto a la ruta que tomó la expedición. La versión más creíble es la que da el *Flateyabok*, que sostiene que, tras hablarlo con Leif Erikson, Thorfinn y su partida acordaron con éste tomar prestadas sus casas de Vinlandia, por lo que se dirigieron allí directamente, tomando la ruta tradicional. El relato prosigue diciendo que estuvieron en Vinlandia dos años, durante los cuales comerciaron con los *skraelings*, los nativos. Sin embargo, al final, la partida vikinga se vio sometida a un ataque conjunto de los nativos y, como consecuencia de ello, Thorfinn decidió volver a Groenlandia.[58] La saga dice que el hijo de Thorfinn, Snorri, nació durante su estancia en Vinlandia, lo cual le convertiría en la primera persona de ascendencia europea que nació en el Nuevo Mundo.

En el *Hauksbok*, el viaje toma más el aspecto de una exploración, acreditándosele a Karlsefni tanto el descubrimiento como el nombre de muchos de los lugares por los que pasaron. También se habla de una prolongada estancia en un lugar llamado Straumsfjord, pero todos los intentos por identificar este lugar no han creado más que discusiones y confusión. Es un caso típico de la veracidad del viejo proverbio latino *quot homines, tot sententiae;* o lo que es lo mismo, hay tantas opiniones como personas. Dependiendo de cuál sea el autor que se lea, Straumsfjord podrá ser la isla de Cabo Bretón, mil kilómetros al oeste de la desembocadura del río San Lorenzo; Sandwich Bay, en el Labrador; la Bahía de Fundy, al oeste de Nueva Escocia; Long Island Sound; o Chaleur Bay, al norte de New Brunswick. El episodio de Thorfinn, en su totalidad, adquiere en el Hauksbok un fuerte regusto hagiográfico (la utilización de materiales de muy distintas fuentes para embellecer o realzar la reputación del personaje principal, en este caso, de Thorfinn Karlsefni), recurso habitual de los clérigos de la Edad Media. No dudamos de que lo que se cuenta en el episodio de Straumsfjord se basa en hechos reales (sea la crónica de un viaje anterior, o quizás incluso posterior, de una expedición diferente), pues las descripciones de Straumsfjord tienen visos de veracidad. La saga cuenta que «había montañas allí, y el paisaje era hermoso». Si utilizamos la lógica, si echamos mano a los relatos de otros viajes y si nos fiamos de nuestra intuición, tendremos que sugerir que el verdadero emplazamiento de Straumsfjord bien pudo haber sido L'Anse aux Meadows, en Newfoundland.

El relato del *Hauksbok* afirma que aquel invierno fue largo y severo, y que los alimentos escasearon hasta tal punto que, de no ser porque descubrieron una ballena varada en la arena, habrían pasado hambre. En esta versión, se dice que Snorri nació poco después de llegar a Straumsfjord. Con la llegada de la primavera, la situación mejoró, y los miembros de la expedición estuvieron buscando uvas en vano. A pesar de la dureza del invierno, pasaron un año en este lugar, hasta que una parte de la expedición, encontrándose a disgusto, decidió regresar. Fue entonces cuando Thorfinn y el resto se dirigieron hacia el sur durante «un largo tiempo», en busca de Vinlandia.[59] Esta parte del relato resulta difícil de creer, dado que, habiendo pasado un invierno en compañía de Leif Erikson, parece increíble que éste no les hubiera dado las direcciones precisas de navegación, las mismas que Bjarni Herjulfsson le había dado a él. Sin embargo, el relato del *Hauksbok* acerca de lo acontecido en Vinlandia refleja claramente, en algunos aspectos, la versión dada en el *Flateyabok*, que parece más fidedigna.

Con el transcurso de los años, se han hecho muchas investigaciones para establecer la ubicación exacta de Vinlandia y de Markland, que han dado como resultado cierto consenso a la hora de identificar Markland como Nueva Escocia, y Vinlandia en algún punto de Nueva Inglaterra. Sobre la zona identificada con el asentamiento original de Leif Erikson existen diversas opiniones, apuntando unos a la región del golfo de Maine, en las cercanías de Boston, y otros a la bahía de Narragansett, en la región que rodea a Newport, en Rhode Island, ubicación que nos parece más creíble.[60] La arqueología moderna y los registros históricos comerciales de los vikingos tienden a confirmar esto, pues el arqueólogo noruego Helge Ingstad dice que en los asentamientos vikingos de Groenlandia se ha encontrado carbón de antracita procedente de Rhode Island.[61] Desde los tiempos en que Leif Erikson llevó a Groenlandia su primera carga de madera y uva, las tierras vikingas en el Nuevo Mundo fueron una rica fuente de materias primas, siendo Markland la principal fuente de madera para los groenlandeses. Las listas de cargas desembarcadas en el puerto de Bergen, en Noruega, nos dicen que desde Groenlandia se enviaban a Noruega pieles de gran valor,[62] entre las que había pieles de marmota, nutria, castor, carcayú, lince, marta y oso negro, cuando ninguno de estos animales es autóctono de Groenlandia; todos pertenecían al Nuevo Mundo.[63]

## Los registros eclesiásticos de Vinlandia

Los registros de la Iglesia confirman también los descubrimientos del Nuevo Mundo, pues, con anterioridad a 1070, el erudito Adán de Bremen, que posteriormente sería rector de la escuela catedralicia de la ciudad, dedicó varios años a estudiar la historia del arzobispado de Hamburgo. Esta diócesis era inmensa, pues comprendía el norte de Polonia, los estados bálticos, Rusia, Finlandia, Prusia, los países escandinavos y todas las islas del Atlántico Norte, salvo Gran Bretaña e Irlanda. Adán de Bremen habló con el rey Sven de Dinamarca, que le habló de la existencia «de otra isla más, descubierta por muchos en ese océano, que se llama Wineland, porque allí crecen uvas silvestres, que dan el mejor de los vinos. Además, el hecho de que abunden allí los cereales que se siembran solos no lo hemos determinado a partir de fabulosas conjeturas, sino de informes fidedignos de los daneses».[64] Según algunos informes, se cree que el rey Olaf II de Noruega visitó Vinlandia en el año 1016.[65] Ingstad menciona que, en los anales islandeses del año 1121, se sugiere que el obispo de Groenlandia partió también en busca de Vinlandia.[66] Este obispo, Eric Gnupsson, había nacido en Islandia, y había sido designado para el cargo por el rey Sigurd en 1112. Según el padre Ivar Bardsson, del siglo XIV, el obispo Eric no volvió nunca de su expedición a Vinlandia.[67] El comercio y los contactos continuaron entre Noruega, Groenlandia y Vinlandia, y se creó un asentamiento permanente en el mismo lugar en el que Leif Erikson había tenido su hogar en el Nuevo Mundo, recibiendo el nombre de Norumbega.[68] Quizás fuera esta región el país que se anexionó el rey Haakon Haakonson, en un tratado fechado en 1262.[69] El territorio anexionado estaba compuesto por Islandia, Groenlandia y un lugar llamado «Landa-nu», que supuestamente había descubierto un islandés llamado Rolf en 1258. El obispo Gissur Einarsson anotó que las direcciones de navegación para llegar a esta tierra desde Islandia apuntaban al sudoeste, dirección que le llevaría a uno a Newfoundland o Nueva Escocia. A pesar del hecho de que estas tierras habían sido pobladas con anterioridad, la utilización de la palabra «nueva» bien pudo ser una simple estratagema para reclamar su propiedad.

Así pues, a mediados del siglo XIV, ya eran abundantes las evidencias documentales que atestiguaban la soberanía del reino de Noruega sobre unas «nuevas» tierras en el oeste. En la última década de ese siglo, la reina Margarita de Noruega encargaría a su principal consejero, Henry St. Clair, el primer St. Clair conde de Orkney, la tarea de explorar y explotar estas tierras, con el fin de liberar al reino del férreo control sobre el comercio que ejercía la Liga Hanseática.

## NOTAS

1. Else Roesdahl, *The Vikings* (Londres: Penguin, 1991), pp. 4, 16, 277-279.

2. John Haywood, *The Penguin Historical Atlas of the Vikings* (Londres: Penguin, 1995), pp. 58-59.

3. Haywood, *The Penguin Historical Atlas of the Vikings*, pp. 106-107.

4. Roesdahl, *The Vikings*, pp. 262, 265-276.

5. Ibid., pp. 52, 78.

6. Haywood, *The Penguin Historical Atlas of the Vikings*, pp. 40-42; Roesdahl, *The Vikings*, pp. 83-93.

7. Thorleif Sjovold, *The Viking Ships in Oslo* (Oslo: Universitets Oldsaksamling, 1985), p. 6.

8. Ibid., pp. 69-70.

9. Sjovold, *The Viking Ships in Oslo*, pp. 53-68.

10. Ibid., pp. 10-36.

11. Ibid., p. 6.

12. Ibid., p. 7.

13. Ibid., p. 58.

14. Ibid., p. 56.

15. Ibid., pp. 53-55.

16. Ibid., p. 56.

17. Nigel Davies, *Voyagers to the New World* (Nueva York: William Morrow & Co., 1979), p. 219.

18. Ibid., p. 223.

19. Helge Ingstad, *Westward to Vinland* (Nueva York: St. Martins Press, 1969), p. 32.

20. Ingstad, *Westward to Vinland*, p. 29.

21. Haywood, *The Penguin Historical Atlas of the Vikings*, pp. 40-42; Roesdahl, *The Vikings*, pp. 9-12.

22. Roesdahl, *The Vikings*, p. 14.

23. Frederick Pohl, *Lost Discovery* (Nueva York: Norton and Co., 1952), p. 261.

24. *The Iselandingabok*, citado también en Gunnar Thompson, *The Friar's Map of Ancient America—1360 d. C.* (Seattle, WA: Laura Lee Production & Argonauts of the Misty Isles, 1996), pp. 51-52.

25. Thompson, *The Friar's Map*, pp. 51-52.

26. Holand nació en Noruega en 1872, y emigró a América en 1884. Licenciado en la universidad, se interesó por la historia y la runología y fue autor de diez libros, centrados principalmente en las exploraciones vikingas del Nuevo Mundo. Esta piedra, inscrita con caracteres rúnicos parece que se descubrió en torno a 1823, pero no sería traducida hasta 1902. De su descubrimiento y de su traducción se habla en Holand, *Explorations in America before Columbus* (Nueva York: Twayne Publishing Incl., 1956), p. 80.

27. Pohl, *The Lost Discovery*, p. 105.

28. Ibid., p. 105.

29. Roesdahl, *The Vikings*, p. 271 e Ingstad, *Westward to Vinland*, p. 32.

30. Hjalmar R. Holand, *Westward from Vinland* (Nueva York: Duell, Sloan & Pearce, Inc., 1940), p. 61.

31. Haywood, *The Penguin Historical Atlas of the Vikings*, pp. 40-42; Roesdahl, *The Vikings*, p. 90.

32. *El Landamnabok*, El Libro de los Asentamientos.

33. Pohl, *The Lost Discovery*, pp. 15-16.

34. Haywood, *The Penguin Historical Atlas of the Vikings*, p. 96.

35. A. E. Nordenskiold, *Om Broderna Zenos Resor och de Aldasta Karter Ofver Norden* (Estocolmo: Central-Tryckeriet, 1883), p. 40; mencionado también en Kare Prytz, *Westward before Columbus*, Liv Myhre y Charles De Stephano, trad. (Oslo: Norsk Maritant Forlag A/S, 1991), p. 10.

36. Pohl, *The Lost Discovery*, pp. 18-19.

37. *El Flateyabok*, descrito también en Pohl, *The Lost Discovery*, p. 21.

38. Pohl, *The Lost Discovery*, p. 26.

39. Holand, *Explorations in America before Columbus*, pp. 27-31.

40. Hjalmar Holand, *America 1355-1364* (Nueva York: Duell, Sloan & Pearce, Inc., 1946), pp. 8-9.

41. Pohl, *The Lost Discovery*, pp. 39-40.

42. Ibíd., p. 40.

43. Ibíd., pp. 44-46, habiendo obtenido Pohl esta información de ciertos pasajes del *Flateyabok*.

44. *El Flateyabok*.

45. Pohl, *The Lost Discovery*, pp. 47-49.

46. *El Flateyabok*, mencionado también por Holand, *Westward from Vinland*, p. 27.

47. *El Flateyabok*.

48. Ibíd.

49. Holand, *Westward from Vinland*, p. 29.

50. Prytz, *Westward before Columbus*, p. 20.

51. Holand, *Explorations in America before Columbus*, p. 54 y *America 1355-1364*, p. 222.

52. Holand, *Explorations in America before Columbus*, p. 222.

53 Ingstad, *Westward to Vinland*, p. 44; Holand, *Explorations in America before Columbus*, p. 56.

54. Ingstad, *Westward to Vinland*, p. 44.

55. *La Graenlandingasaga*, citado también por Ingstad, *Westward to Vinland*, p. 45 y por Holand, *Explorations in America before Columbus*, p. 55.

56. *El Hauksbok*.

57. Ingstad, *Westward to Vinland*, p. 46.

58. *El Flateyabok* y *El Hauksbok*.

59. *El Hauksbok*.

60. Holand, *America 1355-1364*, pp. 213-215.

61. Ingstad, *Westward to Vinland*, p. 92.

62. Ibíd., p. 25.

63. Ibíd., p. 95.

64. Magister Adam de Bremen, *Gesta Hammaburgensis*, cap. 4, p. 38.

65. W. R. Andersen, *Viking Exploration and the Columbus Fraud* (Chicago: Valhalla Press, 1981), p. 47.

66. Ingstad, *Westward to Vinland*, p. 94.

67. Holand, *Explorations in America before Columbus*, pp. 90-91.

68. Los mapas más antiguos sitúan Norumbega en Nueva Inglaterra, entre Cabo Cod y el río Hudson. La primera mención de Norumbega en la literatura se encuentra en una obra titulada *Recherches sur les Voyages et decouvertes des navigateurs Normands*, de Pierre Grignon, publicado en 1539.

69. *Saga Hakon Hakonarsonar* (Códice Frisianus). Se trata de un manuscrito medieval que no he encontrado en forma impresa.

# 7

# Nicolo Zeno explora el Atlántico Norte

Según la *Narración de Zeno*, después de que Henry afianzara su gobierno sobre las islas Shetland, construyó un fuerte en Bres, que los expertos modernos suponen que es Bressay. Según la opinión de Niven Sinclair, es probable que los cimientos de este castillo sean aún visibles en Learaness, que, en la época de Henry, debía de hallarse en el extremo de una larga península que se adentraba en el golfo de Bressay (Bressasund).[1] Desde entonces, el mar ha erosionado el istmo de la península, hasta el punto de que ahora es una isla, a la cual aún es posible llegar vadeando la marea baja. Éste debió de ser un emplazamiento excelente para una fortaleza, dado que ofrece una vista soberbia de los accesos al golfo de Bressay, que comprende los abrigos naturales que se abren al norte y al sur de la actual población de Lerwick. Sin embargo, existe cierta controversia sobre el lugar exacto del fuerte de Henry, que, según Frederick Pohl, «estaba con toda probabilidad en el mismo punto donde se construyó otro fuerte en el siglo XVII, al borde del agua, en Lerwick».[2] Sir Nicolo Zeno permaneció en Bres y, al año siguiente, en 1393, equipó tres pequeños barcos para un viaje de exploración. Navegó hacia el norte en el mes de julio, y arribó a Egroneland, o Groenlandia.

> ... Aquí encontró un monasterio de la Orden de los Frailes Predicadores, y una iglesia consagrada a santo Tomás, junto a una colina que vomitaba fuego, como el Vesubio y el Etna. Hay un manantial de agua caliente allí, que se utiliza para calentar tanto la iglesia del monasterio como las cámaras de los frailes. El agua brota hirviendo

en la cocina, de manera que no utilizan otro fuego para cocinar sus alimentos. También ponen el pan en ollas de latón sin agua alguna, y el pan se cuece como si hubiera estado en un horno caliente.[3]

Críticos posteriores, pretendiendo desacreditar la *Narración de Zeno*, intentaron hacer uso de este pasaje para apoyar su teoría de que los viajes de Zeno eran completamente inventados. Pero, con estos intentos, lo único que demostraron fue su escaso conocimiento de la historia de los asentamientos vikingos en Groenlandia. ¿Se basarían sus críticas en la suposición de que los únicos asentamientos vikingos eran los de la costa oeste, que habían sido abandonados más de cincuenta años antes del viaje de Zeno? ¿O basaron sus ideas en la errónea creencia de que la parte más meridional de la costa este era la única de esta tierra estéril en haber sido habitada? Como muy bien señalaron, en esa parte de Groenlandia, no había existido ningún monasterio ni iglesia que pudiera corresponderse con lo contado en la *Narración*. Pero lo que pasaron por alto, o decidieron ignorar intencionadamente, fue que había un lugar, un poco más al norte del Poblado Oriental principal, que sí encajaría, y además a la perfección, con lo escrito por Nicolo Zeno en la década de 1390.[4]

La existencia de antiguos volcanes activos y de manantiales termales en la costa este de Groenlandia quedó demostrada por los arqueólogos del siglo XX Alwin Pedersen, Helge Larsen y Lauge Koch.[5] El doctor William H. Hobbs, un geólogo de la Universidad de Michigan,[6] identificó unas ruinas cercanas a la bahía de Gael Hamke como pertenecientes al monasterio de San Olaf, que habían sido descritas siglos antes por Ivar Bardsson, que afirmaba que aquellas aguas termales «eran buenas para el baño y para la cura de muchas enfermedades». Con respecto a la descripción de Nicolo Zeno del monasterio, el volcán, los manantiales de aguas termales, las características del abrigo natural del puerto y del populoso asentamiento de esquimales, el doctor Hobbs dice que «las evidencias de todas estas cosas se han encontrado aquí». El historiador del siglo XIX, el doctor Luka Jelic, lo confirma también cuando hace mención de un relato escrito por los emisarios papales en el año 1329, que dieron cuenta al papa Juan XXII de que había dos centros monásticos en Grotlandia (Groenlandia), uno llamado Gardensi (Gardar)[7] y otro llamado Pharensi, un nombre que es casi un dictamen de la proximidad de San Olaf al volcán, pues el resplandor de esta montaña debía asemejarse al de un faro.

La *Narración de Zeno* dice también que las aguas termales del monasterio se utilizaban para irrigar los jardines de hierbas y para calentar los cuartos de los monjes.[8] Cerca de allí, en la costa, allí donde los manantiales se sumergían en el mar, había un abrigo natural que nunca se helaba, a pesar de los nueve largos meses de invierno. Gracias a la cálida temperatura del agua, los peces eran tan abundantes que se habían convertido en la principal fuente de provisiones para los monjes. Muchos barcos se veían retenidos en este abrigo durante el invierno, pues el mar se congelaba fuera de él, y los marinos tenían que esperar hasta que el hielo se fundía para poder partir.[9] Como consecuencia del clima severo que Sir Nicolo tuvo que soportar en Groenlandia, no estando habituado a tanto frío, cayó enfermo y regresó a la isla de Fer, donde murió. Su hermano, Sir Antonio, le sucedió como almirante de la flota de Henry, y heredó todas las riquezas y los honores de Nicolo.[10] El relato del viaje de reconocimiento de Nicolo Zeno a Groenlandia y su muerte poco después los confirmaría Marco Barbaro en *Discendenze Patrizie,* que fue publicado en 1536, veintidós años antes de la posterior publicación de la *Narración de Zeno.*

## El relato del pescador

En aquellos momentos, se estaba planeando otro viaje de exploración cuyo origen, según la *Narración de Zeno,* fue ciertamente extraño. Un pescador de Orkney contaba que, alrededor de veintiséis años antes, cuatro barcos pesqueros habían salido a la mar y habían sido arrastrados hacia el oeste por una violenta tempestad. Cuando el temporal amainó, descubrieron una isla, a la que pusieron por nombre Estotilanda, a más de mil seiscientos kilómetros de Islandia. Uno de los barcos naufragó, y sus seis tripulantes fueron llevados a una «hermosa y populosa ciudad», cuyo rey buscó un intérprete, otro marino naufragado que hablaba latín, y pidió a los hombres que se quedaran en su país.[11] El pescador describía aquella nueva tierra como «muy rica y abundante en todo tipo de cosas». Decía que sus habitantes eran «inteligentes, y tan bien versados en las artes como nosotros, y que era obvio que tuvieron tratos en algún tiempo con nuestro pueblo, pues en la biblioteca del rey había libros en latín que ellos no comprendían».[12] Ellos comerciaban con Groenlandia, exportando pieles, azufre y alquitrán, cultivaban cereales y elaboraban cerveza. Según el pescador, aquel pueblo no tenía la brújula, y por este motivo habían valorado tanto a los pescadores, y los enviaron hacia el sur, a un país llamado Drogio. Fueron capturados por salvajes y, salvo al pescador, los devoraron a todos. A él lo perdonaron los salvajes porque les enseñó a pescar con redes y, como consecuencia de ello, se le tuvo en tan alta estima que le dejaron vivir allí durante trece años, pasando de un grupo a otro para transmitirles su arte.[13]

El pescador describía aquel país como «un nuevo mundo», poblado por salvajes que no estaban cultivados, que no tenían ningún tipo de metal, que vivían de la caza y llevaban lanzas de madera, con la punta afilada. Eran muy fieros, y había luchas mortales entre ellos mismos; y, aunque tenían jefes y leyes, éstas diferían de unas tribus a otras. Después de muchos años, consiguió volver a Drogio y, al enterarse de que habían llegado unos barcos, se sintió feliz al saber que habían venido de Estotilanda. Acordó el pasaje con ellos y, finalmente, después de muchas aventuras, volvió a su hogar en Orkney, donde conoció al conde Henry St. Clair.[14] Según la *Narración de Zeno*, este relato fue la causa principal del viaje al Nuevo Mundo del conde Henry.

## El sueño de una nueva Commonwealth

Nadie podrá estar nunca seguro de si la historia del pescador fue el último de una serie de acontecimientos cuyo efecto acumulativo llevó al conde Henry St. Clair a emprender su trascendental viaje de exploración y colonización al Nuevo Mundo, o si la inclusión de este relato en las cartas de Zeno fue simplemente una más de las piezas de un hábil camuflaje con el que pretendía ocultar la larga planificación de este herético empeño. Dar a entender, como hace la *Narración*, que ésta fue la primera noticia sobre el Nuevo Mundo que había al otro lado del Atlántico en llegar a los oídos del conde es no querer ver la realidad. Desde sus contactos en las cortes escandinavas, Henry ya era consciente de la malhadada expedición de Knutson, de los viajes de Nicolas Lynne y del ya antiguo comercio con Groenlandia, Markland y Vinlandia. Como cualquier otro descendiente de los vikingos, debía de estar familiarizado con los primitivos viajes a aquellas tierras a partir de sus conocimientos de las sagas vikingas.

También es razonable suponer, aunque no pueda ser demostrado, que Henry debió de informar a Carlo Zeno de muchos de los detalles de las tierras del otro lado del Atlántico, o bien que Carlo debió conocer de primera mano, al menos, los detalles de la expedición de Knutson, cuando estuvo en la corte noruega en 1364. Pero la pregunta que surge es si habría sido seguro que Nicolo y Antonio Zeno hubieran mencionado de forma clara en cualquier carta susceptible de ser interceptada el hecho de que la verdadera intención del viaje estribaba en encontrar un asentamiento que estuviera más allá del alcance del largo brazo de la Inquisición, y que, además, tenía como uno de sus principales objetivos romper el cerco que la Liga Hanseática había impuesto en el comercio del norte de Europa.[15] ¿O es que la retorcida historia del pescador simplemente inclinó la balanza en favor de una acción inmediata para llevar a cabo un plan que había estado madurando durante casi veinte años?

Existe cierto grado de incertidumbre en lo relativo a los detalles de los acontecimientos previos a la trascendental expedición del conde Henry St. Clair. El único indicio claro que tenemos acerca de sus intenciones y del número de personas implicadas es lo que podemos leer en la *Narración de Zeno*, en la que hay una carta escrita por Antonio Zeno que afirma:

> ... este noble [el conde Henry] está decidido ahora a enviarme con una flota hacia aquellas partes. Y son tantos los que desean unirse a la expedición a cuenta de la novedad y la extrañeza del asunto, que creo que estaré bien equipado, sin que se precise de ningún gasto público.[16]

El redactor de la *Narración*, otro Nicolo Zeno posterior, enlazó las distintas cartas con comentarios propios y, tras la cita de arriba, dijo de este viaje de su antepasado Antonio: «zarpó con muchos barcos y hombres, pero no fue él el comandante, como él mismo hubiera esperado». Y luego, explica que el conde en persona se puso al mando y que, tres días antes del día de partida fijado, el pescador, que iba a ser el guía, murió. Sin embargo, a pesar de esto, la expedición siguió adelante.[17]

## Las dimensiones de la expedición

Los autores que hasta ahora han tratado del viaje del conde Henry tienden a sobrestimar las dimensiones de la flota que llevó consigo, y han sido hasta cierto punto imaginativos en sus intentos por evaluar tanto el número como las características de las personas involucradas en la expedición. Aparte de los comentarios de que se iba a enviar «una flota» y de que eran muchos los que querían unirse a la expedición, no hay nada en la primera parte de la *Narración* sobre lo cual podamos basar tales suposiciones. Sin embargo, sí que hay uno o dos pasajes en el relato de la última parte del viaje que aclaran un poco estos asuntos, pasajes que comentaremos en un contexto más adecuado.

Algunos de estos autores han hecho algunas afirmaciones rocambolescas, al decir que Henry navegó con miembros de los Caballeros Templarios[18] y monjes cistercienses,[19] llevando con ellos un inmenso tesoro,[20] e incluso, por increíble que pueda parecer, llevando el Santo Grial al otro lado del Atlántico.[21] No existe ni un solo ápice de evidencia que justifique tan extravagantes especulaciones. Los Caballeros Templarios habían sido suprimidos más de setenta y cinco años atrás, y ya no existían. Henry era miembro de una familia con una larga e íntima relación con la Orden Templaria, e indudablemente estaba imbuido de la filosofía templaria; pero, a menos que fuese capaz de resucitar a los muertos, ¿cómo podría haberse dejado acompañar por los Caballeros Templarios? Además, no hacía falta un inmenso tesoro para comerciar, ni habría habido espacio para transportarlo, aunque Henry hubiera utilizado todos y cada uno de los barcos de su flota. Si bien es posible que se hiciera acompañar por un sacerdote para que hiciera las funciones de capellán de la flota, es muy poco probable que hubiese llevado con él a un nutrido grupo de monjes cistercienses para lo que, al fin y al cabo, no era otra cosa que una expedición armada de reconocimiento.

En la *Narración de Zeno* no queda claro cuántos barcos se emplearon. Lo que se da a entender, de forma intencionada o accidental, es que Henry hizo uso de toda su flota, si bien esta posibilidad resulta sumamente improbable. A la flota original de Henry, de dos barcos remeros, un barco de combate y diez barcos pequeños,[22] había que sumarle ahora la galera veneciana que había llevado Antonio Zeno.[23] Si Henry pretendía estar lejos de sus islas el tiempo suficiente como para cruzar el Atlántico de ida y de vuelta, debió de verse obligado a dejar sus islas en una situación defendible. Debido a los numerosos piratas que había y a las acciones depredadoras de la Hansa, que había bloqueado Bergen y había quemado la flota noruega en 1394, estimamos que la flota necesaria para proteger las islas y mantener las comunicaciones entre ellas habría sido de, al menos, una galera, el barco de combate y seis o siete barcos pequeños. Esto habría dejado a Henry con la galera veneciana y sus doscientos remeros, que podrían armarse de inmediato en caso de ser atacados, una de sus propias galeras, cuya dotación estaría similarmente pertrechada, y tres o cuatro barcos pequeños de exploración. Una expedición de este tamaño habría sido más que adecuada para hacer el viaje a Vinlandia, y habría estado más que preparada para soportar cualquier ataque de piratas que pudiera encontrarse en la ruta. Aunque es imposible demostrar que fue ésta toda la flota que llevó en el viaje, es, según creemos, una estimación razonable, a la luz de nuestros conocimientos sobre los recursos navales totales y las demandas de la defensa de su reino mientras estuviera lejos.

## Tras las huellas de sus antepasados

Hubiera sido ciertamente extraño que Henry St. Clair, con todos sus conocimientos sobre los viajes previos de los vikingos a América, hubiera optado por seguir una ruta sustancialmente diferente de la seguida por aquellos que habían emprendido la aventura antes que él. Partiendo desde su base en Orkney y Shetland, navegó hacia el oeste en un viaje que, como el de Leif Erikson y Thorfinn Karlsefni, utilizó Islandia, Groenlandia y Newfoundland como estaciones de paso para su primer desembarco en el continente. La *Narración de Zeno* dice:

> ... Después, por fin, descubrimos tierra. Dado que la mar estaba movida y no sabíamos qué país era, tuvimos miedo de acercarnos al principio. Pero, gracias a Dios, el viento amainó, y entonces sobrevino una gran calma. Algunos de la tripulación desembarcaron, y volvieron poco después con la gozosa noticia de que habían encontrado un país excelente y un abrigo natural todavía mejor. De modo que llevamos nuestros barcos a tierra, y entramos en un excelente abrigo, y vimos en la distancia una gran montaña que echaba humo.[24]

El relato continúa diciendo que se envió un grupo de exploración de cien hombres armados hacia la montaña humeante, con instrucciones estrictas de traer información sobre los habitantes que pudieran encontrar. Los que se quedaron en los barcos hicieron acopio de madera y de agua, y capturaron gran cantidad de peces y de aves marinas, que abundaban en la ensenada.[25]

> Mientras estábamos allí anclados, llegó el mes de junio, y el aire de la isla se hizo suave y agradable más allá de toda descripción. Pero, como no habíamos visto a nadie, comenzamos a sospechar que este agradable lugar estaba deshabitado. Le dimos al puerto natural el nombre de Trin, y al cabo que se introducía en el mar le pusimos Capo di Trin.[26]

El prolífico historiador de viajes por el Atlántico Norte, Frederick Pohl, utilizó este pasaje para intentar establecer la fecha del desembarco de Henry.[27] Supuso, no sin razón, a la luz de los viajes de otros exploradores, que Henry y Antonio llamaron al abrigo y al cabo «Trin» porque desembarcaron el domingo de la Trinidad.[28] La costumbre de ponerle nombre a los lugares de desembarco en función del calendario religioso no era algo peculiar y exclusivo de Henry St. Clair y de Antonio Zeno. Sin embargo, Pohl cometió un error fundamental de cálculo al situarlo dos años más tarde de cuando en realidad tuvo lugar. Pohl propuso las fechas del domingo de la Trinidad, que es una festividad movible, del 6 de junio de 1395, el 28 de mayo de 1396, el 17 de junio de 1397 y el 2 de junio de 1398,[29] y luego optó por la última como la más probable. Pero una atenta lectura de la *Narración de Zeno* nos desvela que llegaron a este puerto natural antes de que comenzara junio («Mientras estábamos allí anclados, llegó el mes de junio»),[30] dando a entender que la expedición estaba cómodamente anclada antes de finalizar mayo. La elección del domingo de la Trinidad como conmemoración del momento del desembarco debió de ser para celebrar el primer avistamiento de tierra, o bien para celebrar el día en que anclaron; y, a la luz de la frase citada arriba, la flota ya estaba anclada cuando llegó el mes de junio. Si fuera correcto el razonamiento de Pohl, al relacionar Trin con el domingo de la Trinidad, la única fecha que coincidiría con esto, y que sin embargo dejaría tiempo suficiente a partir de entonces para que tuvieran lugar las hazañas de Henry previas a la fecha más antigua que se sugiere de su muerte, sería la del 28 de mayo de 1396.

Una vez establecida una fecha más creíble para el viaje, ¿podremos encontrar alguna coincidencia entre la descripción del terreno hecha en la *Narración* y los rasgos geográficos y geológicos de alguna parte de la costa nororiental de América del Norte? Y, si podemos hacerlo, ¿encontraremos alguna evidencia o algún razonamiento plausible que nos permita vincular este lugar con las exploraciones vikingas anteriores? El hecho de saber que la zona era boscosa, que era abundante en peces y aves marinas, y que tenía un abrigo natural seguro, por sí solo resulta casi inútil, puesto que esta descripción se podría aplicar a demasiados lugares de la costa nororiental. La clave se encuentra en la montaña que echaba humo, así como en lo que descubrieron los hombres que fueron enviados a explorarla:

> ... Al cabo de ocho días, los cien soldados volvieron y nos contaron que habían recorrido la isla y habían subido a la montaña. El humo procedía de un gran fuego natural que había en el fondo de la colina,

y había un sitio del que manaba una materia parecida al alquitrán y que se vertía en el mar, y nos dijeron que había multitud de personas, medio salvajes, y que vivían en cuevas. Eran muy pequeños de estatura y muy tímidos; pues, tan pronto como vieron a nuestra gente, huyeron a esconderse en sus agujeros. Nuestros hombres también nos informaron de que había un río grande cerca, así como un puerto natural muy bueno y seguro.[31]

La *Narración* nos habla del desembarco y de la exploración de la montaña humeante como si se tratara de una isla. Podemos utilizar esta información para descartar una de las primeras sugerencias hechas, la de que se trataba de Groenlandia, porque en esta isla no hay árboles,[32] y los colonos de Groenlandia tenían que comprar la madera que se traía de Markland. Por tanto, es razonable suponer que el desembarco tuvo lugar en la misma Markland. Y, a la luz de la información que trajeron los hombres de la expedición a la montaña humeante, aquella tierra estaba rodeada de agua por varias partes, por lo que debía de ser una isla o una península.

## En busca de la montaña humeante

La expedición armada cruzó una tierra boscosa y estuvo ocho días lejos de su base en la costa, pero no emplearían todo ese tiempo en el viaje de ida y vuelta desde la costa hasta la montaña humeante, puesto que parte del tiempo lo debieron de emplear en investigar el origen del humo y el río de alquitrán que fluía hacia el mar. Por otra parte, ningún marino habría dado cuenta de un puerto natural seguro sin hacer un examen concienzudo. Así pues, si restamos el tiempo que pudieron necesitar para observar el abrigo, seguir el río de alquitrán y averiguar de dónde venía el humo, podríamos conjeturar que necesitaron un máximo de tres días para ir y tres para volver. Por tanto, el emplazamiento de la montaña humeante tenía que encontrarse dentro de un radio de entre setenta y cien kilómetros del abrigo donde estaban anclados los barcos. Dado que ninguna de las islas de la costa occidental del Atlántico Norte, como Martha's Vineyard, Nantucktet o Long Island, son lo suficientemente grandes como para precisar de tres días para cruzarla, nuestra búsqueda tendrá que restringirse a la costa continental en sí.[33] Depósitos naturales de alquitrán se pueden encontrar en la isla de Trinidad y en el curso alto del río Orinoco en Sudamérica; y, en América del Norte, en Alabama, California, Kentucky, Missouri, Oklahoma, Texas y Utah. Pero el más cercano de ellos está a más de mil quinientos kilómetros de la costa nororiental, donde desembarcó el conde Henry. Según el geólogo William H. Hobbs, de la Universidad de Michigan, el único emplazamiento plausible donde se podría encontrar un gran fuego en el fondo de una colina, junto con un «manantial» del cual brotara una sustancia parecida al alquitrán que discurriera hacia el mar, es en la actual población de Stellarton, en la región de Pictou, en Nueva Escocia.[34]

En la línea de ferrocarril que pasa por Stellarton, hay un apeadero que tiene el nombre de Asphalt (Asfalto), que está en una pequeña elevación, en las afueras de la población, cerca de un camino de asfalto formado de alquitrán cuya superficie se ha solidificado hasta el punto de que se puede caminar sobre él alrededor de cien metros. La superficie es esponjosa, flexible bajo el peso de un hombre, pero recupera su lugar cuando se levanta el pie. Siendo relativamente blanda, esta sustancia se puede arrancar con facilidad, y la gente de la zona la utilizaba a principios del siglo XX como combustible.[35] Desde el apeadero de Asphalt, baja un arroyo, conocido como Cole Brook, hasta el estuario del río East, que, eventualmente, desemboca en el abrigo natural de Pictou.[36] Por debajo de Stellarton, el río East crece y decrece con las mareas, y, con marea baja, el fondo embarrado se ve negro a causa de los residuos bituminosos. Esta región está atravesada por varias vetas de carbón, una de las cuales es conocida como «la veta de carbón bituminoso», que también pasa por las inmediaciones de Asphalt. Los indígenas del pueblo mi'qmaq le dijeron a Frederick Pohl que, cerca del arroyo Cole Brook, había un agujero en el suelo que, durante siglos, estuvo ardiendo y echando humo repetidas veces.[37] Las crónicas locales cuentan que en tres ocasiones, entre 1828 y 1830, hubo que canalizar el agua del curso alto del río East para llevarla hasta el agujero humeante con el fin de que el agua del río extinguiera los fuegos de las vetas de carbón que hay bajo la superficie. Hubo otro fuego en 1832, y otro bastante prolongado en 1870, que estuvo ardiendo más de veintiséis años.[38]

Leo F. McKay, un funcionario del gobierno jubilado que conoce a fondo la historia de la región, nos dijo, mientras nos hacía de guía en Stellarton, en octubre de 1999, que los trabajos de minería en la zona se habían interrumpido debido a que las vetas de carbón estaban tan cargadas de gases inflamables que era demasiado peligroso continuar explotándolas. Mientras estábamos allí, hicimos una visita a un monumento de la población que conmemora un desastre en concreto, que tuvo lugar antes de que se cerraran las minas.

*Figura 2. Monumento a los mineros de Stellarton, Nueva Escocia.*

El señor McKay también nos comentó que el último fuego espontáneo que podía recordar había tenido lugar no hace demasiado tiempo, en 1947.[39] Pocas dudas pueden haber de que el agujero humeante que hay cerca del Cole Brook y el «manantial» de alquitrán cercano, junto con el fondo bituminoso del río East, que aún hoy en día se pueden ver, coinciden con la descripción de: «...El humo procedía de un gran fuego natural que había en el fondo de la colina, y había un sitio del que manaba una materia parecida al alquitrán y que se vertía en el mar...».[40] Coincidimos plenamente con Frederick Pohl en que la actual población de Stellarton está en el emplazamiento de la montaña humeante y del río de alquitrán, y que el buen fondeadero cercano, del que hablaba la partida de exploradores, es el puerto natural de Pictou. ¿Podremos utilizar esta conclusión y cualquier pasaje relevante de la *Narración de Zeno* para localizar el punto donde desembarcó la expedición de Henry?

*Figura 3. Hacha vikinga encontrada en Cole Harbor, Nueva Escocia.*

# La verificación del lugar del desembarco de Henry

La distancia entre el lugar del desembarco y la montaña humeante era, como máximo, de cien kilómetros. Si trazamos un círculo con este radio sobre un mapa de Nueva Escocia, tomando como centro Stellarton, el lugar donde desembarcó la expedición de Henry debe de estar dentro de este círculo. La *Narración de Zeno* nos dice que el primer desembarco se realizó con viento de popa y desde el sudoeste, y que la bahía terminaba en un promontorio que se introducía en el mar. Pero hay otra pista más: «... Algunos de la tripulación desembarcaron, y volvieron poco después con la gozosa noticia de que habían encontrado un país excelente y un abrigo natural todavía mejor».[41] Es decir, era una ensenada, un abrigo natural que estaba oculto a la vista de aquellos que estaban a bordo de los barcos de Henry. Con esta información, podemos apuntar a la bahía de Chedabucto, en la costa nororiental de Nueva Escocia. Esta bahía, amplia y hermosa, está flanqueada en su extremo sur por un promontorio que se introduce en el mar, exactamente como se describe en la *Narración de Zeno*. Este promontorio, que es el actual cabo Canso, recibió el nombre de cabo Trin por parte de la expedición de Henry. En el extremo oriental de la bahía de Chedabucto, nos encontramos también con una réplica exacta de lo que se describe en la *Narración* pues, a medida que uno se aproxima a este lado de la bahía desde el mar, la costa parece una línea continua y boscosa, sin que se perciba señal alguna de que pueda haber un abrigo. Sin embargo, si uno se aproxima con una embarcación pequeña, la vista cambia, y una pequeña brecha en la línea de la costa lleva, tras pasar un banco de arena arbolado, al abrigo de Guysborough, una amplia y resguardada vía navegable que se introduce tierra adentro a lo largo de más de dieciséis kilómetros.[42] El banco de arena que enmascara la entrada ofrece un resguardo completo, no sólo del viento, sino también de las mareas y de las corrientes que afectan a la bahía, mientras que los árboles que hay en el banco de arena hubieran ocultado a cualquier barco anclado en su interior de la vista de cualquier barco que pudiera pasar frente a la costa. Podemos imaginarnos la emoción que Henry y Antonio debieron sentir cuando rodearon precavidos el banco de arena y entraron en las cordiales aguas de este abrigo marino. La baja cadena de colinas que cubre el lado sur del abrigo evoca en muchos aspectos el oeste de Irlanda en el sentido en que parece cambiar de forma y de disposición con la siempre cambiante luz. Miles MacPherson, un concejal de Guysborough, nos llevó amablemente con su bote en un tour por toda la extensión del abrigo, durante el cual nos dijo que el fondo de este puerto natu-

*Figura 4. Monumento al príncipe Henry, en Guysborough,
erigido por la Asociación del Clan Sinclair de Canadá.*

ral es pedregoso, y que la profundidad varía entre los dieciocho y los treinta metros en la mayor parte de su extensión.

La posibilidad de que Henry hubiera desembarcado en Chedabucto y hubiera anclado sus barcos en el abrigo de Guysborough la propuso Frederick Pohl hace cincuenta años,[43] y no sólo nosotros hemos aceptado su hipótesis, sino también otros autores que en sus trabajos se han ocupado de este viaje. Una prueba más de que Henry estuvo siguiendo los pasos de los vikingos fue el descubrimiento de un hacha vikinga a unos quince kilómetros al sur de Guysborough, que ahora se encuentra en un museo de Connecticut. Para celebrar el viaje de Henry, la Asociación del Clan Sinclair erigió un monumento en un parque público de Guysborough, que tiene la forma, por lo demás adecuada, de la proa de un barco vikingo surgiendo del suelo. A pocos kilómetros de allí, en la costa sur de la bahía de Chedabucto, hay una gran roca de granito, toscamente tallada, en la que se ha fijado una placa. La Asociación Príncipe Henry Sinclair de América del Norte la puso allí para conmemorar el lugar en el que muy probablemente ancló sus naves Henry.

Los bosques que rodean el abrigo de Guysborough son todavía refugio de osos, alces y otros animales, a pesar de los daños que ha hecho el hombre moderno. A finales del siglo XIV, estas tierras eran un terreno de caza perfecto para los mi'qmaq, los nativos americanos que poblaban esta región. La única mención, una mención por lo demás breve, que se hace de estas gentes en la *Narración de Zeno* es la que ya hemos citado, que las describe como menudas, más bien tímidas, y que vivían en cuevas. Nosotros preferimos utilizar la palabra «circunspectas» en vez de «tímidas», pues cualquier persona de aquella época que se hubiera encontrado con un nutrido grupo de hombres de atuendo extraño, conduciéndose como lo haría una partida militar, se habría mostrado comprensiblemente cauto, en tanto no quedara clara la verdadera naturaleza de la incursión. Existen un par de cuevas en las cercanías de Stellarton, y alguien ha sugerido que, dado que probablemente los nativos se resguardaron en ellas ante la llegada de aquel grupo de hombres armados, quizás éstos creyeran erróneamente que vivían en ellas. ¿Quiénes eran estas personas, y qué podemos discernir en sus tradiciones, creencias y cultura acerca del impacto que provocó la llegada del conde Henry?

## NOTAS

1. Niven Sinclair, *Beyond Any Shadow of Doubt* (Londres: publicación privada, 1998), sección 10.

2. Frederick Pohl, *Prince Henry Sinclair* (Halifax, NS: Nimbus Publishing, 1967), p. 91.

3. R. H. Major, trad., *Narración de Zeno* (Londres: The Haklyut Society, 1973).

4. Informe de Ivar Bardson, ayudante del obispo de Groenlandia.

5. Pohl, *Prince Henry Sinclair*, p. 95.

6. W. H. Hobbs, «Zeno and the Cartography of Greenland». *Scientific Monthly*, vol. 72, (January 1951), pp. 15-19.

7. Informe de los Archivos del Vaticano, hecho por los recaudadores del Óbolo de San Pedro.

8. Andrew Sinclair, *The Sword and the Grail* (Londres: Century, 1993), p. 130.

9. Major, *Narración de Zeno*, p. 16.

10. Andrew Sinclair, *The Sword and the Grail*, p. 130.

11. Ibid., p. 131.

12. Major, *Narración de Zeno*, p. 20.

13. Pohl, *Prince Henry Sinclair*, p. 102.

14. Andrew Sinclair, *The Sword and the Grail*, pp. 132-133.

15. Niven Sinclair, *Beyond Any Shadow of Doubt*, sección 10.

16. Major, *Narración de Zeno*, p. 25.

17. Andrew Sinclair, *The Sword and the Grail*, p. 134.

18. Michael Bradley, *Holy Grail Across the Atlantic* (Ontario: Hounslow Press, 1988).

19. Andrew Sinclair, *The Sword and the Grail*, p. 110.

20. Stephen Sora, *The Lost Treasure of the Knights Templar* (Rochester, VT: Destiny Books, 1999).

21. Bradley, *Holy Grail Across the Atlantic*.

22. Johann Reinhold Forster, *History of the Voyages and Discoveries Made in the North* (Dublin: 1786), p. 179.

23. Pohl, *Prince Henry Sinclair*, p. 85.

24. Major, *Narración de Zeno*, p. 30.

25. Pohl, *Prince Henry Sinclair*, p. 113.

26. Major, *Narración de Zeno*, p. 31.

27. Frederick J. Pohl, *The Sinclair Expedition to Nova Scotia in 1398* (Pictou, NS: Pictou Advocate Press, 1950), pp. 25-29.

28. Pohl, *Prince Henry Sinclair*, p. 128.

29. Augustus de Morgan, *Book of Almanacs* (Londres: 1850).

30. Major, *Narración de Zeno*, p. 31.

31. Ibíd., pp. 31-32.

32. Pohl, *The Sinclair Expedition to Nova Scotia in 1398*, p. 25.

33. Major, *Narración de Zeno*, p. 31.

34. Hobbs, «The Fourteenth Century Discovery of America by Antonio Zeno», *Scientific Monthly*, Nº. 72, 1951, 24-31.

35. *New Glasgow Evening News*, 1 de agosto de 1950.

36. Pohl, *Prince Henry Sinclair*, p. 120.

37. George Patterson, *A History of the County of Pictou Nova Scotia* (Montreal: Dawson, 1877), pp. 407-9.

38. Henry S. Poole, «A Report on the Pictou Coalfields of Nova Scotia», *Geological Survey of Canada Annual Report*, vol. 16, (1901), p. 30.

39. De conversaciones con los autores durante un viaje de investigación a Nueva Escocia y Nueva Inglaterra en octubre de 1999.

40. Major, *Narración de Zeno*, p. 31.

41. Ibíd., p. 30.

42. Confirmado mediante investigación sobre el terreno por parte de los autores en octubre de 1999.

43. Pohl, *The Sinclair Expedition to Nova Scotia in 1398*, pp. 33-34.

# 8

# Los mi'qmaq: pueblo de paz

El pueblo mi'qmaq que vive en la región donde desembarcó el conde Henry viene ocupando lo que ahora recibe el nombre de Provincias Marítimas de Canadá desde hace más de diez mil años, desde que los glaciares se retiraron a finales de la época glacial.[1] En esta región se encuentran Nueva Escocia, la Isla del Príncipe Eduardo, la Isla de Cabo Bretón y una buena parte de Maine. Los mi'qmaq formaban parte de la confederación algonquina o wabanaki, en la que se encontraban los pueblos malisett, passamaquoddy y abnaki, entre otros, y que se extendía geográficamente por el sur hasta el cabo Hatteras, en la costa de Carolina del Norte.[2] Esta confederación de tribus tenía un carácter principalmente defensivo, proporcionando protección frente a los belicosos iroqueses. La confederación se perpetuó hasta principios del siglo XVIII, cuando una combinación de enfermedades y guerras con los británicos la hizo completamente ineficaz.

Según Daniel N. Paul, un destacado historiador mi'qmaq, la tribu vivía en siete regiones diferentes, cada una de las cuales tenía su propio territorio y era gobernada por un jefe regional y un consejo de ancianos. Cada consejo de ancianos, a su vez, estaba compuesto por un grupo de jefes de poblados y otros distinguidos miembros de la comunidad. En muchos aspectos, cada una de estas regiones tenía mucho en común con las comunidades o gobiernos autónomos de hoy en día, en el sentido en que el gobierno de la región poseía los poderes condicionales para resolver disputas, adjudicar territorios de caza y de pesca a las familias designadas y, lo más importante, para declarar la guerra o sellar la paz. Estas siete regiones tenían los nombres de Kespukwitk,

*Figura 5. El historiador mi'qmaq Daniel N. Paul.*

Sipekne'katik, Eskikewa'kikx, Unama'kik, Epekwitk Aqq Pitktuk, Siknikt y Kespek.[3] Las gentes de estas regiones vivian en poblados de entre 50 y 500 habitantes, y aunque el número de poblados en la época de la llegada de Henry es asunto de conjetura, la población total de los mi'qmaq en aquella época se estima en más de 100.000 personas.[4] Las dos regiones que nos interesan más son la de Eskikewa'kikx, que ocupaba la mayor parte de la costa nororiental de Nueva Escocia, inclusive la bahía de Chedabucto y el abrigo de Guysborough, y la de Epekwitk Aqq Pitktuk, cuyas tierras ocupaban la actual población de Stellarton, la montaña humeante y la ensenada de Pictou. La traducción al castellano de estos dos nombres resulta interesante. El lugar donde desembarcó Henry estaba dentro del territorio Eskikewa'kikx, es decir, de «los que visten con pieles», mientras que la partida de exploración que fue hasta la montaña humeante y el río de alquitrán se adentró en el territorio de los Aqq Pitktuk, es decir, de los de «el lugar explosivo».

El gobierno general de toda la tribu lo ejercía el Gran Consejo, que estaba compuesto por los siete jefes regionales, que elegian a uno entre ellos para que fuera el gran jefe. Sería más adecuado describir a este Gran Consejo como al grupo de sirvientes supremos de confianza de la tribu, pues sus únicos poderes reales eran los que les asignaban las distintas regiones, y ejercían su influencia a través de la persuasión y del ejemplo, en lugar de a la manera europea, es decir, por la fuerza. Los consejos regionales estaban abiertos a todos los que desearan participar, por lo que la afirmación de que los mi'q-maq habían establecido «el sistema político más democrático que jamás haya existido» tiene mucho de verdad.[5] Se cree en términos generales que el nombre «mi'qmaq» se deriva de la costumbre de estas gentes de recibir a sus semejantes en la tribu, a sus amigos, aliados, e incluso a los recién llegado de Europa, como *Nikmaq*,[6] que se traduce como «mis parientes-amigos»; si bien, entre ellos, hacían referencia a las tribus simplemente como *Lnu'k*, o «el Pueblo».[7]

## Las costumbres sociales de los mi'qmaq

Todos en la comunidad se consideraban miembros de una amplia familia y, hasta hace muy poco, solían saludarse de tal modo que cualquier persona venida de fuera llegaba a pensar que todos eran familiares consanguíneos. Daniel Paul cuenta que, cuando él era joven, los niños se dirigían a todos los ancianos de la comunidad llamándoles tía o tío,[8] una buena costumbre que él espera que se recupere a medida que su pueblo reconstruya y fortalezca sus tradiciones. Una de las costumbres de los mi'qmaq que todos haríamos bien en adoptar es que los niños de la tribu nunca se quedan abandonados. Si un niño no puede recibir los cuidados de sus progenitores naturales, sea cual sea el motivo (por ejemplo, si se ha quedado huérfano), bien una pareja sin hijos o bien otra con hijos toman al niño y lo tratan como si fuera suyo.[9] Los niños nacidos fuera del matrimonio son asimismo aceptados, sin estigma alguno.

A un mi'qmaq que aspirara al liderazgo se le exigía que tuviera determinados niveles de inteligencia, de coraje y de sabiduría. El liderazgo se daba por selección, y no por nacimiento, y la asunción del cargo era siempre por un tiempo indeterminado. Si los líderes no hacían las cosas bien, se les reemplazaba de inmediato. Si su gobierno era satisfactorio, dejaban su cargo con la muerte.[10] La competencia entre los nativos de América era, en contra de lo que se cree en Europa, bastante intensa. Sin embargo, al revés de lo que ocurre en las sociedades europeas, la competencia no se centraba solamente en la acumulación de riquezas, de poder o de prestigio personal, sino en los más elevados criterios de servicio o en el mayor bien de la sociedad en su conjunto.[11]

# Mi'kamagi: el país de los mi'qmaq

El paisaje de Nueva Escocia a finales del siglo XIV era bastante diferente del que vemos hoy en día. En la actualidad, hay grandes áreas de campo abierto, que se utilizan como pastos y como cultivos, con poblaciones y ciudades esparcidas aquí y allá, y cruzadas por carreteras. En la época de la llegada del conde Henry, el paisaje era boscoso en su mayor parte, poblado de abedules, arces, hayas, robles, pinos, píceas y abetos.[12] Los nativos utilizaban la corteza de los árboles para hacer casas, canoas y recipientes para los alimentos. Las raíces se utilizaban para hacer ligaduras, y la madera no sólo se usaba como combustible, sino también para hacer herramientas, lanzas y demás armas. Los únicos claros que había en los bosques eran los de sus praderas naturales, los de las zonas arrasadas por algún incendio o las áreas abiertas pantanosas y los lodazales. Aquí, los mi'qmaq recolectaban vegetales comestibles, como los arándanos rojos y azules, frambuesas y fresas, así como otras plantas medicinales o útiles para hacer cestas y esteras. Estas grandes zonas boscosas eran el hogar de osos, alces, puercoespines, liebres, urogallos y palomas migratorias, todos ellos esenciales para la supervivencia de los mi'qmaq.[13]

Los lagos y los ríos eran abundantes en peces, especialmente salmones, y en sus riberas proliferaban los castores, las ratas almizcleras, los mapaches y las nutrias.[14] Bahías, ensenadas y ríos les proporcionaban gran cantidad de alimentos y de otros materiales para sus necesidades. Estas aguas eran una fuente inextinguible de almejas, mejillones, caracolas, calamares, cangrejos y langostas. Los peces eran tan variados como prolíficos, y entre ellos había platijas, eperlanos, alosas, rayas, salmones y anguilas.[15] Los mi'qmaq eran hábiles en el agua, como los vikingos y los orcadianos, y en sus caladeros de aguas profundas capturaban marsopas, esturiones, peces espada y ballenas pequeñas.[16] Las orillas de ríos y lagos, así como las costas, eran lugares ideales de nidificación para gansos y patos, en tanto las playas y las rocas proporcionaban emplazamientos ideales donde grandes manadas de focas y morsas se amontonaban para tomar el sol. Con un entorno tan rico, donde la mayor parte de las necesidades diarias se podían satisfacer sin irse muy lejos, no resulta sorprendente que los mi'qmaq adquirieran unos conocimientos casi enciclopédicos de los hábitos de los animales que cazaban, de las relaciones entre plantas y animales, y de los efectos de las fluctuaciones estacionales en su provisión de alimentos. Este conocimiento íntimo del mundo vivo engendró en ellos un profundo respeto por la vida, respeto que incorporaron en su sistema de creencias y tradiciones espirituales. Como todos los recolectores-cazadores, aprendieron a vivir en armonía con la tierra, sin expoliarla.[17]

## Las creencias espirituales de los mi'qmaq

Las creencias religiosas de los pueblos indígenas de América del Norte diferían notablemente de aquéllas que se sustentaban en Europa a finales del siglo XIV. A los europeos, como cristianos que eran, se les exigía creer en una serie fija de dogmas, de los cuales uno no podía desviarse sin correr el peligro de ser encerrado en prisión, o de ser torturado o quemado en la hoguera por hereje.[18] Aunque el precepto de «ama a tu prójimo como a ti mismo» era un precepto «de boquilla», ¿cómo podía amarse a sí mismo un europeo, cuando se veía atacado por un lado con una doctrina que engendraba culpabilidad, como la del pecado original, y por otro con el recordatorio constante de que era un pecador, tentado constantemente por el demonio y con cierta propensión a condenarse eternamente en el infierno?[19] El principal propósito de las prácticas religiosas era, esencialmente, el propósito egoísta de alcanzar la salvación personal; y la riqueza heredada, la satisfacción de las ambiciones personales y una estructura social basada en la fuerza y en la explotación formaban el aceptable rostro externo del cristianismo europeo.

Sin embargo, la religión nativa americana y su espiritualidad no podían ser más diferentes. La dependencia de los mi'qmaq de los frutos de la naturaleza, y su relación con el mundo vivo de plantas y animales con los que compartían su tierra, los llevó a desarrollar una religión basada en el respeto a la naturaleza o Madre Tierra. La Madre Tierra proporcionaba todo lo necesario para la vida, y la gente sabía que estaba obligada a reverenciarla y respetarla pues, sin su generosidad, nadie podría existir.[20] En un aspecto importante, la cruda diferencia entre la actitud con la tierra de los mi'qmaq y la de los europeos era crucial. Los mi'qmaq veneraban la tierra, vivían en ella, y le daban las gracias por su generosidad; pero no eran, por sus creencias, los propietarios de la tierra. La compartían con los árboles, con las plantas y las flores, y con los animales que formaban parte de ella.[21] El concepto de propiedad de la tierra era tan extraño para su experiencia vital que estaba más allá de toda comprensión.[22] Sabían que sobre la Tierra reinaba un ser supremo y creador, el Gran Espíritu, que había creado todas las cosas y que se había personificado en ellas, en el aire que respiraban, en los ríos, en los bosques, en sus familias y amigos, y en el amor, la bondad, la compasión, el conocimiento y la sabiduría.

Cuando los nativos americanos ofrendaban tabaco y daban otras muestras de respeto ante el Gran Espíritu, los europeos los tomaban por salvajes paganos. Sin embargo, cuando éstos ofrendaban pan, vino e incienso a su propio Dios lo contemplaban como un signo de civilización cristiana.[23] Los nativos de Norteamérica, espiritualmente conscientes, sabían que el Gran Espíritu era la bondad encarnada, y le amaban y le respetaban, y no tenían necesidad alguna de temerle. Los cristianos europeos, por otra parte, temían el fuego del infierno y la condena de su Dios en la otra vida, y temían la persecución de sus sacerdotes en la vida presente.

Estas pasmosas diferencias en las creencias religiosas entre los mi'qmaq y los europeos potenciaron también las diferencias entre las distintas actitudes hacia el sexo y la desnudez en las dos civilizaciones. Como efecto directo de la doctrina del pecado original, los europeos veían el sexo como una fuente de depravación o, en el mejor de los casos, como un mal necesario, cuando se limitaba a los límites del matrimonio.[24] Sin embargo, entre los mi'qmaq, el sexo se aceptaba como algo perfectamente natural y agradable, cuando se realizaba con el consentimiento de las personas y en privado. Al igual que el resto de las culturas, se ofendían cuando se hacían propuestas sexuales inapropiadas a sus viudas y a sus hijas, pero no había en ellos concepto alguno de barrera racial para las relaciones sexuales entre ellos y otros pueblos, siempre y cuando la relación se llevara a cabo según sus costumbres.[25]

Está perfectamente documentado que hubo gran número de matrimonios entre los posteriores colonos franceses y los mi'qmaq. Y esta actitud tolerante se extendía a todos los ámbitos de su vida, pues los mi'qmaq, acostumbrados a respetar sus propias formas democráticas, trataban a todo el mundo como iguales. Esto les hacía notablemente libres de cualquier tipo de intolerancia, de distinción de clases y de prejuicios raciales, que tanto distorsionaban la visión del mundo de los europeos. Este principio, cuando se aplicaba a la luz de sus creencias religiosas, reforzaba la idea de que la hospitalidad con los semejantes era una muestra de civilización, de ahí que recibieran con agrado a visitantes y colonos, sin oposición alguna, pues, como alguien dijo haber oído, «¿cómo puede uno negarse a compartir la generosidad de la Madre Tierra?».[26]

A la luz de las afirmaciones de los posteriores colonos europeos de haber traído la civilización a los pueblos indígenas de Norteamérica, resultaría sumamente revelador el realizar un examen imparcial de las diferencias en el estilo de vida, en las creencias y en las acciones entre los «civilizados» europeos y los mal llamados «salvajes» nativos americanos. Aunque los nativos americanos andaban indudablemente a la zaga de sus homólogos europeos en cuestiones de ingeniería y tecnología, les superaban con mucho en las cosas que realmente importan. Como consecuencia directa de sus creencias espirituales, sentían un profundo respeto por la naturaleza y por la vida (seres humanos, animales o vegetales), y tenían un fuerte sentido de la comunidad, un sentido que impregnaba todos los niveles de su sociedad. La diáfana efectividad e inclusividad de su forma democrática de gobierno, que incorporaba el respeto por los ancianos y que escuchaba cortés y consideradamente todas las voces de la tribu, aún no han sido alcanzadas en los modernos Estados democráticos europeos, y mucho menos las han superado. La única competencia que había entre los mi'qmaq estribaba en averiguar quién podía hacer la mejor aportación a la sociedad en su conjunto,[27] algo que contrastaba sorprendentemente con las codiciosas luchas por la acumulación de riquezas a título personal que caracterizaban la cultura de los «civilizados» europeos. La palabra de un mi'qmaq era ley, y cualquier acuerdo que estableciera en nombre de su pueblo se honraba escrupulosamente, lo cual les puso en grave desventaja con la administración colonial británica,[28] que hizo un uso y abuso despiadado de los tratados realizados con los mi'qmaq como medio de explotación, expropiación y lento genocidio.[29]

La forma de vida de los mi'qmaq, con sus suaves disciplinas, aplicadas mediante la diplomacia y la persuasión, y no por la fuerza, se convirtió en una forma de vida que no sólo era armónica con la naturaleza, sino que fomentaba además un sistema de verdadera fraternidad entre las personas. Era una sociedad inclusiva, que valoraba a todos sus miembros, jóvenes o viejos, con fiables sistemas sociales, respeto mutuo y un verdadero sentido de pertenencia. El ritmo amable de los movimientos y las actividades estacionales venía dictado por la naturaleza, y las minucias de la vida diaria se establecían por las costumbres, ante las cuales había una aceptación y un respeto totales. Este modo de vida, libre de tensiones y de explotación, no se limitaba sólo a los mi'qmaq, ni tampoco a la federación algonquina, sino que era ampliamente compartido por la inmensa mayoría de los pueblos nativos de las Américas, incluso entre las naciones más estructuradas jerárquicamente de América Central anteriores a la invasión española:

... un barco español, con dieciséis hombres y dos mujeres a bordo, naufragó en la costa de Yucatán seis años antes de que llegara Cortés; todos los miembros de la tripulación fueron sacrificados y devorados de forma ritual, con la excepción de Gonzalo Guerrero y de Jerónimo de Aguilar,[30] que fueron esclavizados por dos jefes de la zona. De estos supervivientes, Guerrero se hizo tan nativo que se adornaba con los aderezos de su tribu adoptiva, e incluso usaba adornos nasales y pendientes, y se negó en redondo a abandonar su nueva vida para unirse a Cortés; y Aguilar, cuando lo encontraron los españoles, no se diferenciaba en nada de un indio.[31]

Si los europeos pudieron integrarse en unas culturas indias americanas que tenían tanto en común con sus homólogas europeas (como la brutalidad y el régimen jerárquico),[32] ¿cuánto más atractiva habría sido la integración con tribus de valores fraternos, democráticos y armoniosos, como la de los mi'qmaq?

## Unos extraños jeroglíficos

Aun habiendo llegado ya al siglo XXI, la visión que tiene el hombre blanco de la cultura amerindia en la época de su primer contacto con los europeos está muy distorsionada, y sigue tintada con un paternalismo elitista que cataloga a la mayoría de las tribus como de primitivas y, por tanto, analfabetas. Aunque la inmensa mayoría de las naciones indias no empleaban la escritura, tal como la conocían los europeos, sí que disponían de medios de comunicación mediante símbolos que, si bien no había generado obras literarias, había alcanzado no obstante un alto grado de sofisticación. Los mi'qmaq habían desarrollado esta forma de comunicación mucho más que la mayoría de pueblos nativos, y tenían una forma de lenguaje escrito basada en jeroglíficos, cuyos orígenes plantean preguntas acerca de primitivos contactos con Europa y el norte de África que nadie puede responder satisfactoriamente todavía. Según Nigel Davies, las lenguas son como las plantas, en el sentido en que sus distintas variantes surgen de un tronco común, y se catalogan a menudo dentro de diversas familias de lenguas. Davies afirma:

> ... una lengua no puede nacer dos veces; un grupo lingüístico debe tener un lugar de origen y sólo uno, con independencia de su posterior difusión. Así, si dos lenguas, comunes en dos regiones muy distanciadas, pueden demostrarse que pertenecen a la misma familia, es porque hubo una conexión estrecha entre los antepasados de sus respectivos hablantes.[33]

Pensamos que lo dicho por Nigel Davies es tan cierto en el lenguaje simbólico como lo es en el lenguaje hablado. Cuando unos jeroglíficos muy similares, tanto en forma como en interpretación, los utilizan dos culturas ciertamente distanciadas por la geografía y por el tiempo, es porque deben tener una raíz común. Pero esta idea puede plantear serios problemas si se desdeña la posibilidad de un contacto entre el antiguo Egipto y los pueblos nativos americanos.

Pudimos ver un ejemplo patente de cuán estrecha es esta extraña relación entre Egipto y América del Norte en un seminario realizado en Orkney en 1997. En el Simposio Sinclair celebrado en Kirkwall para conmemorar el sexto centenario del viaje del conde Henry, contactamos por vez primera con unos representantes del pueblo mi'qmaq: el jefe Kerry Prosper, el director cultural, Donald Julian, y el doctor Peter Christmas, un historiador mi'qmaq. El grupo, que había llevado al simposio Niven Sinclair, fue invitado a una recepción en la Logia Masónica de Kirkwall, donde se nos mostró su más preciado tesoro, un rollo del siglo XVIII conocido como el Pergamino de Kirkwall.[34] Este pergamino, que en parte representa simbólicamente el sendero espiritual de la iluminación, está generosamente adornado con jeroglíficos egipcios y símbolos religiosos. Nuestros anfitriones nos informaron de que, por desgracia, el significado de muchos de estos símbolos se había perdido y que, por tanto, eran incapaces de interpretarlos para nosotros. Pero, para sorpresa de todos, este problema lo remedió de inmediato el más anciano de los mi'qmaq, el doctor Peter Christmas, que disfrutó explicando el significado de muchos de estos símbolos, que había aprendido siendo niño y que sabía instintivamente que tendrían un significado muy similar al de los símbolos egipcios. La pregunta que emerge naturalmente de todo esto es: ¿dónde aprendieron los mi'qmaq el uso de un sistema pictográfico de escritura tan complejo, idéntico en muchos aspectos al utilizado en los Textos de la Pirámide de Saqqara? Hasta donde sabemos, sólo una teoría plausible se ha propuesto para explicarlo, la de que fueron los misioneros franceses que convirtieron a los mi'qmaq al catolicismo los que les enseñaron los jeroglíficos egipcios.

El gran jefe Membertou y su familia se convirtieron al catolicismo romano de mano de los franceses en 1610,[35] dentro de una amplia ofensiva misionera iniciada bajo las órdenes directas del rey de Francia. Gran Bretaña asumió el control total de Nueva Escocia en 1713, eliminando así cualquier vínculo político entre los sacerdotes franceses que había allí y la corona francesa.[36] Sería un tanto necio sugerir que los misioneros franceses pudieran haber enseñado a los mi'qmaq a leer con precisión los jeroglíficos en esta época, incluso

*Figura 6. El doctor Peter Christmas, de los mi'qmaq, y el Pergamino de Kirkwall.*

durante un considerable período de tiempo posterior, dado que nadie en Europa tenía ni la más remota idea de cómo traducir los jeroglíficos hasta que Champollion descifró la Piedra de Rosetta entre 1821 y 1822.[37] Por tanto, sólo podemos responder a nuestra propia pregunta diciendo que no lo sabemos. Francamente, nadie conocerá jamás la respuesta a esta pregunta, así como a otras muchas de similares características, hasta que los académicos exploren los posibles contactos que pudo haber entre Europa y el norte de África, por una parte, y América por la otra, antes del viaje de Cristóbal Colón en 1492.

## La controversia sobre la bandera mi'qmaq

El grupo mi'qmaq agasajó a sus anfitriones del Consejo de las Islas de Kirkwall con algunos recuerdos interesantes, como muestra de gratitud por la hospitalidad recibida. El mayor de estos regalos fue un mapa bellamente ilustrado del Mi'qmaqi, el país de los mi'qmaq; el otro fue una bandera del Gran Consejo de la nación mi'qmaq, dispuesta para exhibirla en una pared. La bandera es un sencillo diseño, que consta de una cruz cristiana roja abatida sobre un costado, con una estrella roja de cinco puntas en el cuadrante superior, junto al asta. En el cuadrante inferior del mismo lado, separada por la barra central de la cruz, hay una luna creciente, también roja. El simbolismo de esta bandera generó multitud de comentarios, además de cierto grado de incomprensión por parte de los europeos presentes. La confusión surgió a raíz de que la bandera del Gran Consejo mi'qmaq es una inversión en vertical de otra bandera, que aparece en una bien conocida y bellamente iluminada ilustración medieval del rey Luis IX de Francia (san Luis), zarpando del puerto de Aigües Mortes, en la desembocadura del río Ródano, en una flota de barcos rumbo a las cruzadas.[38] Algunas personas de nuestro grupo pensaron equivocadamente que se trataba de una bandera templaria y, dado que el conde Henry procedía de una familia empapada de tradición templaria, supusieron que debió de llevarla él a la tierra de los mi'qmaq, y que éstos, erróneamente, la habían puesto del revés.[39] Por desgracia para los que somos románticos, la verdad es bastante más prosaica: esta bandera en particular nunca fue un emblema templario. Contrariamente a lo que se cree, san Luis no fue hasta Chipre a bordo de barcos templarios, sino en naves de la flota genovesa.[40] La bandera era la de san Luis y su séquito, y se utilizó como símbolo real en su pugna por extender las fronteras de la cristiandad. Sus sucesores hicieron considerables esfuerzos en el mismo empeño evangelizador, enviando misiones bajo el patrocinio real para convertir a los nativos americanos de Acadia, la colonia francesa que, posteriormente, se convertiría en la provincia de Nueva Escocia. Así pues, hay que atribuir a los misioneros franceses que convirtieron a los mi'qmaq el hecho de que la tribu utilice una bandera europea.

Anteriormente, establecimos el emplazamiento del primer desembarco de Henry en las Provincias Marítimas recurriendo al relato de la *Narración de Zeno*, y haciéndolo coincidir con una considerable precisión con la geografía y la singular geología del extremo nororiental de Nueva Escocia. Pero la presencia de Henry en este extremo del mundo no sólo viene confirmada por el silencioso testimonio del paisaje; también se habla de él en las vibrantes tradiciones orales de los mi'qmaq, quienes, al igual que otras civilizaciones que utilizaron las formas de comunicación escrita con moderación, tenían un complejo legado de mitos de la creación, leyendas alegóricas con un profundo impacto espiritual, emparejadas con fuertes tradiciones orales que tratan de su historia. Al igual que la historia de transmisión oral de otras naciones, como la de los judíos del Israel bíblico, la de los celtas de Europa occidental y las de las culturas tribales del oeste de África, estas tradiciones se cantaban o se salmodiaban en lugar de relatarlas simplemente.[41]

Según el profesor Leland, de Harvard, los cantos se caracterizaban por ritmos primitivos que eran «bastante irregulares, pues seguían sólo una cadencia general, en vez de ceñirse a un número fijo de tiempos de compás en cada línea... las métricas amerindias no son todas como las de Hiawatha».[42] Frederick Pohl dice que «diversos pasajes de los cantos mi'qmaq tienen un orden más elevado de poesía de lo que generalmente atribuimos a los indios americanos, a juzgar por las canciones traducidas al inglés por C. G. Leland, de Harvard, y revisadas para dotarlas de una estricta literalidad por J. D. Prince, experto en lingüística amerindia de la Universidad de Columbia».[43] Leland y Prince hacen una relación de los aspectos más importantes de la mitología de los mi'qmaq en su obra *Kuloskap the Master and Other Algonquian Poems*,* en la que se incluye una selección de las tradiciones de los passamaquoddy, los penobscot, los abanaki, los mi'qmaq y los delaware, tribus, todas ellas, de la rama wabanaki de la Federación Algonquina. El personaje central de todas estas leyendas, que las tradujo de la lengua nativa el padre Silas Tertius Rand a finales del siglo XIX, es Kuloscap, también conocido como Glus-kabe, o por la variante mi'qmaq, Glooscap.

# Glooscap

Glooscap es la figura central, hasta tal punto que sus acciones y las de los animales que le rodean se utilizan para explicar la creación del mundo natural, su exploración y el modo en que el hombre ideal debería de comportarse dentro de la creación y en sus relaciones con sus semejantes. En la década de 1950, Frederick Pohl afirmaba haber descubierto diecisiete correspondencias «idénticas» entre determinados aspectos de la leyenda de Glooscap y la vida del conde Henry St. Clair, príncipe de Orkney; y sostenía que:

> Las probabilidades numéricas son tan astronómicas que equiparar al príncipe de Orkney con el príncipe de la leyenda mi'qmaq (Glooscap) es un hecho incontrovertible. El príncipe Henry Sinclair y el héroe de los relatos mi'qmaq son seguramente una y la misma persona.[44]

Cuando consideramos que esta omniabarcante afirmación se hace con relación a las leyendas de la creación de tantas naciones amerindias, en las cuales

* *Kuloscap el Maestro, y otros poemas algonquinos. (N. del T.)*

el personaje central se ofrece a la vista de todos como el arquetipo espiritual del comportamiento ideal, nos sentimos tentados de desestimar la idea categóricamente. Si bien el entusiasta celo de Pohl pudo llevarle a exagerar, convendrá que examinemos sus aserciones con cierto detalle, no sea que arrojemos al bebé junto con el agua del baño. Dado que el material de la leyenda de Glooscap forma parte de una tradición viva y cambiante, tendremos que reconocer la posibilidad de que, del mismo modo que los relatos bíblicos de los israelitas de la antigüedad, la leyenda de Glooscap pudiera ir acrecentándose con fragmentos e historias añadidas, que posiblemente fueran un reflejo de las acciones de diversos personajes ejemplares a lo largo de las eras.

Dentro del contexto bíblico, estos personajes fueron los profetas, los reyes y los jueces de Israel. Y dentro del contexto mi'qmaq, hay figuras destacadas de su nación, pero también hay otras figuras cuyas acciones pudieron hacer aportaciones significativas a su forma de vida.[45] Por tanto, no se puede descartar la posibilidad de que alguna parte de la historia de Glooscap refleje la llegada de un personaje histórico real de otra extraña y exótica cultura. Y esta posibilidad se convierte en un alto grado de probabilidad si tenemos en cuenta lo que dijo Vaughan Doucette, un mi'qmaq de Eskasoni, en la isla del Cabo Bretón, que afirmó que «pudieron haber diversas figuras de Glooscap diseminadas a lo largo del tiempo, poseyendo cada una de ellas una habilidad inusual y digna de alabanza».[46] Esto reforzaría las ideas propuestas por Pohl, de que la visita del príncipe de Orkney bien pudo conmemorarse, de un modo u otro, en la tradición oral de los mi'qmaq. El problema, así pues, estriba en discernir si (y dónde) la leyenda de Glooscap comenta de un modo directo o alegórico la llegada de Henry St. Clair, y dónde se refunde el relato de nuevo, de un modo casi imperceptible, con el cuerpo principal de leyendas, que es mucho más antiguo.

Pohl sostiene que hay diecisiete correspondencias significativas e idénticas entre los personajes del príncipe de Orkney y el Glooscap de la leyenda,[47] pero le da prioridad a doce de ellas,[48] diciendo que son de la máxima importancia:

> El héroe visitante era un «príncipe». Era un «rey»[49] que recorría con frecuencia los mares. Su hogar estaba en una «ciudad» de una «isla»,[50] y vino con muchos hombres y soldados. Vino cruzando el océano a través de Newfoundland, y se encontró primero con los mi'qmaq en Pictou.[51] Su principal arma era «una espada de agudeza».[52] Tenía «tres hijas».[53] Exploró extensamente Nueva Escocia. Durmió durante seis

meses en la tienda de un gigante llamado Invierno.[54] Permaneció en el país sólo desde la estación de navegación del año de su llegada hasta la siguiente estación de navegación. El príncipe había «hecho largos viajes a través del océano, con los pies sobre los lomos de las ballenas».[55] Se entretenía con la interpretación de las «flautas».[56] Poseía «dinero, hierro y un almacén».[57]

Aunque aceptamos que la llegada de la expedición St. Clair/Zeno a Nueva Escocia debió dejar indudablemente alguna huella en la historia oral del pueblo mi'qmaq, las afirmaciones que hace Pohl acerca de la gran variedad de actividades de Henry lleva los límites de la credulidad demasiado lejos, francamente. En primer lugar, Pohl sostiene que el grupo de europeos pasó todo un año en Nueva Escocia, y ofrece como un hecho justificado una lista de actividades que, probablemente, habría llevado el doble de tiempo realizar. No podemos encontrar ninguna evidencia de que Henry y sus hombres permanecieran tanto tiempo en Nueva Escocia, ni hay tampoco evidencia alguna, en absoluto, que corrobore lo que se dice en la *Narración de Zeno*, de que Henry puso en práctica su «idea de quedarse allí y fundar una ciudad». El editor de la *Narración de Zeno* hizo su comentario más de ciento cincuenta años después:

> No sé lo que sucedió después, salvo lo que he recogido de un trozo de otra carta, que sostiene que [Henry] se asentó en el abrigo de su recién descubierta isla y exploró todo el país a fondo, así como las costas de ambos lados de Groenlandia.[58]

No creemos que este breve comentario constituya justificación suficiente como para adulterar la mitología de la creación de un pueblo de gran antigüedad para mayor gloria del conde Henry St. Clair, que Antonio Zeno describe correctamente como «un hombre merecedor de memoria inmortal»,[59] y que no tiene necesidad de falsas atribuciones que le honren. Nosotros restringimos nuestros comentarios sobre las actividades de Henry en Nueva Escocia a aquellas que tuvieron lugar en la región de Guysborough y Stellarton, y a las exploraciones en esa zona, dado que es razonable suponer que las hizo.

Al razonamiento que hemos dado antes con respecto al punto de desembarco, podemos añadir ahora los siguientes extractos de la leyenda de Glooscap, fragmentos que tienden a corroborar los hechos conocidos por la *Narración de Zeno*.

Kuloskap fue el primero,
el primero y el más grande,
en venir a nuestra tierra,
a Nueva Escocia...
Cuando el Maestro dejó Ukakumkuk,
que los ingleses llaman Newfoundland,
fue a Piktook o Pictou,
que significa «el ascenso de burbujas»,
porque en aquel lugar el agua
se mueve siempre de manera extraña.
Allí encontró una aldea india,
un pueblo de cien tiendas.
Kuloskap, siendo un hermoso
y majestuoso guerrero,
con el aire de un gran jefe,
fue enormemente admirado por todos,
en especial por las mujeres;
de modo que se sintieron honrados
todos aquellos en cuya tienda se dignó a entrar.[60]

La probable relevancia de las tres últimas líneas de esta cita tuvo una irónica confirmación en un comentario que hizo Donald Julian en el Simposio Sinclair, cuando hizo la críptica observación de que, si su tío hubiera entrado en la sala vestido con la ropa de Niven Sinclair, nadie habría notado la diferencia. Mientras estábamos en Canadá, pudimos contemplar la fotografía de un anciano de la tribu mi'qmaq llamado Joseph M. Augustine,[61] que simplemente parecía un gemelo idéntico, aunque más bronceado, de nuestro buen amigo Niven. Con el fin de obtener una nueva prueba de la veracidad del viaje del conde Henry, Niven sugirió, cuando le hablaron de este tema por vez primera, que se hicieran pruebas de ADN para ver si había una conexión ancestral directa entre los Sinclair y determinados miembros de la moderna nación mi'qmaq. La persistencia de los rasgos de los Sinclair debería ser suficiente, no obstante; pues, en el lado europeo del Atlántico, los Sinclair son fácilmente reconocibles de generación en generación. En la leyenda de Glooscap se dice más adelante que, «antes de que llegara él, ellos no sabían cómo hacer redes».[62] Y según el historiador Andrew Sinclair, se han encontrado plomos y corchos de redes, de un diseño europeo habitual a finales del siglo XIV, en los emplazamientos costeros del nordeste de Nueva Escocia donde acampaban los mi'qmaq.[63]

# La validez de la tradición oral

Dejando a un lado el asunto de las leyendas de Glooscap, existen algunas tradiciones orales importantes referentes a la visita del conde Henry St. Clair que se han ido transmitiendo hasta el día de hoy a los Grandes Jefes de la nación mi'qmaq, tras ser elegidos. A la luz de una de tales tradiciones, no existe duda ya de que el conde Henry St. Clair, príncipe de Orkney, cruzó el Atlántico y desembarcó en Nueva Escocia durante los últimos años del siglo XIV, y que volvió a Escocia a la conclusión de su viaje. Pero, además, volvió por segunda vez al continente norteamericano. Esta afirmación, que, hasta donde sabemos, no ha sido mencionada por ninguno de los historiadores más recientes, se basa en la tradición secreta transmitida de un gran jefe a otro a lo largo de los siglos, que sostiene que, cuando Henry volvió a Europa, se llevó como invitado a uno de los mi'qmaq. Pero el exótico visitante no permaneció en Escocia durante mucho tiempo, pues dice la tradición que volvió con su gente al cabo de un año. Esto nos da una confirmación viva y una prueba del hecho de que el conde Henry St. Clair cruzó el Atlántico no una, sino dos veces al menos,[64] y nos permite expandir y aclarar la escala temporal de estos viajes exploratorios a América de un modo que hace bastante más creíbles sus logros en este empeño.

La veracidad de la tradición oral, que antaño se solía tomar como mito y leyenda, ha quedado demostrada ahora más allá de toda duda, en particular cuando se encapsula en forma poética, como ocurre entre los mi'qmaq. El Tribunal Supremo de Canadá acepta ahora las tradiciones orales de los mi'qmaq, con carácter de documentos legales, en lo relativo a los derechos de uso y de caza de la tierra. Y no son difíciles de encontrar otros ejemplos de la aceptación de validez de la tradición oral: la historia y las genealogías que proporcionan los *goriots* tribales africanos es algo con lo que están familiarizadas millones de personas en todo el mundo, gracias a la obra de Arthur Hailey, el autor de *Raíces;* las sagas vikingas, que no son más que la forma escrita de primitivas leyendas poéticas orales, se aceptan ahora como registros históricos, con sus direcciones de navegación a América, que se pueden replicar hoy en día; la historia oral de los pueblos celtas, que no tomó forma escrita durante muchos siglos; y, por último, los cinco primeros libros del Antiguo Testamento. Al igual que en otras culturas predominantemente orales, uno de los factores que más ha contribuido a la supervivencia de los mi'qmaq ha sido su sentido de la historia, que yace en el centro de su identidad como pueblo. Sin esto, se habrían desvanecido sin dejar rastro, pues pocos pueblos han sobrevivido como raza diferenciada después de ser sometidos a la larga lista de fechorías a las que se les ha sometido históricamente desde la llegada de los colonos europeos.[65]

## Los horrores del mal gobierno colonial británico

Las relaciones de los mi'qmaq con los primeros colonos franceses fueron bastante benévolas en general, como lo evidencian los muchos matrimonios interraciales que hubo en ese período.[66] Pero también puede criticarse justamente a los franceses por haber reemplazado la innata espiritualidad de los mi'qmaq por las doctrinas culpabilizadoras del pecado original y por un sistema de creencias basado en el miedo a la condena y el fuego eterno del infierno. Sin embargo, la administración colonial británica violó la casi totalidad de los tratados que hizo con los habitantes nativos de Nueva Escocia, y sometió a estos pueblos confiados a un régimen de brutalidad sistemática, que llegó, en un momento determinado, a ofrecer una generosa recompensa por cada una de sus cabelleras.[67] A los mi'qmaq les consuela poco saber que el gobierno británico fue igual de brutal, de represivo y de injusto con las poblaciones de la India, África e Irlanda. Ni tampoco consuela en modo alguno que esta actitud represiva fuera consecuente, al menos, en el sentido en que las clases gobernantes británicas trataban a las capas más bajas de Gran Bretaña tan mal como lo hacían con los pueblos indígenas de su imperio colonial. Y, sin embargo, irónicamente, los colonos británicos tenían el descaro de llamar a los mi'qmaq «salvajes».

La obra del historiador y activista de los derechos civiles Daniel N. Paul, titulada *We Were Not the Savages*,* es una conmovedora acusación de este vergonzoso y prolongado episodio histórico, una acusación de lo más poderosa, debido a su enfoque desprendido, objetivo y desapasionado. A la luz de tan espantosa y larga historia de relaciones raciales entre los mi'qmaq y las gentes de origen británico, resulta sumamente instructivo ver la amable disposición de los más altos representantes de los mi'qmaq al participar en la celebración de la llegada del conde Henry St. Clair a Nueva Escocia. No sólo enviaron a sus representantes al Simposio Sinclair en Orkney, sino que participaron en todas las celebraciones oficiales del viaje Zeno/St. Clair que tuvieron lugar en Canadá,

---

* No éramos nosotros los salvajes. (N. del T.)

y ofrecieron generosamente su ayuda a todos los que hemos ido por alli, investigando este acontecimiento histórico. Con esto se ilustra una vez más el hecho de que Henry no sólo llegó a Nueva Escocia y permaneció allí durante algún tiempo, sino que también se hace evidente que tenia cierto parentesco espiritual con los mi'qmaq; pues, al igual que los templarios de los que había surgido, trabajaba por el bien de la sociedad en su conjunto, más que en la adquisición de poder y riquezas para sus propios fines egoístas.

## NOTAS

1. Stephen Davis, *Mi'qmaq* (Halifax, NS: Nimbus Publishing, 1997), p. 5; Daniel N. Paul, *We Were Not the Savages* (Halifax, NS: Nimbus Publishing, 1993), p. 5.

2. Paul, *We Were Not the Savages*, p. 8.

3. Ibíd., p. 5.

4. Ibíd., p. 5.

5. Ibíd., p. 5, 7.

6. Davis, *Mi'qmaq*, p. 23.

7. Ruth H. Whitehead y Harold McGee, *The Micmac* (Halifax, NS: Nimbus Publishing, 1983), p. 1.

8. Paul, *We Were Not the Savages*, p. 7.

9. Ibíd., p. 14.

10. Bernard Gilbert Hoffman, *The Historical Ethnography of the Micmac of the Sixteenth and Seventeenth Centuries* (Tesis, University of California, 1955).

11. Paul, *We Were Not the Savages*, p. 7.

12. Whitehead y McGee, *The Micmac*, p. 5.

13. Ibíd., pp. 5-6.

14. Ibíd., p. 6.

15. Fr. Pierre Baird, *Relation of New France and the Jesuit Father's Voyages to that Country*, publicado como parte de *Jesuit Relations*.

16. Whitehead y McGee, *The Micmac*, pp. 6, 9-11; ver también Hoffman, *The Historical Ethnography of the Micmac of the Sixteenth and Seventeenth Centuries*, p. 190.

17. Whitehead y McGee, *The Micmac*, pp. 7-8; véase Paul, *We Were Not the Savages*, p. 2.

18. Tim Wallace-Murphy y Marilyn Hopkins, *Rosslyn: Guardian of the Secrets of the Holy Grail* (Shaftsbury, UK: Element Books, 1999), pp. 53-54.

19. Wallace-Murphy y Hopkins, *Rosslyn: Guardian of the Secrets of the Holy Grail*, p. 54.

20. Paul, *We Were Not the Savages*, p. 2; Whitehead y McGee, *The Micmac*, p. 8; Davis, *Mi'qmaq*, p. 32.

21. Whitehead y McGee, *The Micmac*, p. 8.

22. Paul, *We Were Not the Savages*, p. 42; ver también *Chief Seattle's Challenge*, de J. Rich (Fairfield, WA: Ye Galleon Press, 1970).

23. Paul, *We Were Not the Savages*, p. 9.

24. Wallace-Murphy y Hopkins, *Rosslyn: Guardian of the Secrets of the Holy Grail*, pp. 71-72.

25. Paul, *We Were Not the Savages*, p. 18.

26. Ibid., p. 19.

27. Fr. Christian LeClerq, escrito en el siglo XVII.

28. Paul, *We Were Not the Savages*, capítulo 5.

29. Ibid., p. 48.

30. Nigel Davis, *Voyages to the New World* (Nueva York: William Morrow, Inc., 1979), p. 72.

31. Davies, *Voyages to the New World*, p. 249.

32. Un relato similar se ofrece en la obra de Kare Prytz, Myhre y Stephano, trads., *Westward before Columbus* (Oslo: Norsk Maritint Forlag A/S, 1991), p. 162.

33. Davies, *Voyagers to the New World*, p. 11.

34. Ilustrado en el libro de Niven Sinclair *Beyond Any Shadow of Doubt*, sección 10.

35. Max Lescarbot, citado en Hoffman, *The Historical Ethnography of the Micmac of the Sixteenth and Seventeenth Centuries*, p. 527.

36. Como consecuencia del Tratado de Utrecht.

37. Maurice Cotterrell, *The Prophecies of Tutenkhamun* (Londres: Headline Book Publishing, 1999), p. 321.

38. Ilustrado en el libro de Niven Sinclair *Beyond Any Shadow of Doubt*, sección 10.

39. Mark Finnan, *The Sinclair Saga* (Halifax, NS: Formac Publishing Co. Ltd., 1999), pp. 84-85.

40. John Robinson, *Dungeon, Fire and Sword* (Londres: Brockhampton Press, 1999), p. 298, y Stephen Runciman, *A History of the Crusades* (Londres: Pelican, 1971), vol. III, p. 257.

41. Frederick J. Pohl, *Prince Henry Sinclair* (Halifax, NS: Nimbus Publishing, 1967), p. 133.

42. Charles Godfrey Leland y John Dyneley Prince, *Kuloscap the Master and Other Algonquin Poems* (Nueva York: Funk and Wagnalls, 1902), p. 16.

43. Pohl, *Prince Henry Sinclair*, p. 133.

44. Ibid., pp. 134-135.

45. Finnan, *The Sinclair Saga*, p. 80.

46. Ibid., pp. 81-82.

47. Pohl, *Prince Henry Sinclair*, p. 134.

48. Ibid., p. 138.

49. Silas Rand, *Legends of the Micmacs* (Nueva York: Longmans and Green, 1894), p. 14.

50. Rand, *Legends of the Micmacs*, p. 14.

51. Leland y Prince, *Kuloscap the Master*, p. 123.

52. Rand, *Legends of the Micmacs*, p. 14.

53.  Rand, *Legends of the Micmacs*, p. 14.

54.  Charles Godfrey Leland, *The Mythology Legends and Folk-lore of the Algonkins* (Londres: the Royal Society of Literature Transactions, serie 2, vol. 14, 1886), pp. 78-80.

55.  Rand, *Legends of the Micmacs*, pp. 228-229.

56.  Ibíd., p. 24.

57.  Ibíd., p. 73.

58.  R. H. Major, trad., *Narración de Zeno* (Londres: The Haklyut Society, 1873), p. 33.

59.  Major, *Narración de Zeno*, p. 34.

60.  Leland y Prince, *Kuloscap the Master*.

61.  La fotografía aparece en Stephen Davis, *Mi'qmaq*, p. 57.

62.  Leland y Prince, *Kuloscap the Master*, p. 63; Andrew Sinclair, *The Sword and the Grail* (Londres: Century, 1993), p. 135.

63.  Se lo desveló el actual gran jefe a D'Elayne y Richard Coleman, de la Sociedad Príncipe Henry Sinclair de Norteamérica.

64.  Puesto que la posibilidad de que se hiciera más de un viaje se mencionó por vez primera en una charla dada en la reunión de julio de la Sociedad De Sancto Claro, durante la Exposición Universal de Chicago de 1893, resulta un tanto extraño que ni Pohl ni Bradley ni Andrew Sinclair ni Niven Sinclair ni Mark Finnan ni William F. Mann se hicieran eco de ello, habiendo escrito libros (varios, en el caso de Bradley) sobre el viaje de Henry St. Clair. Por desgracia, después de trabajo original realizado por Frederick Pohl, los demás se limitaron a repetir sus ideas sin ningún juicio crítico, con poca o ninguna investigación por su parte sobre el viaje en sí. La única excepción fue Andrew Sinclair, que propuso Louisburg como punto de llegada de Henry, una hipótesis basada en evidencias dudosas que no podemos aceptar.

65.  El relato dado aquí, necesariamente breve, debería de desarrollarse con la lectura detallada y racional del horroroso relato que da Paul en *We Were Not the Savages*.

66.  Paul, *We Were Not the Savages*, pp. 48, 61.

67.  Ibíd., pp. 62, 63.

# 9

# Henry navega hacia Vinlandia

Los soberbios alrededores de la ensenada de Guysborough constituían una base perfecta para la estancia de Henry en Nueva Escocia. Podemos estimar la duración de ésta, con un grado razonable de precisión, en tres o cuatro meses, y se nos dice que aprovechó el tiempo explorando la región para constatar su potencial para sustentar vida y comercio, y profundizando sus relaciones con los hospitalarios mi'qmaq.[1] Las evidencias arqueológicas de sus exploraciones se han encontrado en el lago Lilly, en Waverley, cerca de Halifax, en Nueva Escocia, en forma de un petroglifo. Tallaron un escudo de características medievales en la parte superior de un peñasco, en el afloramiento rocoso de un claro. El escudo está surmontado con el numeral romano IV, y está cuartelado al modo medieval. El cuartel superior izquierdo contiene un diseño circular bastante erosionado y ligeramente aplanado; el cuartel superior derecho muestra un sol en esplendor, con ocho rayos radiantes; el cuartel inferior izquierdo tiene una luna creciente; y el inferior derecho lleva lo que podría ser una versión estilizada de la *croix pattée* de los Caballeros Templarios. Varios arqueólogos que han estudiado esta talla hacen notar las similitudes simbólicas que existen entre ésta y otra talla conocida como el Caballero de Westford, en Massachusetts.

La *Narración de Zeno* dice que Henry «se percató de que el lugar tenía una atmósfera saludable y pura, un suelo fértil y buenos ríos, y otros muchos atractivos, y concibió la idea de quedarse aquí y fundar una ciudad».[2] No existen evidencias de que esta idea llegara a realizarse; y, a partir de la información contenida en la *Narración*, Henry no pudo tener tiempo para hacer tal cosa en el primer viaje, que es el objeto del documento. La expedición llegó durante la última semana de mayo, y sabemos que Henry dio la orden de que el grueso de la flota volviera a Orkney a principios del otoño, para que pudieran llegar a casa antes del invierno. La carta de Antonio dice que «se quedó solamente con los barcos de remo y con todos aquellos que estuvieron dispuestos a quedarse con él, y envió al resto de vuelta con los barcos, designándome a mí, contra mi voluntad, como capitán de ellos».[3] El viaje de regreso duró en torno a veintiocho días.

Frederick Pohl, siendo un hombre de tierra, y estando poco familiarizado con los usos y costumbres marinos de la Edad Media, entiende en este pasaje de la narración que habla de los «barcos de remo» que Henry envió a toda su flota a Orkney, y que sólo se quedó con un número limitado de hombres en pequeños botes de remos durante el resto de la exploración.[4] Esto, unido al hecho de atribuir erróneamente tan gran proporción de los mitos de la creación de Glooscap a las hazañas de Henry St. Clair, le llevó a crear una fábula de dimensiones casi increíbles, carente de evidencias arqueológicas y documentales que la sustentasen.[5] El relato de Pohl afirma categóricamente que Henry exploró todo lo largo y ancho de Nueva Escocia con botes de remos; que pasó el invierno en Cap d'Or, cerca de la cuenca de Minas Basin,[6] que se proyecta en una corriente de marea de entre doce y catorce nudos; y que luego, increíblemente, a la vista de los pocos hombres de que disponía, construyó un barco a partir de la nada.[7] Según él, la construcción del barco la llevó a cabo, supuestamente, un número mínimo de hombres, trabajando en lo más duro del invierno canadiense, idea que resulta ridícula.

Y no somos los únicos que vemos las cosas así; hay un crítico, Colin Clarke, perito de profesión en Waverley, Nueva Escocia, que comparte nuestro punto de vista, entendiendo que Henry no habría estado tan loco como para enviar todos sus barcos de vuelta a casa confiando en que podría construirse uno en América con el cual regresar. Clarke, que en otro tiempo trabajó como carpintero de ribera, dice que la situación hipotética que plantea Pohl es absurda: «Henry estaba aquí para explorar, no para construir barcos; y, aun en el caso de que hubiera tenido las herramientas necesarias, ¿dónde pensaba encontrar madera seca para la construcción?». Clarke comparte nuestro punto de vista de que este aspecto de la historia de Pohl carece completamente de credibilidad. Con la tecnología marina de finales del siglo XIV, navegar desde Cap d'Or con el viento en contra, aun aprovechándose de la corriente de marea, hubiera sido difícilmente factible. Los barcos de vela de aquella época no podían navegar demasiado ceñidos al viento, y lo más probable es que, si lo hubieran intentado, se hubieran ido a pique en la costa, en la ribera oriental de la bahía de Fundy. El mero hecho de aguantar inmóviles en el agua, y mucho menos avanzar, hubiera precisado de una capacidad de navegación de entre doce y catorce nudos, cuando un barco de vela de aquella época habría alcanzado, con suerte, un promedio de tres o cuatro. ¿Acaso un marino experimentado habría construido un barco en un lugar cuyas condiciones imperantes lo incapacitaban como puerto de embarque? Estamos convencidos de que no lo habría hecho.

## La galera de Orkney

Cualquier valoración realista de las opciones que tenía Henry tras la partida del grueso de su flota depende enteramente de la interpretación que se haga del término «barcos de remo». Anteriormente, teniendo debidamente en cuenta las necesidades defensivas y de comunicación del condado, estimamos que la flota que llevó Henry para esta exploración debió consistir en una galera veneciana, una de sus propias galeras de Orkney y tres o cuatro barcos pequeños de exploración. Es muy probable que la galera veneciana y los barcos pequeños volvieran a Orkney, dejando a Henry con la otra galera como medio de transporte. Ningún jefe responsable se habría quedado colgado, él y sus seguidores, en aguas desconocidas, a miles de kilómetros de casa, con unos pequeños botes de remo como único medio de transporte. De igual modo, hubiera sido poco razonable que Henry hubiera sugerido quedarse con la galera veneciana, que, si bien estaba a su servicio, era propiedad personal de Antonio Zeno, que la había comprado para su viaje desde Venecia hasta Orkney.[8] La galera de Orkney, aunque era más pequeña que su homóloga veneciana, podía utilizar tanto velas como remos, por lo que Henry habría dispuesto de toda la flexibilidad y seguridad que necesitaba. Además, existen sólidas evidencias arqueológicas en la Norteamérica continental que apuntan a esta idea.[9] El viaje desde Guysborough hasta Vinlandia en busca del antiguo asentamiento de Norumbega con la galera de Orkney es, a pesar de los vientos imperantes en la zona (del sudoeste), perfectamente factible. Los barcos vikingos, que también utilizaban remos y velas, lo habían hecho antes en múltiples ocasiones.

La ruta de Henry hacia Vinlandia debió replicar, como todos los demás pasos dados a lo largo del camino, la ruta establecida por sus predecesores vikingos varios siglos atrás. Así, después de doblar el cabo Trin y de ganar algo de mar ancha, su rumbo debió de ser derecho al sudoeste, una ruta directa que no habría sido factible para un barco que dependiera sólo de las velas. Un barco así habría tenido que hacer una bordada más o menos en dirección sur, pasando de largo la latitud de su destino, para luego virar y navegar con viento cruzado para poder tocar tierra, teniendo que hacer así el doble de distancia náutica. La elección de Henry de la galera de remos como modo preferible de transporte demuestra claramente su saber y su experiencia como marino; pues, con una nave de estas características, habría podido remar en contra de un suave viento del sudoeste, y aprovechar el ocasional nordeste, que, en esa época del año, sopla a veces entre cuarenta y ocho y setenta y dos horas seguidas, y que les habría llevado directamente hasta la legendaria Vinlandia. Aunque Henry sabía con cierta precisión cómo encontrar Vinlandia, es muy probable que las indicaciones para encontrar Norumbega fueran sumamente vagas, dado que pocos de los hombres de Knutson habían sobrevivido a la aventura. Dado que es muy probable que este asentamiento estuviera situado dentro del territorio controlado por la Federación Algonquina, Henry debía necesitar ayuda para encontrarlo. Y de hecho, la tradición mi'qmaq nos dice que el conde se llevó con él a varios hombres de la tribu para que le hicieran de guías, emisarios e intérpretes.[10]

## La búsqueda de Norumbega

No existen evidencias documentales que nos permitan conocer los movimientos de Henry desde el momento en que dejó Guysborough, en su primer viaje, hasta su regreso a Orkney. La reconstrucción que hemos hecho de su exploración se basa en lo que sabemos acerca de su objetivo, junto con lo que nos aporta la tradición mi'qmaq y las sólidas evidencias arqueológicas encontradas, que han sido objeto de una prolongada investigación y de una dura controversia durante muchos años. Basándonos en las evidencias, creemos que Henry St. Clair y su expedición son los autores del primer emplazamiento arqueológico del que ya hemos hablado, y que o bien son también los autores del segundo, o bien contribuyeron significativamente al menos en su realización.

Las direcciones de navegación hacia Vinlandia eran precisas y fáciles de seguir; pero encontrar Norumbega, el asentamiento con casas de piedra que construyó o utilizó Knutson, era otra historia completamente diferente. No había direcciones precisas para localizar el asentamiento de Norumbega y, en su empeño por encontrarlo, Henry dependía en gran medida, así pues, de la información que le pudieran aportar los mi'qmaq y sus aliados. La geografía de la llanura costera de Nueva Inglaterra fue de gran ayuda, no obstante, dado que la zona es muy llana, y las pocas colinas que existen les debieron ser útiles para inspeccionar los alrededores. La actual población de Westford, que se encuentra aproximadamente a dos días de marcha tierra adentro, tanto desde la bahía de Boston como desde la desembocadura del río Merrimac,[ll] está dominada por la colina de Prospect, que ofrece una vista panorámica a más de cincuenta kilómetros a la redonda, y que, en un día claro, permite ver las montañas que hay al norte y al oeste. El motivo que pudo tener Henry para subir a la cima de la colina de Prospect pudo ser el de otear el horizonte en busca de Norumbega, de la que le habían hablado sus aliados amerindios. Unas extrañas estructuras de piedra se levantan en la cima de una colina cercana a Salem. Hace tiempo, se las conocía como las Cuevas de Pattee, y ahora es un lugar de visita turística conocido como el Stonehenge de América. Los nativos americanos, para quienes cualquier construcción de piedra resultaba poco familiar, quizás tomaron equivocadamente por Norumbega este complejo emplazamiento neolítico. Fuera cual fuera la razón de Henry para subir a la cima de la colina de Prospect, lo cierto es que cerca de allí nos encontramos con un emplazamiento arqueológico que es, indudablemente, una reliquia del primer viaje de exploración del príncipe de Orkney.

## La talla de Westford

Como ocurrió con todas las demás evidencias de contactos europeos precolombinos con América del Norte, este lugar no fue reconocido durante muchos años, y ha sido objeto de considerable debate durante las últimas cinco décadas. Pero no debe sorprendernos, pues de nadie que se le haya hecho creer que Colón fue el primer europeo en poner el pie en América se puede esperar que acepte de buen grado el descubrimiento de un petroglifo que muestra a un caballero medieval, con armadura completa, espada y escudo. Y, sin embargo, esto es lo que se encontró en un saliente rocoso cercano a una concurrida carretera, en las afueras de la población de Westford, Massachusetts.

Figura 7. *El Caballero de Westford, esbozado con tiza.*

Las evidencias documentales más antiguas que hemos encontrado de esta talla se hallan en un libro del reverendo Edwin R. Hodgeman, que la describe del siguiente modo:

> Un amplio saliente, que emerge cerca de la casa de William Kittredge, tiene en su superficie surcos hechos por los glaciares en alguna lejana era geológica. El tosco contorno de un rostro humano parece haberse trazado sobre la roca, y se dice que eso es obra de los indios.[12]

Dado que era considerablemente más antiguo que la historia de la colonización europea en esta zona, no resulta sorprendente que se lo atribuyeran a los nativos americanos.

La talla fue examinada y fotografiada por Malcolm Pearson y William B. Goodwin a principios de la década de 1940. En 1946, Goodwin, que era director del Wadsworth Atheneum de Hartford, Connecticut, escribió un libro titulado *The Ruins of Great Ireland in New England,** que iba ilustrado con fotografías, entre las que había una de la talla de Westford, tomada por nuestro colega Malcolm Pearson. El texto que acompañaba la imagen decía que parte de la talla era una representación de una espada rota, un símbolo vikingo acerca de la muerte de un guerrero. Pero el trabajo verdaderamente polémico en la investigación de este petroglifo vino mucho más tarde, y lo realizó el presidente de la Sociedad Arqueológica de Connecticut, Frank Glynn, licenciado por la Universidad de Wesleyan.

Glynn era colaborador habitual de diversas revistas arqueológicas, en las que escribía numerosos artículos de investigación, pero sería por su trabajo sobre el Caballero de Westford por lo que se le terminaría recordando en todo el mundo. Hizo varios intentos infructuosos por localizar la talla, hasta que, en el invierno de 1951, su colega y corresponsal T. C. Lethbridge le incitó a hacer una búsqueda sin cuartel. Lethbridge, que es autor de amplios trabajos sobre arqueología y otros temas,[13] era en aquella época director de excavaciones de la Sociedad Anticuaria de Cambridge, en Inglaterra, y también era director del Museo de Arqueología y Etnología de la Universidad de Cambridge, habiendo servido en estos cargos durante más de treinta años. Lethbridge había participado en tres expediciones al Ártico y en varias exploraciones arqueológicas a las Hébridas, y había hecho dos viajes al Báltico en grandes veleros.

* *Las ruinas de Gran Irlanda en Nueva Inglaterra. (N. del T.)*

# Identificación positiva

Ante la insistencia de Lethbridge, Glynn visitó a Malcolm Pearson, pero éste le dijo que creía que la talla había sido destruida durante las obras de ampliación de la carretera. Esta idea falsa no se corregiría hasta 1954, cuando, viajando con su hija Cindy, le mostraron a Glynn el desvío de Westford y le dijeron que la talla estaba a poco más de tres kilómetros, pasada la población. Y el 30 de mayo de 1954, Glynn se sumió en el gozo al redescubrir la talla, que los lugareños llamaban el Viejo Indio. Poco después, con la ayuda de Malcolm Pearson, tomaron una serie de fotografías en blanco y negro y en color. Primero, fotografiaron la talla desde todos los ángulos, sin tocarla y, después, marcaron con tiza las marcas de percusión que el cincel había dejado en la piedra y que delineaban el diseño, y la volvieron a fotografiar. Las marcas blancas de la tiza, que resaltaban sobre la oscura roca, esbozaban la figura de un caballero de elevada estatura, ataviado con una armadura medieval, con una sobrevesta que le llegaba hasta los tobillos y, más centrado, el contorno de una larga espada, con un pomo en la empuñadura, que se extiende desde debajo del pecho hasta los pies. En el brazo izquierdo, se puede ver con claridad el contorno de un escudo. Glynn envió copias de las fotografías a Lethbridge, junto con su propia descripción verbal de la talla. Lethbridge se mostró encantado, y contestó a Glynn:

> ¡Bien hecho! No sé, pero, ¿me parece que hay algo más que una espada en esa piedra? ¿No habrá un caballero medieval aguantando la espada? La mano derecha por debajo del pomo... La mano izquierda sosteniendo la vaina; ahí has punteado un triángulo, por debajo de la empuñadura. Se ve la axila derecha por la curva de puntos, en la parte exterior del pomo. El hombro derecho está más arriba... La gorguera está indicada por la línea de puntos, justo por encima del pomo. Si lo que lleva en la cabeza es un casco, tenía que ser un casco puntiagudo. No lo llegaron a terminar; simplemente lo esbozaron; y quizás no lo completaron porque pasó algo... Espero que te quemen en la hoguera por haber encontrado algo precolombino, pero vale la pena. No se me ocurre que pueda ser otra cosa, salvo un europeo de la Edad Media.[14]

El entusiasmo de Glynn no tenía límites ahora. Ya en el verano, persuadió a A. J. Gagne y E. R. Beauchop, conservadores de la Armería John Higgins, para que fueran con él a Westford y examinaran la talla. En un principio, Gagne y

Beauchop se centraron en el casco, que creyeron que era lo último que se había cincelado. Y el casco les convenció de la autenticidad del Caballero de Westford. En un principio, dijeron que el estilo del casco era típico de una época que oscilaría entre 1350 y 1400; pero luego afinarían más y lo situarían entre 1376 y 1400. Más tarde, sugirieron que se apreciaba también una visera con protección nasal, y se fijaron al mismo tiempo en lo que Glynn describió como «un insolente y pequeño león rampante en el pomo redondo, con la cola curvándose hacia arriba, en torno a la esquina del escudo». Glynn también había creído observar el contorno de un tocado, con algo parecido a una coroneta grabada en él, pero no sabía si eso sería herálidicamente posible.[15]

A instancias de Gagne y Beauchop, Glynn remitió la pregunta del blasón representado en el escudo al *Lord Lyon King of Arms* de Edimburgo.* La respuesta del Lord Lyon decía que se sabía que había habido escudos similares de la región de Elgin-Inverness durante el siglo XIV, y sugirió que el caballero podía ser un de l'Ard o un Sperre. Pidió también fotografías más grandes para poder estudiarlo con más detalle.[16] Posteriormente, en una carta, Lethbridge le haría a Glynn los siguientes comentarios: «Parece que sea de en torno a 1350, cincuenta años arriba o abajo, y parece más una placa conmemorativa de metal que una efigie».[17] Este comentario coincide con nuestro punto de vista, pues la talla parece tener más el diseño de una placa conmemorativa que el de una lápida de estilo templario, como han sugerido otros autores.[18] En una carta posterior, Lethbridge puso el dedo en la llaga con el siguiente comentario:

> O estoy ya un poco chocho y decrépito, o bien he resuelto el caso. Claro está que nadie se lo creerá... Tu caballero debe tener alguna relación con los Sinclair por parte femenina. He sabido que al Sinclair de Zeno le cedió el condado el rey de Noruega. Esto explicaría su antigua armadura.[19]

Mientras Glynn continuaba sus investigaciones en Nueva Inglaterra, Lethbridge siguió investigando en Europa la cuestión del blasón, y le escribió al «Unicorn Herald», Sir Iain Moncreiffe of that Ilk.** Sir Iain se entusiasmó con la talla de Westford, y respondió lo siguiente:

---

* El *Lord Lyon King of Arms* es el funcionario judicial que otorga permiso para enarbolar la bandera de la realeza esocesa, «El León Rampante». (N. del T.)

** El *Unicorn Herald* es un cargo oficial que regula el uso de los escudos de armas. (N. del T.)

... El caballero del siglo XIV de Massachusetts es fascinante, y su heráldica parece apuntar ciertamente a las familias nobles escocesas de origen nórdico, aunque se le ve bastante tosco, y me pregunto si el señor Glynn habrá hecho correctamente el trazado de la sobrevesta. ¡Nunca habría habido una galera en el escudo de un caballero como símbolo del «fin del viaje»! Su escudo sólo habría llevado su blasón ancestral. En Escocia, las galeras se encuentran en dos grupos principalmente: (1) la galera, normalmente negra, de los descendientes, por parte masculina o femenina, de los Reyes Nórdicos de las Islas (la familia de Godred Crovan), como los Macdonald, Campbell, MacDouglas, Macleod, Maclean, Stewart de Appin, etc.; y (2) la galera, normalmente dorada, de los descendientes, por parte masculina o femenina, de los Jarls Nórdicos de Orkney (la familia de Roganvald el Sabio), como los Sinclair o St. Clair... La vestimenta y la espada de la figura, junto con la galera del escudo, encajan a la perfección en el contexto de la expedición del Jarl Henry, y me sorprendería si no fueran las de uno de sus compañeros, alguien de la galera, uno de esos hombres del norte de su grupo.[20]

Un estudio más profundo del escudo de armas de la talla llevó a Sir Iain Moncreiffe a aclarar aún más el tema y a afirmar que eran «las armas de un jefe del clan Gunn de Thurso», cuya descripción heráldica es «En gules, una galera con las velas plegadas, remos en sotuer, y una estrella de oro en jefe entre dos hebillas de plata».[21] Pero los comentarios que haría posteriormente el *Unicorn Herald* se anticiparon a cualquier posible controversia y dieron fin a toda sugerencia de una posible falsificación de la talla. Dijo que sólo tres personas en el mundo, aparte de él mismo, habrían tenido los conocimientos necesarios para representar ese escudo de armas del siglo XIV con tanta precisión, o habrían sabido lo suficiente sobre armaduras del medievo tardío como para falsificar una talla como la de Massachusetts.[22] En otras palabras, es sumamente probable que la imagen sea un verdadero monumento conmemorativo medieval cincelado en América del Norte por la expedición de St. Clair para conmemorar la muerte del compañero más íntimo de Henry, Sir James Gunn, que, según se cree, murió durante el ascenso a la colina de Prospect.

Sir Iain Moncreiffe estableció la conexión entre la talla y el viaje de St. Clair, y afirmó que:

> ... la efigie de un caballero del siglo XIV, con bacinete, camal de malla y sobrevesta, con un escudo *heater* o apuntado, portando divisas de un carácter nórdico-escocés, como sería de esperar en un caballero del entorno del jarl Sinclair, y una espada con pomo de aquel período, es muy poco probable que sea una coincidencia. Yo más bien pienso que el poderoso jarl permaneció durante unos meses, posiblemente un invierno, en Massachusetts.[23]

Esta efigie funeraria se había cincelado en un saliente rocoso natural, dado que no tenían a su disposición los materiales necesarios para la placa conmemorativa que exigía la tradición caballeresca europea. La efigie la había cincelado en la roca el armero, que debía de ser uno de los artífices más diestros que viajaban en la expedición. Un examen de los detalles de las marcas del cincel que realizó Jim Whittal, un arqueólogo de la Sociedad de Investigación de Emplazamientos Antiguos, ha demostrado claramente que el punzón o pico metálico utilizado fue perdiendo agudeza a medida que la talla progresaba.[24] En un examen más profundo, realizado por los arqueólogos Austin Hildreth y H. J. O'Mara, se comparó el deterioro de las marcas de cincel del Caballero de Westford con las marcas de cincel de lápidas sepulcrales de gneis antiguas, llevándolos a la conclusión de que las marcas de cincel de la efigie de Westford llevaban en la región entre quinientos y ochocientos años.[25] Y, en un artículo sobre la efigie, se hacía el siguiente comentario: «... se hizo con tanto detalle que todos los expertos consultados han dicho que tendría que haberla hecho un armero de aquella época».[26]

La espada con pomo del caballero del siglo XIV aparece rota, indicio de que murió cerca. El caballero lleva también un casco con punta, un bacinete, y lleva una sobrevesta acolchada. En su escudo de armas se ve un barco sin velas, pero con remos, símbolo del linaje vikingo de los Gunn.[27] La estrella, que puede significar el tercer hijo, aparece en el escudo de armas de todos los Gunn, y hace referencia a su alianza con los Sutherland.[28] Las hebillas en plata son una referencia heráldica al broche de plata que el rey de Escocia dio al jefe de los Gunn cuando nombró al jefe del clan Coronador Real, cargo hereditario que los Gunn ostentaron durante más de doscientos años.[29] Parte del simbolismo heráldico del Caballero de Westford es una réplica del aparecido en el escudo tallado que se descubrió en Waverley, cerca de Halifax, Nueva Escocia, del que ya hemos hablado.

# Ampliación de la búsqueda

Tras identificarse la talla como un monumento conmemorativo a Sir James Gunn, Lethbridge escribió a Glynn sugiriéndole que sería conveniente explorar más a fondo la zona, para localizar el campamento de invierno de la expedición de St. Clair. Frederick Pohl se unió a Glynn y, poco después, alguien les mostraría una piedra que había desenterrado un agricultor de las inmediaciones de Westford, y que tenía una talla ciertamente extraña.[30] En esta piedra, que ahora se encuentra en la Biblioteca J. V. Fletcher de Westford, se ve un barco con un único mástil y dos velas, con ocho portañolas de remos en la parte superior del casco. También se ve con claridad una flecha incisa, con cuatro plumas a cada lado y el número «184». Lethbridge sugirió que los números podían significar pasos, y Glynn descubrió que, a 184 pasos del punto en el que apareció el objeto, había tres recintos de piedra, similares a las construcciones vikingas de Groenlandia conocidas como «casas-fuertes».[31] Los detalles del grabado de la piedra del barco de Westford confirman nuestra teoría de que era una galera de Orkney lo que el conde Henry St. Clair utilizó para continuar con la exploración de la costa norteamericana. La teoría de que los tres toscos recintos de piedra podrían ser los restos del campamento de invierno de St. Clair, aunque es una teoría plausible, exige un examen más profundo para que se pueda sustentar como un hecho.

*Figura 8. La piedra del barco de Westford, Massachusetts.*

La efigie conocida como el Caballero de Westford se encuentra a escasa distancia de una carretera principal que, durante las últimas décadas, ha ido aumentado su volumen de tráfico, sometiendo a esta talla medieval a una fuerte erosión, debido a los humos del tráfico y a la contaminación de la sal que se arroja sobre la carretera durante las nevadas invernales. Como consecuencia de todo ello, la talla se ha ido deteriorando rápidamente. Y la situación ha empeorado aún más debido al agua de los aspersores de riego de un césped cercano, que afecta constantemente la superficie de la roca. El deterioro durante los últimos años se ha hecho tan marcado que estamos llegando al punto en que lo que quede de la talla habrá que interpretarlo en lugar de contemplarlo. Las primeras fotografías, las de Malcolm Pearson, Frank Glynn y Jim Whittal, nos han dejado no obstante un registro permanente de la talla, antes de que la polución de nuestros tiempos empezara a destruirla.

## Reconocimiento oficial y conservación

En 1991, Niven Sinclair pidió a Marianna Lines que hiciera una impresión del Caballero de Westford utilizando unas técnicas de calcos en latón que ella misma había ideado. En lugar de utilizar el compuesto de cera y negro de humo habitual, Lines utilizó una mezcla de jugos vegetales y florales con cera de abejas, revelando así las complejidades de la talla de un modo mucho más creíble que cualquier fotografía. Según Andrew Sinclair, que estuvo presente en esta ocasión:

> ... El escudo con las armas de los Gunn de anteriores reconstruccio-
> nes tenía un aspecto retorcido y como de juguete; parecía el trabajo
> de un armero, que no conocía las convenciones de un enterramien-
> to medieval militar. Pero en la impresión de la vestimenta se veía un
> escudo de armas grande, justo por debajo del hombro izquierdo de
> la figura, con dos cuarteles en la parte superior y un barco en la base
> del escudo, parecido al barco de Sinclair del blasón de la hija del
> príncipe Henry, Jean St. Clair, cuya efigie se encuentra en la iglesia
> de Corstorphine, cerca de Edimburgo.[32]

Desde que Marianna Lines realizó su impresión de la talla, el lugar se ha cercado con unas cadenas montadas sobre pilares de piedra. También se ha puesto una placa explicativa, en la que se ofrece una descripción detallada de la efigie y de su origen, y en la que se habla del viaje de Henry y de la relación que había entre él y Sir James Gunn.[33] Por desgracia, todo esto no ha podido impedir un acto de vandalismo casi criminal por parte de un fanático partidario del clan Gunn, que pintó el escudo.

Para asegurar la conservación del Caballero de Westford y para protegerlo de más actos de vandalismo, nuestro buen amigo y colega Niven Sinclair hizo una presentación ante los comisarios arqueológicos de la Commonwealth de Massachusetts en el otoño de 1999. Tuvimos el privilegio de asistir a este acto, junto a incondicionales historiadores locales, como Norman Biggart y Malcolm Pearson. Pearson llevó consigo una carta de Joseph A. Sinnott, que fue geólogo asesor del estado de Massachusetts, y que tenía esto que decir acerca de la talla de Westford:

> Tras un prolongado y exhaustivo estudio del afloramiento rocoso en el propio campo, opino que se trata de la imagen cincelada y grabada de un acontecimiento histórico... Las marcas naturales o glaciales, como las estrías, los surcos, las superficies pulidas y las de los efectos del clima son evidentes en la roca, pero esto no menoscaba la categoría de la imagen que se cinceló en ella en fechas muy posteriores. Yo he sido el geólogo del estado de Massachusetts durante veinte años... y he sido también director de la Oficina de Arqueología Submarina de Massachusetts durante cinco años más, y comprendo el deseo de la comisión cuando pide pruebas de su autenticidad... el grabado es auténtico, y está asentado sólidamente en la roca, y merece su conservación histórica.[34]

Y nos satisface decir ahora que, gracias no sólo a la cooperación de los comisarios, sino también al apoyo de comité de la Asociación Histórica de Westford y de su presidente, se están dando los pasos necesarios para conservar este importante hallazgo medieval.

A pesar del reconocimiento que supone el hecho de que se haya tomado la decisión de conservar esta efigie, de las opiniones de profesionales como A. J. Gagne y E. R. Beauchop, de la John Higgins Armory, del punto de vista del director de excavaciones de la Sociedad de Anticuarios de Cambridge, T. C. Lethbridge, del incansable trabajo de Frank Glynn y del presidente de la Sociedad Arqueológica de Connecticut, de las desinteresadas opiniones del *Unicorn Herald*, Sir Iain Moncrieffe of that Ilk, y de la datación de la efigie que

*Figura 9. Placa conmemorativa del Caballero de Westford.*

realizaron los arqueólogos Austin Hildreth y H. J. O'Mara, no nos cabe duda de que seguirá habiendo quien se niegue a creer en esta evidencia de las exploraciones europeas precolombinas en Norteamérica. Las ilustraciones que ofrecemos aquí demuestran claramente que la efigie conocida como el Caballero de Westford se adecua a la tradición británica y europea de placas conmemorativas de metal de los siglos XII al XIV. Para cualquier estudioso serio y de mentalidad abierta de nuestro legado común, las evidencias son abrumadoras y concretas. La talla de Westford demuestra, más allá de toda duda razonable, que la expedición St. Clair/Zeno que se registra en la *Narración de Zeno* prosiguió su exploración tras el desembarco realizado en Nueva Escocia, y que, siguiendo las huellas de sus precursores vikingos, llegó a Nueva Inglaterra y se introdujo considerablemente tierra adentro.

# NOTAS

1.  R. H. Major, trad., *Narración de Zeno* (Londres: The Haklyut Society, 1873), p. 32.
2.  Major, *Narración de Zeno*, p. 32.
3.  Ibíd., p. 32.
4.  Frederick Pohl, *Prince Henry Sinclair* (Halifax, NS: Nimbus Publishing, 1967), p. 114.
5.  Pohl, *Prince Henry Sinclair*, p. 14.
6.  Ibíd., pp. 143, 145.
7.  Ibíd., pp. 151, 152.
8.  Major, *Narración de Zeno*, p. 10.
9.  La piedra del barco que se exhibe en la Biblioteca J. V. Fletcher, de Westford, Massachusetts.
10. Información que los representantes de los mi'qmaq dieron a Niven Sinclair en el Simposio Sinclair celebrado en Kirkwall, Orkney, en 1997.
11. De un artículo periodístico escrito por Frank Glynn.
12. Rev. Edwin R. Hodgeman, *The History of the Town of Westford in the County of Middlesex, Massachusetts, 1659-1883* (Westford, MA: Westford Town History Association, 1883), p. 306.
13. James P. Whittal, Jr., ed. *T. C. Lethbridge-Frank Glynn, Correspondence 1950-1966* (Rowley, MA: Early Sites Research Society), p. 1.
14. Ibíd., carta fechada el 8 de junio de 1954, pp. 31-32.
15. Ibíd., carta fechada el 20 de octubre de 1954, pp. 36-37.
16. Ibíd., carta fechada el 20 de octubre de 1954, pp. 31-32.
17. Ibíd., carta fechada el 1 de junio de 1956, pp. 44-45.
18. Esta similitud con las tradicionales placas conmemorativas medievales fue uno de los puntos que ofrecimos durante la presentación ante los comisarios históricos del estado de Massachusetts, en octubre de 1999.
19. Whittal, *T. C. Lethbridge-Frank Glynn, Correspondence 1950-1966*, carta fechada el 8 de junio de 1956, pp. 45-46.
20. Ibíd., carta fechada el 10 de marzo de 1958, p. 51.
21. Este punto se repite en una carta del *Unicorn Herald*, Sir Iain Moncrieffe of that Ilk, fechada en marzo de 1973.
22. De esto se trata en profundidad en el libro de Sir Iain Moncrieffe of that Ilk, *The Highland Clans* (Nueva York: Clarkson W. Potter, 1982), pp. 160-162, 168.
23. Moncrieffe of that Ilk, *The Highland Clans*, párrafo final.
24. El informe completo de James P. Whittal sobre el Caballero de Westford se puede examinar en el Archivo de Jim Whittal, que se conserva en el Centro de Estudios Niven Sinclair de Noss Head, Caithness.
25. El informe de Hildreth y O'Mara está en el Archivo Whittal. Esta cuestión fue también objeto de un artículo aparecido en el *New Haven Register* en 1965.
26. Informe de Hildreth y O'Mara.
27. *Véase* la carta del *Unicorn Herald*, Sir Iain Moncrieffe of that Ilk, marzo de 1973.
28. Ibíd.

29. Mark Rugg Gunn, *History of the Clan Gunn*.

30. Whittal, *T. C. Lethbridge-Frank Glynn, Correspondence 1950-1966*, carta fechada el 7 de agosto de 1963, pp. 59-60.

31. Ibid., carta fechada el 2 de junio de 1966, p. 61.

32. Andrew Sinclair, *The Sword and the Grail* (Londres: Century, 1993), pp. 143-144.

33. Puesta por la Asociación del Clan Gunn.

34. De una carta de Joseph M. Sinnot, remitida a los comisarios históricos del estado de Massachusetts en apoyo a la propuesta de conservación oficial del Caballero de Westford.

# 10

# La Torre de Newport:
# una pieza del rompecabezas

La controversia que rodea a las evidencias de contactos europeos precolombinos con América ha degenerado en muchas ocasiones en agrio debate e, incluso, en vituperios. Quizás la polémica más prolongada haya sido la de una construcción muy característica que, si hubiera estado en Europa, habría sido datada entre los siglos XII y XIV sin provocar el más mínimo murmullo de preocupación entre los académicos.[1] Este edificio se halla en Newport, Rhode Island, y se lo conoce en la zona por el equívoco nombre de «el viejo molino de piedra». Esta torre circular de mampostería, que se eleva sobre ocho pilares de soporte en Touro Park, se describiría mejor con el nombre de la Torre de Newport.

El edificio es casi circular, teniendo su diámetro exterior poco más de siete metros. Se levanta a unos ocho metros por encima del actual nivel del suelo, y se apoya en ocho pilares redondos que se conectan con arcos románicos. Los arcos descansan sobre las bases cilíndricas de piedra de los pilares, que originariamente eran visibles, y que le habrían añadido casi medio metro a la altura de cada pilar.[2] La superficie interior de los pilares está nivelada con la superficie interior de los muros que soportan, mientras que las superficies exteriores se proyectan en torno a veinticinco centímetros de la cara externa de los muros.[3] En el extremo superior de cada pilar hay una delgada piedra o laja inclinada que se proyecta en ángulo.[4] En el interior del muro circular, se pueden ver los huecos de lo que en otro tiempo debieron ser los apoyos de las vigas, y también hay tres aberturas de ventanas y varios tragaluces. Hay un hogar de chimenea empotrado en el muro, con dos humeros, y se pueden ver trazos imprecisos de peldaños y varios nichos de diversos tamaños.[5]

*Figura 10. Modelo a escala de la Torre de Newport, tal como se encuentra actualmente, frente a la original, en Touro Park, Newport, Rhode Island.*

*Figura 11. Vista interior del modelo a escala de la Torre de Newport.*

*Figura 12. La Torre de Newport, en Touro Park, Newport, Rhode Island.*

Esta extraña construcción de piedra, rodeada por una valla de hierro forjado en un parque público, que está rodeado a su vez por casas de madera, es ciertamente un anacronismo arquitectónico. La controversia sobre su verdadera antigüedad y su origen ha sido prolongada y estridente, hasta el punto que, comparado con ésta, el *odium theologicum* de las disputas doctrinales de la primitiva Iglesia Cristiana no sería más que una riña de patio en un jardín de infancia.

> La edificación más controvertida de Estados Unidos es una de las menos impresionantes construcciones que haya visto usted jamás [la Torre de Newport]... Desde hace más de un siglo, existe una agria polémica, a veces erudita, con frecuencia fantástica, en torno a esta torre circular. Más de cien libros, artículos y panfletos han intentado arrojar algo de luz sobre su origen y su propósito. Irlandeses, portugueses, holandeses, e incluso los antiguos druidas, se han propuesto como autores de la construcción; pero sólo hay dos teorías que tengan algo de sentido: la nórdica y la colonial.[6]

Parece imposible que estos dos puntos de vista opuestos puedan coexistir, y lo cierto es que ambas propuestas, encabezadas por hombres de convicciones tan inquebrantables que nada de lo que el otro bando proponga puede convencerlos, indican cuán poco se sabe en realidad acerca de la torre.[7]

## Referencias precoloniales a la torre

Cuando el explorador Verrazano desembarcó en la bahía de Narragansett en 1524, informó que había encontrado una construcción de estilo europeo en la zona oriental de la bahía, cerca de la embocadura de ésta, a la que le puso el nombre de Villa Normanda.[8] Dijo de las personas que vivían cerca de la torre que eran las personas más bellas y civilizadas que había encontrado en su expedición, que superaban a su propia gente en tamaño, y las denominó «europeo-amer-nórdicos blancos».[9] Cuando los primeros colonos ingleses llegaron a esta zona en el siglo XVII, hablaron de un grupo de nativos de cabellos claros y ojos azules, a los que llamaban «los indios desterrados», que debían ser, presumiblemente, los descendientes de las gentes de las que hablaba Verrazano.[10]

En varios mapas antiguos de la zona de Newport, aparecen las indicaciones de una construcción o un asentamiento. En el mapamundi de Mercator, publicado en 1569, se puede ver la torre con toda claridad, situada en la actual Nueva Inglaterra. Curiosa y sospechosamente, el geógrafo le dio el nombre de Norumbega.[11] Hay otro mapa, hecho por el holandés Cornelis Hendriexson antes de 1614, que luego incluiría en su *Atlas*, publicado en 1635. Pero en el mapa original, encontrado en los archivos holandeses de La Haya en 1841,[12] se pueden ver las costas y las islas de la bahía de Narragansett, con una pequeña área en el lado oriental de la bahía en la que pone «New England», y que es la única parte del mapa que lleva el nombre en inglés. En este mapa, se ve una «toret», indicada por un pequeño círculo, en el extremo occidental de la isla de Newport.[13] El inglés John Smith dejó una descripción de esta zona y un mapa de su costa, fechados en 1614, que traza con precisión la bahía de Narragansett, la bahía del Monte Hope y el Monte Hope con su aldea indígena. Al pasar por lo que sería en el futuro Newport, Smith divisó una construcción allí, que él creía que era un asentamiento inglés, y marcó su ubicación en el mapa.[14] Posteriormente, en 1621, recibió una carta de «New Plymouth» en la que se describía la nueva colonia. Aparentemente, cuando marcó su posición en el mapa, renombró el sitio original, que él había apuntado como «un asentamiento inglés», como «Old Plymouth».[15]

Los marinos ingleses hablaban de una «rown stone towr» (una torre de piedra redonda) en 1629-1630,[16] y William Wood hace una mención de ella en un mapa que hizo a partir de observaciones costeras en 1629. Según Arlington H. Mallery, en 1958, la idea de Wood de que había un asentamiento inglés donde ahora se halla Newport en 1629 no estaba inspirada en el mapa de Smith, sino en que él mismo había visto la Torre de Newport.[17] En Londres existen registros de una petición de Sir Edmund Plowden,[18] quien, en 1632, pretendía fundar una colonia en Rhode Island que iba a dar en llamar New Albion, y que posteriormente se conocería como Old Plymouth. En esta petición, Plowden habla de la existencia de una torre redonda como de un activo para la colonia.[19] Ni Sir Edmund ni sus herederos llegarían a explotar su exitosa petición, pero con el tiempo se fundaría una colonia, en 1636, y la ciudad de Newport, en 1639.[20] La torre se menciona en una escritura de propiedad fechada en 1642, en la que se afirma que el linde de la propiedad está «a muchas partidas de la Vieja Torre de Piedra».[21] Según Lossing, la torre ya estaba allí cuando llegaron los colonos ingleses, y él cree que los nativos no saben nada acerca de su origen,[22] aunque posteriormente hemos sabido que los ancianos de los nativos narragansett tienen una tradición que afirma que la torre la construyeron «gigantes de ojos verdes y cabello de fuego, que llegaron en paz, tuvieron una batalla y, luego, partieron».[23] Así, aparte de esta tradición oral de los nativos americanos de la zona, existen ocho referencias cartográficas o de archivos sobre la torre que la sitúan en tiempos anteriores a la llegada de los colonos.

El estilo arquitectónico y el carácter de la construcción demuestran, más allá de toda polémica, que la Torre de Newport no fue construida por los nativos americanos de la zona, ni tampoco por los nativos que construían con piedra en América Central y América del Sur. Según el profesor Eben Norton Horsford, de Harvard, la Torre de Newport tiene la forma de un baptisterio, y él cree que es un indicio de la presencia de vikingos en Newport varios siglos antes de la era colonial.[24] En esto, Horsford no hace otra cosa que repetir los comentarios que hiciera en 1879 R. G. Hatfield, el presidente del capítulo de Nueva York del Instituto Americano de Arquitectos, que también decía que la torre la construyeron los fundadores vikingos de la colonia de Vinlandia.[25] El profesor de arquitectura medieval de Harvard en 1954, Kenneth J. Conant, decía de esta controvertida construcción: «La estructura real es medieval, si bien el esquema de la construcción es nórdico. Y resulta que el único arco que quedó en Groenlandia de construcción medieval nórdica es como ésos».[26] También existe constancia de que, posteriormente, en referencia a la ventana y la entrada del primer piso de la torre, Conant dijo: «El arco de descarga semicircular y el tímpano son de un tipo habitual de construcción medieval, tomado de épocas clásicas, que se perdió de vista en tiempos coloniales».[27] El ingeniero de construcciones Edward Adams Richardson, de Bethlehem, Pennsylvania, creía que se le podía pedir a la misma torre que diera información sobre cuándo fue construida. En 1960, declaró que «el diseño demuestra ser adecuado, según los criterios modernos, para una construcción en particular, si bien las ventanas y la chimenea forman un sofisticado sistema de señalización y orientación para los barcos característico del siglo XIV».[28] Según Hjalmar R. Holand: «Un cañón pequeño habría sido suficiente para hacer añicos la torre, lo cual implica que se construyó antes de 1400, que es cuando el cañón comenzó a utilizarse de forma generalizada».[29]

## Las iglesias medievales redondas

La idea de que la Torre de Newport pudiera haber sido un baptisterio o una iglesia gana crédito cuando se compara con la gran iglesia de Hedinge, en Dinamarca, con la Iglesia de San Olaf de Tonsberg, en Noruega, con la Iglesia de San Miguel de Schleswig, en Dinamarca, con la de Ostelars, en Suecia, con los planos de la iglesia redonda que una vez hubo en Nidros, en Noruega, y con la Iglesia del Santo Sepulcro de Cambridge, Inglaterra.[30]

También existe una construcción muy similar en Lanleff, en la Bretaña francesa, donde hay una iglesia redonda rodeada por las ruinas de un ambulatorio techado. La única diferencia estriba en que esta iglesia redonda se levanta sobre diez columnas, en lugar de ocho. En principio, se pensaba que era de origen celta, pero ahora se sabe que o bien la construyeron o bien la modificaron los Caballeros Templarios en el siglo XII.[31] Los templarios construyeron iglesias circulares muy parecidas por toda Europa,[32] algunas de las cuales, como ya hemos mencionado, se pueden encontrar en la isla danesa de Bjornholm, en el Báltico. Todos los arquitectos que han hecho algún comentario sobre la Torre de Newport describen su diseño y su construcción como de medievales, y, tanto si fue una iglesia, como si fue un faro o un molino, es incuestionablemente precolombina. Sue Carlson, una arquitecta que trabaja para Restauraciones Históricas de Nueva Inglaterra, decía en 1997:

> Para cualquier arquitecto cualificado y para cualquier historiador arquitectónico, el estilo de la torre es incuestionablemente medieval, como viene indicado por la calidad de la burda mampostería, con sus redondas columnas de piedra que sustentan los arcos de piedra, y que hacen una desgarbada transición a la superestructura superior.[33]

Los arquitectos y los historiadores europeos que no se aferran a la premisa de que no pudo haber contactos europeos con América antes de Colón son casi unánimes en concluir que la torre es de diseño medieval europeo. En 1844, Charles Rafn, profesor de antigüedades nórdicas de Dinamarca, «sugirió que la torre era un baptisterio cristiano nórdico».[34] Los profesores Boisseree, Klenze, Tiersch y Kallenbach, que, en la década de 1840, eran autoridades reconocidas en arte, y en lo que ahora llamaríamos arqueología, decían lo siguiente: «A juzgar por los dibujos del Viejo Molino de Piedra enviados desde América, nos declaramos todos a favor de que las ruinas son los restos de una capilla bautismal de un primitivo estilo medieval».[35] En 1951, el historiador danés Johannes Brondsted reforzó aún más el origen medieval de la torre, diciendo: «Los medievalismos son tan visibles que, si la torre estuviera en Europa, y se hubiera datado en la Edad Media, probablemente nadie habría protestado».[36] En 1911, el historiador arquitectónico sueco Hugo Frölen sugirió que el diseño de la torre era anglonormando, y que era muy similar a las iglesias templarias de Cambridge y Northampton.[37] A una conclusión similar llegó el doctor F. J. Allen, el historiador arquitectónico inglés, en 1921, cuando dijo que la Torre de Newport tenía «la forma de la porción central de una iglesia redonda del siglo XII, a la cual se le hubiera quitado el ambulatorio que la rodeaba».[38]

Algunos académicos de América del Norte se hacen eco de los puntos de vista de sus colegas europeos. Los miembros de la Junta de Regentes del Instituto Smithsonian dijeron: «tomándolo todo en consideración, creemos que la Torre de Newport debió ser una torre de vigilancia o un faro de origen inglés...».[39] El escritor e historiador Gunnar Thomson hizo recientemente una comparación muy válida entre el estilo de construcción de la Torre de Newport y el de otros edificios similares de Europa, indicando que «encontramos técnicas similares en construcciones medievales de las islas escocesas».[40] El doctor Haraldur Siggurdson, de la Universidad de Rhode Island, afirmó tras examinar la torre que era improbable que fuera de origen vikingo o que se hubiera construido antes de 1200, debido a la presencia de argamasa antigua. Luego, continuó diciendo que, no obstante, la torre aparentaba tener un diseño escandinavo.[41]

A la luz de las evidencias y de las opiniones expertas citadas arriba, resulta absurdo que se hayan hecho tantos esfuerzos por datar esta construcción en la primera época colonial, cuando todos los rasgos arquitectónicos de la torre proclaman a los cuatro vientos un diseño y una construcción europea medieval. Como ya hemos mencionado, a diferencia de otros hallazgos controvertidos, existen ocho referencias cartográficas y de archivo sobre la torre que sitúan su origen en fechas anteriores al asentamiento colonial de Rhode Island. De igual modo, resulta esclarecedor el hecho de que no existan evidencias de ningún tipo que afirmen que se construyeron edificios de piedra en esta parte de Nueva Inglaterra en el siglo XVII.[42] Por tanto, resulta ciertamente desconcertante que los historiadores académicos sigan sosteniendo que la Torre de Newport fue construida por los primeros colonos, que es precisamente lo que muchos de ellos sostienen con una sospechosa convicción.

## La teoría colonial

Existen al menos tres escuelas de pensamiento diferentes entre los que intentan explicar los orígenes de este extraño edificio. La primera escuela cree que la torre la erigió el gobernador Benedict Arnold en el siglo XVII; la segunda es la que más insiste en que fue construida bastante antes de esta fecha, y que la erigieron los vikingos; y el tercer grupo, y más reducido, es el que propone la teoría de que la construyó el explorador portugués Cortereal. El «primer» documento colonial que menciona la torre, y el más citado, es el del testamento del gobernador Arnold, fechado el 24 de diciembre de 1677. Pero este documento ignora por completo un documento anterior, de 1642, en el cual la torre se utilizaba como línea de fondo de una escritura de propiedad y, por tanto, pasa por alto el embarazoso hecho de que Benedict Arnold no llegó a Newport hasta once años después de la primera mención de la torre en los registros. El testamento de Arnold menciona dos veces la torre. En la primera, dice: «deseo y señalo que mi cuerpo sea enterrado... en o cerca del camino o sendero que desde mi morada lleva a mi molino de viento construido en piedra». Más adelante en el testamento, Arnold lega diversas propiedades a su esposa, Damaris, e incluye específicamente entre ellas «mi molino de viento construido en piedra».[43]

Sobre los fundamentos de estos escuetos comentarios se ha construido la teoría de que la torre es de origen colonial. Desde nuestro punto de vista, sin embargo, esta teoría no puede resistir un examen independiente y racional. El historiador norteamericano George C. Channing decía en 1811:

> El problema concerniente al origen y propósito de esta antigua construcción no tiene una solución más cercana de la que tenía hace doscientos años o más. Especulaciones de todo tipo con respecto a esto, tanto aquí como en el extranjero, han terminado extinguiéndose; y a pesar de la alusión de la propiedad de la tierra que hay en una antigua escritura, el susodicho propietario no tenía nada que ver con la construcción de esta singular estructura de piedras y argamasa. El mismo estilo y gracia de la construcción excluyen la idea de que pudiera haberse erigido en un yermo casi estéril, simplemente para que los indios molieran cereales con el fin de hacer harina. Ni un solo vestigio de un edificio similar se ha encontrado nunca en el continente. Y la idea de que la sagacidad de los indios podría haberles llevado a levantar tan impresionante y artística obra es poner a prueba la credulidad de uno de un modo injustificable.[44]

Y Channing no está solo en su escepticismo, pues una publicación más reciente hace una declaración que está mucho más cerca de lo que sería un análisis desapasionado de la verdad: «Es sumamente probable, casi diríamos que del todo cierto, que los colonos ingleses encontraran la torre aquí cuando llegaron, y que el gobernador Arnold la modificó para hacer de ella un molino de viento».[45]

Nadie argumentaría en contra de la urgente necesidad de un molino de viento para moler grano en los primeros tiempos de las colonias; y, de hecho, los registros coloniales atestiguan este detalle. Uno de los primeros colonos, el señor Peter Easton, tenía la costumbre de tomar nota de todos los acontecimientos remarcables en su libro de bolsillo. En una de sus anotaciones, escribe: «1663. Este año erigimos el primer molino de viento».[46] El historiador Benson J. Lossing afirma que este molino se construyó de madera, y explicita su ubicación exacta.[47] El molino era tan importante para la colonia que la corte general retribuyó al señor Easton por su aportación a la comunidad haciéndole concesión de unas tierras. La construcción de este molino fue tan digna de mención que se puede comprobar en los registros de la corte, en la obra de Lossing y en el diario de Easton. Se dice de él que fue el primer molino de viento, y se construyó quince años antes de la fecha del testamento de Benedict Arnold.

Si el molino de Easton fue el primer molino de la colonia, entonces, según sugiere la lógica, el molino de Arnold debió de construirse después del de Easton, y antes de que Arnold hiciera su testamento; es decir, en los quince años que van de 1663 a 1678. Sin embargo, aparte de la escritura de propiedad de 1642, los registros coloniales no contienen más menciones sobre la construcción de piedra, y mucho menos una nota sobre su construcción, o siquiera sobre su uso, con anterioridad a que Benedict Arnold hiciera su testamento.[48] Si tanto revuelo armó la construcción de un molino de madera, ¿por qué no hay registro alguno de la construcción de uno tan singular, por su forma y por sus materiales (de piedra), en una época en la que todos los demás edificios de la zona eran de madera? ¿No es extraño que no haya registro alguno de la construcción de algo tan singular y útil?

A pesar del hecho de que los lugareños hayan descrito a la Torre de Newport como un molino de viento durante más de trescientos años, pocos análisis realistas se han hecho para valorar si la torre se pudo utilizar o no como molino de viento durante un período prolongado. La torre es fija e inamovible; y, sin embargo, todas las modalidades de molinos de viento tienen un rasgo en común: la capacidad de rotar toda o parte de su estructura en torno a un eje vertical con el fin de poner las aspas en posición para aprovechar las variables condiciones del viento. La Torre de Newport no se amolda a estas condiciones, dado que el cuerpo del edificio está sujeto a unos sólidos cimientos, y la parte superior (supuestamente desaparecida en la actualidad) no habría podido rotar, debido a que los muros de la parte superior de la torre no forman un verdadero círculo.[49] Además, aun cuando se hubieran podido superar los problemas de ingeniería de un tejado rotatorio, la estructura de madera necesaria para conseguirlo habría quedado demasiado cerca de la salida de los dos humeros de la chimenea que había dentro del edificio, generando un peligro de incendio de proporciones inaceptables. Benson J. Lossing desestimó la teoría del molino de viento en los siguientes términos:

> Su forma, su gran solidez y su construcción sobre columnas, prohíben la idea de que se construyera originalmente para ser un molino; y si, como hemos visto, la gente tenía en tan alta estima un molino de viento de madera, la construcción de tal edificio, tan superior a cualquier morada o iglesia de la colonia, habría recibido una atención especial por parte de los magistrados y los historiadores de aquellos días.[50]

# El argumento del Molino de Chesterton

Los argumentos planteados por los partidarios de la teoría del molino de viento se van haciendo cada vez más desesperados y rebuscados a medida que pasa el tiempo, llegando al punto de elucubrar lo que esperaban sería su argumento definitivo, comparando la Torre de Newport con el llamado Molino de Chesterton, en Warwickshire, Inglaterra. Según esta teoría, el Molino de Chesterton, que también está construido sobre columnas, era ya un molino en activo que Benedict Arnold habría llegado a ver antes de emigrar a América, utilizándolo como modelo para construir el molino en Newport. Sin embargo, esta idea ignora ciertos hechos embarazosos e indiscutibles que socavan por completo la argumentación. En primer lugar, da por sentado que Benedict Arnold conocía el Molino de Chesterton, una teoría que se desmorona a la vista de los hechos, pues él había nacido en el sur de Somerset, a más de ciento sesenta kilómetros de Chesterton.[51] La distancia que hay entre Chesterton e Ilchester, donde él vivía, era tal que es sumamente improbable que, dadas las circunstancias de aquella época, hubiera visitado jamás Chesterton, y nadie ha ofrecido ninguna prueba que lo corrobore.

Arnold emigró a Massachusetts en 1635,[52] llegó a Newport en 1651, obtuvo la carta de ciudadanía en 1653, se convirtió en presidente de la colonia en 1660 y en gobernador en 1663, cargo que ostentó hasta su muerte. La probabilidad de que le hubiera puesto los ojos encima al molino de viento de Chesterton es prácticamente nula.[53] La construcción del Molino de Chesterton está sumamente bien documentada, dado que fue diseñado por uno de los más importantes arquitectos ingleses de aquella época, Inigo Jones. Se construyó, no como molino, sino, de acuerdo con la familia que se lo encargó, como construcción decorativa o extravagante o como observatorio.[54] No se terminó hasta 1633, menos de dos años antes de que Arnold emigrara. Aquella construcción caprichosa se convirtió en molino de viento en 1647, doce años *después* de que Arnold dejara el sur de Inglaterra rumbo a las Américas, para nunca más volver.

Cualquier examen racional de los dos edificios, es decir, el Molino de Chesterton y la Torre de Newport, nos lleva rápidamente a desestimar la idea de que uno fue el modelo del otro. El Molino de Chesterton es un edificio de diseño clásico y muy elaborado, como corresponde a la reputación de su arquitecto. Se hizo con sillares de piedra finamente labrada, excelentemente proporcionado, con la calidad de construcción que refleja el gusto de su aristocrático cliente. Tiene 8'84 metros de altura, desde sus cimientos hasta el extremo superior de su albañilería, de construcción circular, con 7 metros de diámetro en la cara externa de la mampostería de los pilares, y tiene dos niveles.[55] Seis pilares soportan la estructura, con dos arcadas, una interior y otra exterior, y los bordes de los pilares son cabalmente rectos. Es perfectamente circular y está construido con una mampostería sólida y bien trabajada, por lo que absorbe sin problemas las tensiones de la cabeza giratoria del molino que la corona, de un modo que resultaría imposible para la Torre de Newport. Los detalles arquitectónicos del Molino de Chesterton evidencian bien a las claras que se construyó en el siglo XVII, mientras que la Torre de Newport, con su burda mampostería, sus arcos románicos, sus ocho pilares redondos y su construcción desigual, precede obviamente al edificio de Chesterton en varios siglos. La solidez del Molino de Chesterton es tal que podría soportar fácilmente las tensiones, la presión y las vibraciones inherentes a su función como molino. La estructura de la Torre de Newport, por otra parte, es obvio que no podría hacerlo, con lo cual quedaría suficientemente explicado el porqué, aunque se le llame el Viejo Molino de Piedra, su uso para este propósito fue tan breve, o incluso inexistente, que nadie nunca lo registró en ningún diario ni en ninguna crónica de los tiempos de Arnold, de ahí que sea por tanto una simple conjetura.

## Más evidencias precolombinas

Según Gibbs, que fue gobernador de Rhode Island en 1819, la superficie exterior de la Torre de Newport estaba cubierta con un duro estuco blanco y, según Lossing:

> Estaba cubierto originalmente, dentro y fuera, con yeso, y las ahora toscas columnas, con meros indicios de capiteles y basamentos de forma dórica, estaban bellamente labradas, exhibiendo toda la estructura gusto y belleza... De su existencia previa a la emigración inglesa a América no hay muchas dudas ya... y si la estructura es realmente precolonial, y quizás precolombina, su historia es sin duda merecedora de una profunda investigación.[56]

Aunque estamos de acuerdo, sin ningún tipo de reservas, con las palabras de Lossing, no podemos evitar señalar que todos los intentos por publicar los resultados de los exámenes que se han realizado con la torre han generado más polémicas, no menos, y que ninguna de las hipótesis sugeridas sobre su origen ha sido aceptada por la mayoría de los que han manifestado cierto interés en su historia. El profesor Rafn, que fue secretario de la Sociedad Real de Antigüedades Nórdicas en Copenhague, sostiene que el viejo molino lo construyeron gentes escandinavas o nórdicas en el siglo XI.[57] En tanto que las otras conclusiones del profesor Rafn, de que los vikingos descubrieron Massachusetts y Rhode Island en el siglo X, y que fundaron una colonia allí en el siglo XI, han sido ampliamente aceptadas, sus opiniones sobre la Torre de Newport han generado tanta controversia como cualquier otra propuesta.

En 1953, el investigador Hjalmar Holand citaba al doctor Frölen, que sostenía que «la Torre de Newport era indudablemente la rotonda interior de una iglesia redonda, construida con esmero».[58] Hjalmar Holand y Andrew Sinclair[59] han llegado a la misma conclusión, y van más allá al afirmar que un factor importante tanto de la elección del lugar como de la construcción de la torre fue su utilización alternativa como torre de vigilancia o faro. A la luz de estos comentarios, es interesante observar que la puerta da al sudoeste, hacia la ensenada interior, mientras que la entrada y dos ventanas, una que da al sur y otra que da al este, miran al océano. El muro norte, que mira tierra adentro, la dirección desde la cual podrían venir los nativos americanos, no tiene aberturas, hecho que toma Holand para indicar que los ocupantes de la torre no tenían miedo de ser atacados desde ese lado, pero que sí estaban preocupados con «la seguridad de personas amigas en el mar». Las ventanas que están en línea con el hogar de la chimenea apuntan a su utilización como faro o baliza, hecho que se ha utilizado para explicar el por qué todo el edificio estaba cubierto con estuco blanco. El informe anual de 1953 de la Junta de Regentes del Instituto Smithsonian, del que ya hemos hablado antes, afirma que el hecho de «que se sepa que la torre se utilizó como molino no nos dice nada de su propósito original».

## El origen portugués de la torre

La tercera teoría sobre el origen de la Torre de Newport la propuso el doctor Manuel Luciano da Silva, un médico del Centro Médico del Condado de Bristol, en Rhode Island. En un artículo publicado en una revista médica, en marzo de 1967,[60] da Silva decía que la Torre de Newport se parecía mucho a la rotonda del monasterio de Tomar, que se halla en el centro de Portugal.[61] Da Silva está en lo cierto cuando dice que las iglesias redondas diseminadas por toda Europa las construyeron los cruzados que volvían de Tierra Santa, especialmente los Caballeros Templarios, siguiendo el estilo de la iglesia del Santo Sepulcro de Jerusalén. El monasterio de Tomar era el cuartel general de los templarios en Portugal, y posteriormente se convertiría en centro de formación de todos los navegantes y los misioneros que trabajaron bajo las órdenes de los Caballeros de Cristo, que fueron los sucesores de los templarios tras la disolución de esta orden. La rotonda, o *charola*, de este monasterio tiene, al igual que la Torre de Newport, ocho columnas y ocho arcos, evidencia palpable del uso de una geometría octogonal.[62]

Tras la conversión de los templarios de Portugal en los Caballeros de Cristo, el príncipe Enrique el Navegante sería el tercer gran maestre de la recién fundada orden. Bajo su dirección, la *croix pattée* de ocho puntas de los templarios llegaría a muchos continentes, de la mano de los exploradores portugueses de la era de los descubrimientos. Según Da Silva, dos exploradores portugueses de esta orden, Gaspar y Miguel Cortereal, estuvieron alrededor de nueve años en la región de la bahía de Narragansett, evangelizando a los nativos. También afirma que éste fue tiempo suficiente como para construir la Torre de Newport, y sostiene que el motivo más probable para llevar a cabo esta empresa debió de ser la devoción que sentían por su *alma mater*, el monasterio de Tomar.[63]

Da Silva criticó mordazmente las teorías coloniales sobre el origen de la torre, basándose concretamente en la idea de que «las débiles columnas de cierre de la Torre de Newport nunca habrían podido aguantar las vibraciones y las tensiones de un molino de viento».[64] Igualmente desestimó las teorías vikingas de su origen, afirmando, con bastante razón, que Leif Erikson no había podido inspirarse en el Santo Sepulcro de Jerusalén, dado que la primera cruzada no tendría lugar hasta cien años después. Y descartó también la posibilidad de que el obispo Gnupsson hubiera podido construirla, sugiriendo sensatamente que tampoco él había podido conocer aquel santuario de Jerusalén.[65]

Después de revisar las distintas teorías y algunas de las actitudes de sus diversos protagonistas, vamos a examinar ahora los resultados de los exámenes más minuciosos de este desconcertante y controvertido edificio.

# NOTAS

1. Artículo titulado «Yankee Explores the Legend of the Old Newport Tower», del arquitecto Conant, publicado por *Yankee Magazine* en 1954, p. 25.

2. *Newport History,* vol. 68, pt. 2, 1997, p. 65.

3. Whittal, *The Newport Stone Tower,* capítulo 2.

4. Philip Ainsworth Means, *Newport Tower* (Nueva York: Henry Holt and Co., 1942), p. 9.

5. Means, *Newport Tower,* pp. 9-12.

6. Conant, *Yankee Explores the Legend of the Old Newport Tower,* p. 25.

7. Ibíd., p. 25.

8. Earl Siggurson, «The Newport Tower», artículo publicado por la *American-Scandinavian Review,* encontrado en el Archivo de James Whittal, expediente de la Torre de Newport, 1971-1980.

9. Notas sobre la Torre de Newport de Magnus Hrolf en el Archivo de James Whittal, expediente de la Torre de Newport, 1991-2000.

10. Frederick Pohl, *Atlantic Crossings before Columbus* (Nueva York: Norton & Co., 1961), p. 190; Andrew Sinclair, *The Sword and the Grail* (Londres: Century, 1993), p. 141.

11. Notas sobre la Torre de Newport de Magnus Hrolf en el Archivo de James Whittal, expediente de la Torre de Newport, 1991-2000.

12. Arlington Mallery, artículo publicado en *The American Anthropologist,* 60, (1958), p. 149.

13. Frank Glynn, escrito en 1961, referencia encontrada en el Archivo de James Whittal, expediente de la Torre de Newport 1961-1970.

14. Mallery, *The American Anthropologist,* p. 150.

15. Ibíd..

16. Hjalmar R. Holand, *America 1355-1364* (Nueva York: Duell, Sloan & Pearce, Inc., 1946), p. 36.

17. Mallery, *The American Anthropologist,* p. 150; Holand, *Exploration in America before Columbus* (Nueva York: Twayne Publishing, Inc., 1956), p. 212.

18. Copia original de la Petición Plowden, en la Oficina Nacional de Registros de Londres.

19. Frederick Pohl, *The Lost Discovery* (Nueva York: Norton & Co., 1952), pp. 182-184.

20. Means, *Newport Tower,* p. 9.

21. George C. Channing, *Newport Rhode Island 1793-1811,* p. 270.

22. Benson J. Lossing, *Pictorial Field Book 1855* (Nueva York: Harper and Bros., 1962), p. 65.

23. Niven Sinclair, *Beyond Any Shadow of Doubt* (Londres: publicación privada, 1998), sección 10.

24. George Gibbs, *The Gibbs Family of Rhode Island and some Related Families* (Nueva York, 1933).

25. Artículo de la revista *Scribners,* 1879.

26. Conant, *Yankee Explores the Legend of the Old Newport Tower.*

27. Referencia encontrada en el Archivo de James Whittal, expediente sobre la Torre de Newport, 1940-1960.

28. Referencia encontrada en el Archivo de James Whittal, expediente sobre la Torre de Newport, 1940-1960.

29. Artículo fotocopiado, escrito por Hjalmar R. Holand en una revista sin nombre fechada en abril de 1953, vol. 12, nº. 2, p. 62, encontrado en el Archivo de James Whittal, expediente sobre la Torre de Newport, 1940-1960.

30. *Véase* expediente de estudios comparativos entre la Torre de Newport y las iglesias redondas de Europa que se encuentra en el Archivo de James Whittal.

31. *Véase* expediente de estudios comparativos entre la Torre de Newport y las iglesias redondas de Europa que se encuentra en el Archivo de James Whittal.

32. Tim Wallace-Murphy, Marilyn Hopkins y Graham Simmans, *Rex Deus* (Shaftsbury, UK: Element Books, 2000), p. 121.

33. Sue Carlson, *New England Historical Restorations,* 1997, encontrado en el Archivo de James Whittal, expediente sobre la Torre de Newport, 1991-2000.

34. Carl Christian Rafn, *Memoire sur la decouvertes de l'Amerique au dixieme siecle* (Copenhague: Societé Royale des Antiquaires du Nord, 1843).

35. Comentarios contenidos en una documento titulado «Newport Stone Tower; Comments by European Architects and Historians», en el Archivo de James Whittal.

36. «Newport Stone Tower; Comments by European Architects and Historians», en el Archivo de James Whittal.

37. Ibid.

38. Ibid.

39. *Annual Report of the Board of Regents of Smithsonian Institution, 1953,* p. 391.

40. Gunnar Thompson, *American Discovery* (Seattle: Misty Isles Press, 1992).

41. Frederick N. Brown, «Answers to Riddles Revealed in Maps», *The Voyage of the Wave Cleaver,* vol. 1, nº. 3, pp. 63-64.

42. Paráfrasis de los comentarios de David Wagner, historiador y arquitecto de Nueva Inglaterra, escrito en 1997; su trabajo se incluyó en el expediente sobre la Torre de Newport, 1991-2000, del Archivo de James Whittal.

43. Means, *Newport Tower,* pp. 19-21.

44. George Gibbs Channing, *Early Recollections of Newport from the year 1793-1811* (Newport, RI: A. J. Ward, C. E. Hammett, Jr., 1868), p. 270.

45. «The Old Mill at Newport a New Study of an Old Puzzle», en expediente de la carpeta sobre la Torre de Newport 1850-1900, Archivo de James Whittal.

46. Ibid.

47. Lossing, *Pictorial Field Book,* pp. 65-66.

48. «The Old Mill at Newport a New Study of an Old Puzzle», p. 633, en expediente de la carpeta sobre la Torre de Newport 1850-1900, Archivo de James Whittal.

49. Hjalmar R. Holand, *America 1355-1364* (Nueva York: Duell, Sloan & Pearce, Inc., 1946), p. 63.

50. Lossing, *Pictorial Field Book 1855,* p. 66.

51.  Means, *Newport Tower*, p. 51. El nacimiento de Arnold, el 21 de diciembre de 1615, está anotado en el registro parroquial de Northover, Ilchester.

52.  Means, *Newport Tower*, p. 51.

53.  F. A. Arnold, *An Account of the English Houses of the Early Propriators of Providence*, Rhode Island Historical Society Collections, XIV, nº. 2, 25-49, nº.3, pp. 68-86, Providence 1921.

54.  Carta de Lord Willougby de Brooke a Means, fechada el 21 de octubre de 1937.

55.  Means, *Newport Tower*, pp. 184-187, 281.

56.  Lossing, *Pictorial Field Guide 1855*, p. 65.

57.  Rafn, *Memoire sur la decouvertes de l'Amerique au dixieme siecle*.

58.  Comentario original de Frölen, hecho en *Nordens Belastada Rundkyrkor*, 1911, vol. I, pp. 17-43.

59.  Andrew Sinclair, *The Sword and the Grail*, p. 145.

60.  Manuel Luciano da Silva, «Finding for the Portuguese», publicado en *Medical Opinion and Review*, marzo de 1967.

61.  Silva, «Finding for the Portuguese», p. 48.

62.  Ibid.

63.  Ibid.

64.  Ibid.

65.  Ibid.

# 11

# El desconcierto de los expertos con la torre

A la luz de las muchas y conflictivas teorías referentes al origen de la Torre de Newport y de las disputas entre expertos que las han acompañado, convendría dejar bien sentado que existe una evaluación arqueológica o científica de este edificio, una evaluación desapasionada y oficial, que ha dejado zanjado el asunto de una vez por todas. Sin embargo, en nuestra opinión, la primera excavación arqueológica oficial quedó deslucida por causa de los prejuicios, de una imperfecta metodología y de unas presuposiciones injustificables. El arqueólogo William S. Godfrey, Jr. publicó en 1951 el informe de sus investigaciones (realizadas entre 1948 y 1950), con el que satisfacía en parte las exigencias de su tesis de doctorado.[1] A su extraño documento le puso por título *Digging a Tower and Laying a Ghost* («Excavando una torre y tumbando a un fantasma»), título que nos ofrece un atisbo claro de los prejuicios previos a la investigación. Su punto de vista sesgado sobre la controversia queda vívidamente demostrado en el primer capítulo del informe, donde dice «... él [Benedict Arnold] compró parte de sus propiedades en Newport, concretamente la sección en la cual construiría posteriormente la casa y el molino de piedra, un año antes de mudarse allí.[2] ... En algún momento antes de 1677, Arnold construyó el Viejo Molino de Piedra».[3] Godfrey hizo estas afirmaciones a pesar del hecho de que, tres líneas antes, había escrito: «Ciertamente, la única referencia contemporánea que vincula a Arnold con el molino es su propio testamento».[4]

Pero la parcialidad de Godfrey se hace aún más evidente cuando escribe: «Means revisa los escritos acerca de la torre con suma atención, pero no consigue encontrar a ningún habitante de Newport de esa época, o incluso de una época posterior, que estuviera demasiado entusiasmado con la teoría nórdica».[5] Además, Godfrey sugiere que William Gibbs, que fue gobernador de Rhode Island en 1799, era partidario de la teoría de los vikingos por una cuestión de conveniencia política y social: «Da la impresión de que, fuese lo que fuese lo que él [Gibbs] pensara en privado, le convenía sustentar la teoría nórdica».[6] Todo esto nos deja la sensación de que nuestro buen arqueólogo del siglo XX debía de ser también un clarividente nato, dotado con las suficientes habilidades psicológicas como para analizar, con una sorprendente precisión, los procesos de pensamiento de un gobernador del estado fallecido mucho tiempo atrás.

Aunque a Godfrey le damos un sobresaliente por desestimar la teoría del Molino de Chesterton,[7] el resto de su informe es bastante menos creíble. Hablando de Means, cuyo trabajo se publicó en 1941, Godfrey dice: «se las ingenió para pasar del estudioso imparcial y moderado que era al violento protagonista de la teoría nórdica. Conviene revisar cada frase de su trabajo debido a sus prejuicios y, en muchos casos, a su malicia».[8] La mayor parte del informe de Godfrey no se dedica a los verdaderos hallazgos arqueológicos de sus excavaciones, sino a una serie de ataques personales dirigidos contra aquellos que sustentan puntos de vista diferentes al suyo, utilizando términos como «chiflados»,[9] «pigmeos»,[10] «fanáticos»,[11] o «periferia de lunáticos»[12] para describir a sus oponentes. Con un lenguaje de este calibre, Godfrey no hace otra cosa que confirmar la impresión de que el informe, en sí, es el trabajo de un hombre cargado de prejuicios que ha optado por echarse al monte. Afirma como un hecho demostrado que «no existe ninguna prueba en absoluto de la existencia del molino hasta 1677»,[13] e ignora las ocho referencias previas que podrían aplicarse al edificio, incluidas la de Verrazano, el documento de Plowden y todos los mapas antiguos. Afirma que «la torre es única ...[ya que] los arqueólogos... nunca han podido encontrar todos estos rasgos, juntos, en un edificio»,[14] cuando cualquier examen razonado de la arquitectura de las iglesias redondas existentes en Europa, y en particular en Portugal, la Bretaña francesa, Inglaterra y Escandinavia, muchas de las cuales se han mencionado ya, deja en evidencia una afirmación tan radical como ésa.

A pesar de los dos años de excavaciones (que tuvieron una amplia publicidad), y de hacerse con una evidente reputación y con un doctorado en arqueología, Godfrey no sacó (ni ofreció) mucho más con su estudio. Según James P. Whittal, Jr., de la Sociedad de Investigación de Emplazamientos Antiguos, que estudió la torre durante más de veinticinco años, ninguno de los objetos que recuperó Godfrey en sus excavaciones podían haberle llevado a una conclusión firme acerca de la fecha y del origen de la construcción.[15] Si la datación de la torre hubiera de juzgarse exclusivamente a partir de las evidencias de los objetos recuperados por Godfrey, sólo sería factible un marco temporal que iría desde 1750 a 1800, con lo cual entraría en contradicción con la idea de que la torre se levantó en torno a 1677.[16] Incluso el mismo Godfrey fue lo suficientemente honesto como para concluir que «los desconcertantes fragmentos de la cultura de nuestros antepasados... no nos dicen cuándo se construyó la torre, por qué se construyó y quién lo hizo».[17] Sin embargo, una vez admitido esto, Godfrey dice lo siguiente: «Nuestras excavaciones establecen definitivamente la fecha de construcción de la torre entre la fundación de Newport (1639) y 1677, cuando se hace mención de ella, históricamente, por vez primera».[18] Sin embargo, Godfrey fracasa estrepitosamente al no aportar ni una sola evidencia arqueológica ni documental con la cual sustentar este argumento. Más adelante, dice: «Por otra parte, es poco probable que Benedict construyera su torre con la intención de que hacer de ella un molino... los molinos en forma de torre, a diferencia del molino a la holandesa, del molino de poste o de los molinos con formas compuestas, no fueron habituales en Inglaterra hasta comienzos del siglo XVIII...».[19] Y, finalmente, Godfrey admite en el último párrafo que «este estudio se ha desviado bastante de lo que sería un "puro" trabajo arqueológico».[20] ¡Qué gran verdad!

## Un examen desapasionado

Menos de cuatro años después de que Godfrey publicara su informe, sus excavaciones serían reexaminadas por el ingeniero de construcciones Arlington Mallery, con la ayuda de los ingenieros de la ciudad de Newport, Gardner Easton y John Howieson.[21] Mallery no se decantó por ninguna de las tres principales escuelas de pensamiento en lo relativo a los orígenes de la torre; desde el espíritu de un verdadero análisis científico, se limitó a dar cuenta de lo que había encontrado.

> Extrajimos también yeso de debajo de las piedras más bajas de los cimientos, y encontramos que todas las juntas y las aberturas de los cimientos se habían rellenado cuidadosamente con arcilla que contenía partículas o fragmentos de yeso para impedir que se filtrara el agua. Dado que todo el yeso, a excepción posiblemente de

unos pocos fragmentos, tenía que proceder de la superestructura de la torre, no se pudo haber puesto en las juntas y en las grietas de los actuales cimientos a menos que los cimientos se hubieran puesto para apuntalar la torre después de su construcción.[22]

La torre se apuntaló probablemente en 1675, y la cantidad de fragmentos de yeso que hay en la excavación indica que el estuco de yeso tenía que haberse desintegrado para entonces, de modo que la torre debía de tener más de trescientos años de antigüedad cuando fue apuntalada.[23]

Según la opinión de Mallery, el apuntalamiento o apoyo arquitectónico adicional que había en las bases de los pilares debió de hacerse para reforzar la torre antes de que, supuestamente, se la utilizara como molino de viento. Este análisis desapasionado y sumamente profesional nos lleva a creer que la torre se debió de construir a finales del siglo XIV. Y nadie entre los bandos en disputa sobre el origen de la Torre de Newport ha ofrecido aún ninguna evidencia que refute, o siquiera que arroje una duda razonable, sobre las valoraciones de Mallery.

*Figura 13. Las excavaciones de Arlington Mallery en los cimientos de la Torre de Newport.*

# La controversia sobre la datación por radiocarbono

En 1992, un equipo de investigadores de Dinamarca y Finlandia, dirigido por Heinemeier y Junger, tomó muestras de la argamasa de la Torre de Newport con el fin de realizar algunas pruebas. Por motivos que no están del todo claros, aunque se tomaron ocho muestras del centro de cada uno de los pilares, sólo se hicieron pruebas con las muestras de los pilares 6 y 7. La muestra que se tomó del muro del hogar de la chimenea a una altura de 4, y 20 metros se rechazó para el análisis por motivos que no se explicitan en la copia del informe que hemos tenido ocasión de leer.[24] Las muestras superficiales tomadas del yeso del pilar número 8 dieron una datación que oscilaba entre 1550 y 1770; y una muestra de superficie del yeso de un humero de la chimenea proporcionó fechas que oscilaban entre 1680 y 1810. Se hicieron pruebas con dos muestras centrales del pilar número 6; la primera muestra dio una amplitud de fechas de entre 1750 y 1930, mientras que la segunda muestra oscilaba entre 1510 y 1640. Por tanto, la datación en conjunto del pilar número 6 oscila entre 1510 y 1930. De las muestras centrales del pilar número 7, varias fueron rechazadas de forma arbitraria, mientras que otras cuatro fueron sometidas a prueba, ofreciendo fechas que oscilaban entre 1410 y 1855. Incluso para los no versados en estas materias, es evidente que los resultados de la datación por radiocarbono de cuatro muestras de dos de los ocho pilares del edificio, que indican una oscilación de edad que va desde 1410 hasta 1930, desafían toda lógica. Ciertamente, plantean serias dudas acerca de la fiabilidad de las técnicas de datación por radiocarbono en la argamasa en general, y en esta investigación en particular.

Y no estamos solos a la hora de cuestionar estos resultados. Varios científicos de la más elevada reputación han hecho también comentarios sumamente críticos acerca de este estudio. El químico analista James L. Guthrie condenaba los resultados con las siguientes palabras:

> Los resultados de la datación del yeso de Heinemeier y Junger no deben tomarse demasiado en serio debido al pequeño número de muestras sometidas a prueba, a la escasa precisión de los métodos (que se revela en la única prueba que se duplicó) y a la presuposición no justificada de que toda la argamasa y todo el yeso son de la misma época. El yeso y la argamasa que se han añadido a lo largo de centenares de años, durante los ya consabidos episodios de restauración y refuerzo de la construcción, complican el análisis, y los re-

sultados de los que se da cuenta me indican que las muestras eran una mezcla de carbonatos de distintas épocas. La posibilidad de que alguna de estas muestras fuera un ejemplar puro de la argamasa original se me antoja remota. Pero hay otras cosas que me preocupan, como el hecho de que se prefirieran las fechas más recientes obtenidas de la primera fracción del dióxido de carbono evolucionado, la de la aparente creencia de que un único y ambiguo análisis en una casa cercana del siglo XVII constituye un control adecuado para la comparación de resultados y el uso de una calibración que puede no ser adecuada para la costa de Nueva Inglaterra... Las muestras de yeso parecen ser una mezcla de yeso antiguo y reciente, y no hay evidencia alguna que indique que hay yeso de la época de la construcción de la torre. Los errores, en especial el de la absorción del dióxido de carbono moderno, tenderían a datar las muestras en fechas más cercanas al presente que las ofrecidas por la datación de la mezcla.[25]

La cuestión de la lenta difusión del dióxido de carbono a través de la argamasa, que hace que algunas muestras parezcan más recientes de lo que en realidad son, es una cantidad variable, dado que al dióxido de carbono le puede llevar varios cientos de años alcanzar una profundidad de veinte centímetros.[26] El doctor Alan Watchman, un experto en datación geológica de Data-Roche Watchman Inc., amplió este punto con cierto detalle:

Los datos del cuadro 1 del artículo, que pueden sugerir una edad de alrededor de 550 años de radiocarbono, se podrían haber obtenido al medir el carbono más resistente al ácido de la argamasa (tomando en consideración la posible difusión, el tamaño de las partículas y los efectos de la cristalización y el fraccionamiento). Si mi hipótesis es correcta, la edad calibrada de la argamasa habría que situarla en torno al 1400 d. C.[27]

El profesor Andre J. de Bethune, profesor de química de la Universidad de Boston, hizo una dura crítica de la datación por radiocarbono de la argamasa de la Torre de Newport. El profesor de Bethune formuló varias críticas de un carácter sumamente técnico que tienden a invalidar los planteamientos y la metodología utilizados en las pruebas. Se hizo eco de las críticas expuestas arriba, y añadió: «tengo serias dudas en lo relativo a las pruebas de la argamasa de la torre... la datación que ofrecen las pruebas no se aleja demasiado de la época en que el gobernador Arnold... hizo referencia a la torre en sus últimas voluntades y testamento. Pero, ¿acaso esta datación nos da la verdadera antigüedad de la torre?».[28] El profesor de Bethune explica más adelante que esta datación sólo sería válida si pudiéramos estar absolutamente seguros de que, en el período intermedio, no hubiera existido un intercambio de dióxido de carbono entre el carbonato de la argamasa y el dióxido de carbono gaseoso de la atmósfera. Cuando se someten a prueba las muestras de madera o de fibra, este intercambio cesa en el momento en que el árbol o la planta mueren. Pero con un material sólido, poroso e iónico como la argamasa, el intercambio de moléculas de $CO_2$ en la zona de interacción entre gases y sólidos tiende a continuar, especialmente en climas húmedos como el de Nueva Inglaterra. Aunque estos intercambios entre gases y sólidos son sumamente lentos, sabemos que, en este caso, estamos tratando con una escala temporal superior a tres siglos, y el intercambio continuado habría rejuvenecido la argamasa, por decirlo así, en lo relativo al contenido de carbono 14. Teniendo esto en cuenta, el doctor de Bethune afirma que «no se puede excluir la posibilidad de que el origen de la Torre de Newport sea anterior (quizás de origen portugués, o vikingo), por minuciosos que hayan sido los análisis de carbono 14».[29] El profesor de Bethune es profesor emérito de química de la Universidad de Boston, y mantiene una relación profesional estrecha con el profesor Willard F. Libby, que diseñó el método de datación por radiocarbono, de ahí que su opinión profesional no se pueda desestimar por las buenas.

## Un estudio comparativo intercontinental

El examen arqueológico de datación más prolongado y desapasionado que se ha realizado de la Torre de Newport lo llevó a cabo el fallecido James P. Whittal, Jr., de la Sociedad de Investigación de Emplazamientos Antiguos de Lowell, Massachusetts. Whittal trabajó como arqueólogo durante veinticinco años, hasta su prematura muerte en 1998, y dedicó los últimos seis años y medio de su vida a trabajar con la Torre de Newport. A diferencia de Godfrey, Whittal no estableció suposiciones a priori sobre la singularidad de la torre, y empleó una cantidad considerable de tiempo y de recursos a examinar edificios de una antigüedad y una construcción similares por todo el norte de Europa. Dejó tras de sí un archivo dedicado a la Torre de Newport y relacionado con temas que sería largo detallar en un libro de esta naturaleza, pero nos dejó también con un útil resumen y unas conclusiones que pueden conformar una base sólida a la hora de evaluar los verdaderos orígenes de la tan debatida construcción. Debido a su gran valor y a su importancia, los introducimos a continuación íntegramente.

## LA ARQUITECTURA DE LA TORRE DE PIEDRA DE NEWPORT
### por James P. Whittal, 1997

La Torre de Piedra de Newport, en Touro Park, Newport, Rhode Island, está construida según el estilo arquitectónico románico-normando e inspirada en la arquitectura del Santo Sepulcro de Jerusalén, que trajeron a Europa los cruzados que regresaban de Tierra Santa. En su propio y singular estilo, la torre recibiría una combinación de influencias, entre las que habría que destacar la arquitectura de los templos de los templarios, las iglesias redondas de Escandinavia y las tradiciones arquitectónicas locales de la zona de donde vinieron sus constructores. Los rasgos arquitectónicos que se pueden encontrar en la construcción de la torre podrían datarse entre 1150 y 1400 d. C. Sin embargo, algunos rasgos específicos nos permiten acotar la estimación al período de finales del siglo XIV. Durante el transcurso de seis años de investigaciones, he descubierto que los rasgos arquitectónicos de la torre tienen paralelismos plenamente evidentes en las islas septentrionales de Escocia que estuvieron bajo control de los pueblos nórdicos durante el marco temporal ya mencionado. Otros rasgos que relacionan a esta torre con las iglesias redondas escandinavas y con los edificios templarios han sido publicados por Hjalmar R. Holand, Philip A. Means y F. J. Allen.

A continuación se exponen algunas de las condiciones que establecí para poder realizar la datación.

1. La arquitectura de la torre se planificó con antelación. La idea no se concibió sobre el lugar ni se llevó a cabo con prisas.
2. Su arquitectura está completamente sustentada sobre la geometría sagrada.
3. Los canteros estaban completamente familiarizados con el material que tenían a mano para construir la torre.
4. La torre estaba alineada hacia el este, y cada pilar (8) se situó en un punto cardinal, al modo en que lo hacían los templarios. No se constru-

yó utilizando una brújula magnética. El pilar que actualmente se designa con el número 1 se encuentra 3 grados al oeste de la Estrella Polar.

5. Las marcas de las herramientas utilizadas para desbastar las piedras guardan una relación directa con las herramientas que se utilizaban con anterioridad al año 1400. Estas marcas son singulares y desconocidas si se las compara con las marcas de herramientas de las que se tiene constancia en las obras de cantería de época colonial.

6. Tras realizar profundas comparaciones con antiguas unidades de medida, hemos encontrado que la unidad de medida de la construcción de la torre se adapta mejor al ell escocés o al Norwegian short Men. En una inspección fotogramétrica hecha en 1991, se demostró que la unidad de medida de la torre era de 23,35 centímetros, lo cual apoya la idea de que el ell escocés o el Alen fueron las medidas utilizadas para construir la torre. No se utilizó el pie inglés.

7. Las ventanas con derrame simple y doble tienen prototipos en la Europa medieval y en las islas del norte de Escocia, concretamente en las iglesias del siglo XIV y en el Palacio Arzobispal de Orkney.

8. El diseño del arco y del dintel que se observan en la torre se puede encontrar en la arquitectura de las iglesias redondas de las islas de Orkney, de las Shetland y de Escandinavia anteriores a 1400.

9. Tras una profunda investigación, he descubierto que la piedra triangular que forma la clave de los arcos de la torre sólo parece encontrarse en edificios de Orkney, Shetland, Groenlandia (1 ejemplo) y en un grado muy limitado en otros edificios de las islas escocesas (3) y en Irlanda (2).

10. De las hornacinas que hay en la torre se pueden encontrar ejemplos similares en las construcciones medievales de Orkney y Shetland. Se trata de un rasgo básicamente desconocido en la arquitectura de Nueva Inglaterra, salvo en algunas cámaras de piedra posteriores al 1700.

11. La arquitectura de los plintos, los pilares, los capiteles y los arcos de la torre no tienen prototipo alguno en la arquitectura colonial de Nueva Inglaterra, aunque sí que se puede encontrar en la catedral de Kirkwall, en Orkney.

12. El diseño de la chimenea, con sus dos humeros, data del siglo XIV, y dejó de hacerse con posterioridad al 1400. Existen prototipos de este diseño en Escocia. Las investigaciones indican que es muy probable que la torre tuviera una función de faro y de puesto de señales, debido a la clara relación entre el hogar de la chimenea y la ventana que da al oeste. Lo mismo se puede decir de las ventanas del tercer nivel.

13. El acabado de los muros se realizó con estuco de yeso, tanto en el interior como en el exterior. El acabado en estuco comenzó a utilizarse en el siglo XIII, y es un detalle bien conocido en las islas Orkney y Shetland.

---

14. La probable disposición y el diseño con ménsulas de las viguetas del suelo tiene sus paralelos en la Escocia medieval.

15. Es probable que la entrada en el primer piso se realizara mediante una escalera, a través de la ventana/entrada 3, detalle que se puede encontrar en las iglesias redondas escandinavas.

16. Algunos rasgos arquitectónicos de la torre se dispusieron para utilizar los alineamientos astronómicos a modo de acontecimientos en el calendario. Algunos de los alineamientos caen sobre las fechas sagradas nórdicas y de los Caballeros Templarios. Existen prototipos de este tipo en el norte de Europa.

17. Es probable que hubiera un ambulatorio en torno a la torre (planificado, pero no necesariamente construido). Existen ejemplos similares en las construcciones templarias y en las iglesias redondas.

18. La torre está situada aproximadamente en la misma latitud de Roma. Esto la convertiría en un punto de referencia ideal para la exploración y la cartografía.

19. No existe ningún paralelismo arquitectónico de la Torre de Newport ni de sus rasgos arquitectónicos específicos en la Nueva Inglaterra colonial.

20. Sugiero que la torre se construyó con el fin de que hiciera las funciones de iglesia, observatorio, faro y cota cero para futuras exploraciones en el Nuevo Mundo.

Al igual que en muchas de las primeras investigaciones, este extenso estudio comparativo de la torre se centró también en las extrañas dimensiones del edificio. Si se mide en pies y pulgadas, las únicas medidas lineales conocidas por los colonos del siglo XVII, la torre exhibe algunas anomalías ciertamente peculiares.

1. El diámetro de los pilares = 3 pies y 1 pulgada.

2. La anchura del muro en la clave del arco 1 = 3 pies y 1 pulgada.

3. El diámetro interior de la torre, de pilar a pilar = 18 pies y 6 pulgadas.

4. El diámetro exterior de la torre en los pilares = 24 pies y 8 pulgadas.

5. La anchura del muro en las claves de los arcos 2-8 = 2 pies y 3 3/4 pulgadas.

6. La distancia desde el extremo sur de la chimenea hasta la hornacina 1 = 1 pie y 6 1/2 pulgadas.

7. la distancia de un lado al otro del capitel por el interior = 3 pies y 10 1/4 pulgadas.

8. la distancia de una lado al otro del capitel por el exterior = 2 pies y 3 3/4 pulgadas.

## El crucial criterio de medida

Los investigadores han intentado casar las dimensiones de Whittal con el pie nórdico, la yarda megalítica y las medidas lineales vascas o portuguesas.[30] Pero ninguna de estas aproximaciones dio una respuesta satisfactoria al problema. El arqueólogo Godfrey intentó eludir el tema sugiriendo que las medidas sólo parecen extrañas debido a que no tienen en cuenta la capa externa de estuco que en otro tiempo cubría el edificio por dentro y por fuera.[31] Sin embargo, este argumento ignora lamentablemente la precisión que llegaron a alcanzar los canteros y albañiles en tiempos medievales. Además, en 1997, la arquitecta Sue Carlson escribió: «Resulta inconcebible que constructores ingleses con herramientas y reglas inglesas *no* utilizaran el pie inglés como unidad de medida».[32]

La única medida peculiar de la Torre de Newport, que descubrió Whittal y confirmó el historiador Andrew Sinclair, es el *ell* escocés.[33] Esta medida, que equivale a 37 pulgadas o 93,98 centímetros, si se aplica a las medidas de la relación anterior da las siguientes respuestas:

1. El diámetro de los pilares = 1 ell escocés (ee).

2. La anchura del muro en la clave del arco 1 = 1 ee.

3. El diámetro interior de la torre, de pilar a pilar = 6 ee.

4. El diámetro exterior de la torre en los pilares = 8 ee.

5 La anchura del muro en las claves de los arcos 2-8 = 3/4 de ee.

6. La distancia desde el extremo sur de la chimenea hasta la hornacina 1 = 1/2 ee.

7. La distancia de un lado al otro del capitel por el interior = 1 1/4 ee.

8. La distancia de un lado al otro del capitel por el exterior = 3/4 de ee.[34]

El examen que hizo Whittal de la torre es el examen más detallado y meticuloso de la estructura de este edificio realizado hasta la fecha; pero, además, se ocupó también de las marcas de las herramientas que existen en las piedras. Vale la pena citar algunos párrafos, con las propias palabras de Whittal, para dar buena cuenta de la importancia de sus descubrimientos:

> Las marcas de las herramientas dispersas en la mampostería de la Torre de Piedra de Newport son, hasta donde puedo saber, únicas en Nueva Inglaterra. Durante los últimos veinticinco años he estado estudiando e investigando las construcciones de piedra de Nueva Inglaterra, y aún no he visto marcas de herramientas del tipo que se pueden encontrar en la Torre de Newport. Es éste un punto muy importante, puesto que descarta la posibilidad de que la torre se construyera entre 1639, cuando se fundó Newport, y 1677, cuando aparece la primera mención de la torre en los registros históricos.
>
> Este tipo de marcas se hicieron después de la construcción, al desbastar la mampostería para igualar la superficie, antes de que se le añadiera la cubierta de estuco. Esta técnica no data de la construcción de la torre, dado que su aplicación se pierde en los anales del tiempo. Para ello, se situaba un cincel redondeado en el punto de la piedra que se deseaba desbastar; así sujeto, el cincel se golpeaba con un mazo, desconchando la piedra y dejando una pequeña muesca ovalada en su superficie.
>
> Cabe también la posibilidad de que se empleara una piqueta o «destral de pizarra». Sin embargo, yo lo descartaría, dado que no se tiene el control sobre el golpe que permite el cincel... las marcas son bastante homogéneas, por lo que podemos suponer que se utilizó la misma herramienta, o tipo de herramienta, en toda la torre para desbastar la superficie de la piedra.[35]

Whittal concluía su informe con la provisión de que, aunque había otros rasgos, características y conceptos que precisaban aún de un estudio más profundo, de momento, al menos, y según su opinión, el principal candidato a constructor de la Torre de Newport era Henry St. Clair, conde de Orkney y Shetland, y que era más que probable que se construyera bajo su dirección a finales del siglo XIV.

Las conclusiones de Whittal deben ser evaluadas en el contexto de todas las opiniones vertidas en este capítulo y en el anterior: la descripción de Verrazano de una «Villa Normanda» en este lugar en el año 1524,[36] el nombre de

*Figura 14. La mampostería de Eine Hallow, en Orkney,
se aproxima mucho a la de la Torre de Newport.*

Norumbega que le da Mercator a esta zona en 1569,[37] la torreta que aparece
en el mapa de Hiendrixson de 1614[38] y la referencia del mapa de Smith de
1614, que indican que la torre aparece registrada en la historia desde mucho
antes de la época colonial. Según Arlington Mallery, ya en 1958, en el asentamiento inglés que aparecía en el mapa de Smith estaba la Torre de Newport,[39]
que también se menciona explícitamente en la petición de Plowden fechada

en 1632.[40] La torre vuelve a aparecer, como «toret», en el mapa de Blau, publicado en Amsterdam en 1635,[41] y, según los indios narragansett, la construyeron unos «gigantes de ojos verdes y cabello de fuego»,[42] y no los colonos, que no llegarían a esta región hasta 1636. La primera mención documentada de tiempos coloniales se encuentra en un título de propiedad fechado en 1642.[43]

Los profesores Boisseree, Klenze, Tiersch y Kallenbach sostienen que la torre es lo que queda de una capilla bautismal de estilo medieval primitivo.[44] El tema medieval vuelve a surgir en Brondsted, que, en 1951, escribió: «Los medievalismos son tan visibles que, si la torre estuviera en Europa, y se hubiera datado en la Edad Media, probablemente nadie habría protestado».[45] Los historiadores arquitectónicos Hugo Frölen y F. J. Allen describen la Torre de Newport como de una iglesia del siglo XII,[46] mientras que la junta de regentes del Instituto Smithsonian afirmaba en 1953 que tenía mucho en común con una torre inglesa de vigilancia o de señales.[47] Las hipótesis de la escuela pro Arnold fueron descartadas por el historiador americano George G. Channing, que afirmaba: «... nunca se hubiera imaginado que el susodicho propietario [Benedict Arnold] tuviera algo que ver con la construcción de esta singular estructura de piedra y argamasa. ... Ni un solo vestigio de un edificio similar se ha encontrado nunca en el continente».[48] Los expertos autorizados que han comparado la Torre de Newport con las iglesias redondas europeas de la tradición templaria son demasiado numerosos como para hacer aquí una relación de ellos, si bien muchos se han mencionado ya. La arquitecta de Nueva Inglaterra Sue Carlson afirma que, en su opinión, la torre es incuestionablemente medieval.[49]

Es obvio, por tanto, que la inmensa mayoría de los expertos que han estudiado la torre coinciden en afirmar que esta construcción es de origen precolonial y de un claro estilo medieval. Los argumentos en contra se resumen en dos controvertidos informes hechos a finales del siglo XX. El primero de ellos es el informe, sumamente tendencioso y cargado de prejuicios, de la escueta excavación arqueológica que dirigiera Godfrey, excavación que, él mismo lo admitió, estaba lejos de ser arqueología pura. Si se intenta fechar la torre a partir del informe de Godfrey, la única fecha factible sería la de 1750, que es más de cien años después de su primera aparición en los registros coloniales, y doscientos años después de aparecer registrada en el mapa de Verrazano. El examen de Arlington Mallery de los cimientos de la torre, realizado algunos años después de la excavación de Godfrey, sostiene de un modo bastante desapasionado que la torre fue apuntalada o restaurada en sus cimientos en 1675, cuando ya tenía unos trescientos años de edad.

*Figura 15. Mampostería de la Torre de Newport.*

El segundo examen controvertido fue el del imperfecto intento de datación por radiocarbono de la argamasa. Estos resultados fueron desechados por el doctor Guthrie Alan Watchman y por el profesor de Bethune, que trabajó durante varios años en el Proyecto Manhattan con el profesor Libby, el autor de las técnicas de datación por radiocarbono.

La controversia original sobre los orígenes de la Torre de Newport fue una batalla a tres bandas entre los procolonialistas, los ruidosos defensores de la teoría nórdica y una pequeña pero vociferante minoría de defensores de la

*Figura 16. Ventana cuadrada de Eine Hallow, Orkney.*

*Figura 17. Ventana cuadrada de la Torre de Newport.*

teoría del explorador portugués Cortereal. A la luz de las evidencias ya detalladas, podemos desestimar la teoría colonial. Anteriormente, citamos la opinión experta que sostiene que, dado que en la torre se utilizó argamasa, no podía ser una construcción puramente vikinga, si bien sí que podía tratarse de una construcción nórdica posterior al siglo XII. No disponemos de ningún registro en las sagas ni en la tradición nórdica sobre ningún asentamiento en Vinlandia que fuera lo suficientemente prolongado como para construir la torre, con una excepción, la de la expedición de Paul Knutson a finales de la década de 1350. Dado que no existen registros del viaje de Knutson, no podemos argumentar que fuera él el arquitecto o constructor de la torre, si bien merece considerarse la posibilidad de que pudiera haber erigido algún tipo de asentamiento de piedra en los alrededores. Aunque no tenemos duda de que la Torre de Newport estuvo fuertemente influenciada por la tradición nórdica, la firma estilística predominante en su arquitectura es indudablemente la de la geometría sagrada de los Caballeros Templarios.

Esto nos deja sólo dos posibilidades: que la construyera Cortereal siguiendo el estilo del monasterio de Tomar, o que la levantara el conde Henry St. Clair según la tradición templaria, con la mano de obra de sus hábiles constructores oriundos de las islas Orkney. Creemos que el equilibrio de probabilidades se inclina claramente en favor de la hipótesis de que la torre fuera construida durante una de las expediciones de St. Clair a Norteamérica. Pero sigue habiendo una pregunta: ¿en cuál de ellas?

## La torre que Henry construyó

Según Hjalmar R. Holand:

> Debió de ser una empresa colosal construir la Torre de Newport sin la ayuda de bestias de carga. Hubo que excavar ciento cuarenta metros cúbicos de tierra para, después, rellenarlos. Se necesitó un horno de cal, y la construcción del edificio precisó de más de cuatrocientos cuncuenta toneladas de piedra, arena y cal. Por tanto, los constructores debieron disponer de una buena cantidad de tiempo.[50]

De aquí podemos deducir dos cosas. La primera es que, muy probablemente, la torre se construyó durante la segunda expedición de Henry al continente americano, dado que sabemos que los mi'qmaq que llevó consigo a Europa volvieron a casa en el plazo de un año, en el cual se dio probablemente la primera visita de Henry a Rhode Island. Por tanto, sólo pudo disponer del marco temporal necesario para construir la torre en el segundo viaje. La segunda es que unas profundas excavaciones arqueológicas realizadas en las proximidades de la torre sacarían a la luz los objetos dejados por los constructores durante el transcurso de su trabajo. Por desgracia, estas excavaciones aún no han tenido lugar. Si recordamos que Henry llegó a Rhode Island buscando el antiguo asentamiento de Norumbega, nos percataremos de lo conveniente que sería excavar la zona con el fin de descubrir la verdadera historia de la Torre de Newport y de los asentamientos vikingos precolombinos en Norteamérica. En 1995, se encontró un objeto en las cercanías, un amuleto que se desenterró en Touro Park, y que Jim Whittal comparó con otros amuletos similares de las Islas Shetland, hecho que encajaría una vez más con la hipótesis del viaje a América que realizara Henry St. Clair, conde de Orkney y Shetland.[51] Pero la apremiante necesidad de realizar más excavaciones se acrecentó con los resultados de una inspección con radar de penetración terrestre realizada en Touro Park en 1994.

## El escáner del terreno

El parque de Touro existe desde 1854; antes de eso, el lugar había sido un campo de heno. Los registros coloniales indican que la única construcción conocida ubicada en ese lugar es la polémica Torre de Newport. Desde que Arlington Mallery llevara a cabo su examen de los cimientos de la torre en 1956, no ha habido más investigaciones arqueológicas por debajo de la superficie en el parque. En 1992, Vincent Murphy, presidente de la Compañía Geofísica Weston, y Ken Boltz, un geofísico, llevaron a cabo una inspección preliminar con radar de penetración terrestre en las inmediaciones de la torre. Como observadores de la inspección estuvieron el arqueólogo de Boston, Steven Pendry, y Jim Whittal.[52] Esta investigación, necesariamente limitada, reveló anomalías que merecían un estudio posterior, y la Sociedad de Investigación de Emplazamientos Antiguos se comprometió a llevarlo a cabo con la cooperación de la Compañía Geofísica Weston. David F. Roderick, alcalde de Newport, concedió el permiso, y se consiguió la cooperación de Susan Cooper, responsable del área de esparcimiento y servicios públicos de la ciudad de Newport.[53]

La inspección del lugar la realizaron la Sociedad de Investigación de Emplazamientos Antiguos de Rowley, Massachusetts, y la Compañía Geofísica Weston de Westboro, Massachusetts. El trabajo sobre el lugar lo dirigió James P. Whittal, y el escáner del terreno lo realizó Mark Stoughton, de la Compañía Geofísica Weston.[54] El trabajo reveló 181 anomalías, de las que se tomó debidamente nota y se hizo una relación, en los 3.000 metros cuadrados estimados del emplazamiento.[55] La profundidad de las anomalías bajo la superficie oscilaba entre los 0'6 y los 3 metros de profundidad, pero no todas ellas tenían un potencial arqueológico, dado que algunas no eran más que reflejos de sistemas de desagüe y tendidos eléctricos que utiliza el parque. Según el informe:

> La Torre de Newport no se encuentra en el vacío. Tiene una clara relación con el área que la rodea: Touro Park. La construcción de cualquier edificio deja algunas evidencias de la actividad en las inmediaciones, algún objeto caído o material desechado. Sería sumamente importante localizar el lugar donde se mezcló la argamasa, dado que ésta no se mezclaría de forma «limpia». Podría recuperarse alguna sustancia orgánica capaz de ser datada. Ciertamente, el escáner del terreno ha abierto las posibilidades de encontrar algunas evidencias arqueológicas interesantes relacionadas con la zona que rodea la Torre de Newport, y puede que incluso arroje más información sobre los orígenes y la fecha de construcción de la torre. Entre las 181 anomalías detectadas tiene que haber alguna que guarde una relación directa con la construcción de la torre. Esta elevada cifra no parece concordar con la idea de que el lugar no fuera más que un campo de heno. Con independencia de las diversas teorías planteadas actualmente, no existe ninguna verificación sólida sobre el origen o la fecha de construcción de este edificio. El mejor respaldo para la teoría de un origen antiguo lo constituyen sus rasgos arquitectónicos, que resultan un tanto «exóticos» para ser una construcción colonial de Nueva Inglaterra.

Gracias a la Sociedad de Investigación de Emplazamientos Antiguos y a la Compañía Geofísica Weston, a la ciudad de Newport, a la Sociedad Histórica de Newport, a la Biblioteca Redwood, a los Amigos de Touro Park y al *Senatus Populusque Novae Portiae* de Newport, todos los cuales cooperaron en la inspección con radar de penetración terrestre, las 181 anomalías están ahora localizadas con precisión. Antes de la muerte de Jim Whittal, el equipo de investigación de Emplazamientos Antiguos recomendó un número limitado de sondas no destructivas de 5 centímetros de profundidad sobre algunas de las más prometedoras anomalías para determinar si merecía la pena una investigación más profunda, con el fin de establecer su preciso carácter arqueológico. La conveniencia de llevar a cabo esta investigación no estriba sólo en una cuestión de interés para los ciudadanos de Newport, sino para todos los estudiantes de historia de Europa y América que están comprometidos en la búsqueda de la verdad de nuestra historia común.

## NOTAS

1. Página frontal del informe de William S. Godfrey, Jr., *Digging a Tower and Laying a Ghost, The Archaeology and Controversial History of the Newport Tower*, tesis como prerequisite parcial para obtener el grado de doctorado en la Universidad de Harvard, Cambridge, MA, 1951.

2. Godfrey, *Digging a Tower and Laying a Ghost*, p. 5.

3. Ibíd., p. 5.

4. Ibíd., p. 6.

5. Ibíd., p. 13.

6. Ibíd., p. 14.

7. Ibíd., pp. 17, 18.

8. Ibíd., p. 20.

9. Ibíd., p. 22.

10. Ibíd., p. 24.

11. Ibíd., p. 38.

12. Ibíd., p. 37.

13. Ibíd., p. 14.

14. Ibíd., p. 35.

15. Whittal, *The Newport Stone Tower*, Early Sites Research Society 1995-1996.

16. *Ground Penetrating Radar Survey of the Newport Tower Site*, publicado por la Early Sites Research Society, 1994, p. 5.

17. Godfrey, *Digging a Tower and Laying a Ghost*, p. 137.

18. Ibíd., p. 162.

19. Ibíd., p. 177.

20. Ibíd., p. 186.

21. Arlington Mallery, «Brief Comments», *American Anthropologist*, 60, (1958), p. 147.

22. Informe original de Arlington Mallery sobre los cimientos de la Torre de Newport, 1956.

23. Mallery, «Brief Comments», p. 148.

24. Traducción al inglés de un artículo de Heinemeier y Junger publicado en *Archaeological Excavations*, en Dinamarca, 1992.

25. Artículo de James L. Guthrie, en expediente del Archivo de James Whittal, en la carpeta «Comments on the Radio Carbon Dating of the Newport Tower».

26. Carta a Jim Whittal de Data-Roche Watchman Inc., fechada el 21 de junio de 1996, en el expediente del punto 25, arriba.

27. Carta a Jim Whittal de Data-Roche Watchman Inc., fechada el 21 de junio de 1996, en el expediente del punto 25, arriba.

28. Carta de Andre de Bethune, publicada en el *Newport Daily News*, 8 de julio de 1997.

29. Ibíd.

30. Los documentos de investigaciones sobre las tipos de medida que pudieron utilizarse en la Torre de Newport están en un expediente del Archivo de Jim Whittal.

31. Godfrey, *Digging a Tower and Laying a Ghost*, p. 30.

32. Carlson, *New England Historical Restorations, 1997*, Archivo de Whittal, expediente sobre la Torre de Newport, 1991-2000.

33. Andrew Sinclair, *The Sword and the Grail* (Londres: Century, 1993), p. 145.

34. Informe de James Whittal sobre la Torre de Newport, *véase* Archivos de Whittal.

35. Ibíd.

36. Siggurson, The Newport Tower, Archivo Whittal, expediente sobre la Torre de Newport, 1971-1980.

37. Notas sobre la Torre de Newport de Magnus Hrolf, en el Archivo de James Whittal, expediente sobre la Torre de Newport, 1991-2000.

38. Mallery, «Brief Comments», p. 149.

39. Ibíd.

40. Documento original guardado en la Oficina Nacional de Registros de Londres.

41. Frank Glynn, escrito en 1961; referencia encontrada en el Archivo de James Whittal, expediente sobre la Torre de Newport, 1961-1970.

42. Niven Sinclair, *Beyond Any Shadow of Doubt* (Londres: publicación privada, 1998), sección 10.

43. George G. Channing, *Newport Rhode Island 1793-1811*, p. 270.

44. *Véase* el expediente de estudios comparativos entre la Torre de Newport y las iglesias redondas en el Archivo de James Whittal.

45. Lista de comentarios contenidos en un documento titulado «La Torre de Piedra de Newport: Comentarios de arquitectos e historiadores europeos», en el Archivo de James Whittal.

46. Ibíd.

47. *The Annual Report of the Board of Regents of the Smithsonian Institution*, 1953, pp. 388-91.

48. George Gibbs Channing, *Early Recollections of Newport fromt the year 1793-1811* (Newport, RI: A. J. Ward, C. E. Hammett, Jr., 1868), p. 270.

49. Carlson, *New England Historical Restoration*, 1997, encontrado en el Archivo de James Whittal, nombre del expediente, Torre de Newport 1991-2000.

50. Hjalmar Holand, *Explorations in America before Columbus* (Nueva York: Twayne Publishers Inc., 1956), p. 240.

51. Ensayo de James Whittal, Jr., Archivo de James Whittal.

52. *Ground Penetrating Radar Survey of the Newport Tower Site*, Early Sites Research Society, 1994, p. 7.

53. Ibid., pp. 11-13.

54. *Ground Penetrating Radar Survey of the Newport Tower Site*, Early Sites Research Society, 1994.

55. Ibid., 1994, pp. 11-15.

TERCERA PARTE

# HONRAR EL LEGADO

# 12

# Resucitar el registro histórico

El conde Henry St. Clair y Antonio Zeno procedían de diferentes ramas del Rex Deus: Antonio era miembro de una familia aristocrática veneciana con una fuerte tradición marinera, y Henry St. Clair era un conde escocés descendiente de los vikingos. Ambas familias habían tenido una larga y sostenida relación con la Orden de los Caballeros Templarios a lo largo de toda su existencia. Como ya indicamos, Henry y Carlo tuvieron tiempo y oportunidades suficientes a finales del siglo XIV para planificar su expedición de exploración en busca de nuevas tierras donde asentarse y comerciar. Sus viajes al Nuevo Mundo se conmemoran indeleblemente en piedra a ambos lados del Atlántico. Estos recuerdos imperecederos tienen formas muy diferentes y se hallan emplazados en distintos lugares, pero todos ellos apuntan a la verdad de los trascendentales logros de estos hombres extraordinarios y de sus tripulaciones.

El Caballero de Westford y la Torre de Newport tienen su reflejo en Europa en las tallas de piedra de la Capilla de Rosslyn, en Escocia, y en una sólida placa de piedra que existe en el exterior de uno de los muchos palacios de los Zeno en Venecia. En las tallas de la Capilla de Rosslyn, que se cimentó en 1446 y se finalizó en 1482, diez años antes del primer viaje de Colón, en 1492, se pueden ver representaciones de maíz, del cactus del aloe, del árbol del sasafrás, de *trillium grandiflorum* y de *quercus nigra*, todas ellas plantas autóctonas de América, que eran completamente desconocidas en Europa en la época en la que se construyó la capilla. Estas tallas, encargadas por el nieto de Henry, el conde William St. Clair, se basaban probablemente en dibujos de las plantas oriundas de América que Henry y Antonio trajeron a Europa al término de su primer viaje.

*Figura 18. Detalle de cactus de aloe de la Capilla de Rosslyn, Escocia.*

*Figura 19. Detalle de maíz de la Capilla de Rosslyn, Escocia.*

Una placa de piedra, ubicada en el exterior de uno de los palacios de los Zeno por el Consejo de la Ciudad de Venecia, conmemora las exploraciones por el Atlántico Norte de Nicolo y Antonio Zeno en los siguientes términos:

Ā

NICOLO E ĀNTONIO ZENO
NEL SECOLO DECIMOQ̄ĀRTO
NĀVIGĀTORI DECIMOQUĀRTO
DEI MĀRI NORDICI

PER DECRETO DEL COMMUNE
MDCCCLXXXI[1]

Estos viajes, que de modos tan dispares se conmemoran, son los de la exploración original de Nicolo Zeno en Groenlandia, el primer viaje de Henry y de Antonio al continente americano y su posterior retorno a Europa. El eventual regreso a Norteamérica de los exploradores se puede deducir razonablemente a partir de la tradición oral de los Grandes Jefes mi'qmaq, que afirma rotundamente que Henry se llevó a Europa a uno de su tribu, y que regresó al cabo de un año. El hecho de que el segundo viaje fuera más prolongado y lo realizaran mejor equipados se puede inferir por la escala temporal y por las dificultades que debió de suponer la construcción de la Torre de Newport, en Rhode Island.

Los viajes St. Clair/Zeno tuvieron un carácter exploratorio, pero no cabe duda de que no fueron viajes de «descubrimiento», pues no hicieron otra cosa que replicar las instrucciones de navegación que aparecen en las sagas vikingas, siguiendo deliberadamente las huellas de los antepasados vikingos de Henry, quienes, como ya hemos dicho, aparecieron tardíamente en la larga y compleja historia de las exploraciones europeas transatlánticas. De hecho, hubiera sido sumamente arrogante para cualquier europeo de su época reivindicar el descubrimiento de un continente que había sido visitado durante siglos, dado que los autores romanos y griegos ya hablaban de su existencia. Esta larga historia de contactos con América plantea dos cuestiones inevitables: ¿por qué Colón se arrogó el mérito del «descubrimiento» de América, y por qué las hazañas de Henry, de Antonio y de sus predecesores fracasaron estrepitosamente a la hora de atraer reconocimiento o mérito alguno? Estas preguntas son particularmente relevantes si recordamos que el tan ensalzado «descubridor» de América, el misterioso personaje conocido como Cristóbal Colón, jamás puso sus pies en América del Norte.

Las respuestas a estas preguntas forman parte de una compleja trama de acontecimientos entrelazados, y a veces disparatados, que, combinados, crearon una neblina de ofuscación capaz de enmascarar la verdad. Un factor importante de esta complicada ecuación lo constituye la decisión académica de ignorar las claras evidencias de contactos precolombinos entre Europa y el Nuevo Mundo. Sin embargo, a fuer de ser justos, ha habido otras circunstancias que, combinadas potentemente, se han encargado de ocultar la verdad. Entre ellas está el misterio que envuelve al eventual destino del conde Henry St. Clair; la muerte de Antonio Zeno en 1405, poco después de su regreso a Venecia; la compleja historia de la redacción y la publicación del manuscrito de Zeno y la polémica en la que ha estado envuelto desde que fuera publicado. Todas estas circunstancias, exacerbadas por la adulación concedida a Colón en el siglo XIX, culminaron con el establecimiento de esa festividad nacional americana conocida como el Día de Colón.

## Registros confusos sobre la muerte de Henry

Las acciones de Henry St. Clair quedaron registradas en multitud de ocasiones en los documentos de la época de Noruega, Escocia e Inglaterra, a pesar del hecho de que la inmensa mayoría de los archivos de las Orkney se perdieron en el mar años después del reinado de Jacobo III. Sin embargo, un misterio se cierne en torno a las circunstancias de la muerte de Henry. La muerte del conde no se menciona en ninguna parte entre los documentos estatales de Escocia o de Noruega, y las pocas referencias que existen sobre el particular en otros documentos son ciertamente desconcertantes.

Cuando estábamos llevando a cabo nuestras investigaciones en la Biblioteca Nacional de Escocia, dimos con una oscura referencia sobre la muerte de Henry en la Biblioteca de los Abogados.

... and deit Erile of Orchadie for the defence of the Cuntre was slaine thair cruellie be his Inimies.

... del mes de junio en el año de nuestro Señor de mil 4 cientos y 40 seis. [la fecha del documento].

Traducido del latín al escocés por mí, Deine Thomas Gwle Munk of Newbothile, a petición de un hombre honorable, William Santclar, Barroun de Roslin, Pentland y Herbershire. An Dom 1554.

Bajo la firma, aparecía la siguiente anotación:

> La verdadera fecha de este papel parece (aunque erróneamente) haber sido 1406 en lugar de 1446, pues el 40 se puso con tinta diferente en el margen, y aunque la ortografía aquí varía con frecuencia en las mismas palabras, es porque figura así también en la traducción original, de la cual se copió ésta exactamente.[2]

Este registro parece ser una copia exacta, palabra por palabra, de otros dos supuestos registros sobre la muerte de Henry que sólo se diferencian en las fechas: 1404 y 1400. Frederick Pohl acepta como fecha de la muerte del conde la de 1400,[3] y dice que su fuente es un hombre que ha demostrado ser uno de los cronistas menos fiables de la historia de la familia Sinclair, el padre Hay,[4] que, como sacerdote católico, estaba más versado en hagiografía que en historia, y que, para los más modernos historiadores, es famoso tanto por su imprecisión como por sus exageraciones. La fecha de 1404 aparece en otro documento que en otro tiempo estuvo en los archivos familiares de los condes de Caithness. El hecho de que los términos de este documento sean idénticos a los del documento de más arriba constituye ciertamente una extraña coincidencia.[5]

Otro documento, fechado en 1446, repite los mismos términos una vez más, pero, en este relato, no se registra ni la fecha de la supuesta muerte de Henry ni el carácter de sus enemigos.[6] Un historiador danés, Van Bassan, afirma que, según se dice, esos «enemigos» eran los «southrons». En general, se cree que Henry resultó muerto bien en un ataque por sorpresa de una partida inglesa o bien durante un combate con una expedición armada de la Liga Hanseática contra las Islas Orkney. Pero sólo aparece registrado un asalto sobre las Orkney en ese período, una incursión inglesa realizada en 1401. Y no podemos dejar de sospechar del hecho de que la terminología utilizada en cada uno de los breves registros de la muerte de Henry que hemos encontrado sea idéntica, en especial cuando se aplica a tres fechas muy diferentes, ninguna de las cuales coincide con la fecha de la incursión inglesa. Otra extraña anomalía se desprende de la escasez de información concerniente a la muerte y a las exequias de Henry. ¿Cómo puede pasarse por alto la muerte de un personaje tan importante en los documentos de estado de aquella época?

Tampoco hay anotación alguna, absolutamente ninguna, sobre el entierro del conde Henry St. Clair. No fue enterrado en la cripta familiar de la iglesia de St. Matthew, en Roslin,[7] ni tampoco sería enterrado posteriormente en las criptas de la Capilla de Rosslyn, como muchas personas han sugerido equivocadamente. Es igualmente cierto que no fue enterrado en Orkney. Por tanto, a la confusión sobre la escasez de detalles sobre su muerte, en unos breves relatos extrañamente idénticos y con fechas diferentes, no sólo hay que añadir la extraña quiebra de la tradición familiar referente al entierro ritual de los señores de Roslin, sino también una ausencia completa de información acerca de sus funerales. Pero, para complicar el tema aún más, Antonio Zeno, que, según se dice, pidió permiso a Henry para volver a Venecia en varias ocasiones, permaneció en Orkney hasta 1404, y luego volvió a su hogar, donde murió poco después.[8] Habrá que suponer a partir de esto que o bien Henry no murió hasta 1404 o bien, como sospechamos, no dio permiso a Antonio para regresar a Venecia hasta aquella fecha.

El hijo de Henry, que sería conocido como Henry II St. Clair, conde de Orkney, nunca fue formalmente investido para este título por la corona noruega. Henry II fue capturado por los ingleses en 1405, mientras escoltaba al heredero del trono escocés hasta Francia.[9] Estuvo en prisión durante muchos años, en la Torre de Londres,[10] pero era liberado de cuando en cuando para ocuparse de los asuntos de su familia en Escocia y en Orkney, mientras guardaban como rehenes a otros miembros de su familia hasta su regreso. Como consecuencia de su prolongada estancia en prisión, Henry II casi no dejó rastro de su paso en la historia de las islas.[11] Pero la continuidad del imperio de la ley en Orkney exigía, según la corona noruega, la continuidad del condado de Orkney, de ahí que fuera apremiante que Henry II fuera formalmente investido al cabo de poco tiempo de la muerte de su padre. Henry II heredó ciertamente el título,[12] pero, por algún motivo inexplicable, nunca fue investido formalmente como conde de las islas. ¿Por qué?

Antes del primer viaje a América en 1396, Henry hizo ciertas provisiones que habría que considerar como precauciones razonables y adecuadas para un hombre con propiedades que se embarcara en una empresa peligrosa. Henry transfirió sus posesiones de Pentland a su hermano, John. Además, redactó una escritura, que hizo firmar en Roslin a su hija mayor, Elizabeth, y a su marido, Sir John Drummond de Cargill, por la cual renunciaban a cualquier pretensión que pudieran tener sobre sus tierras en el Reino de Noruega, en tanto en cuanto Henry tenía herederos varones.[13] No aparecían los nombres de estos herederos varones, y algunos expertos han supuesto que este documento indica que Henry quizás tuviera la intención de llevar con él a alguno de sus hijos en su viaje de exploración. Si esto fuera así y Henry no hubiera regresado, sus tierras en Noruega, entre las que estaban las Orkney y las Shetland, habrían pasado sin disputa alguna a manos de su hijo mayor, Henry II.

La estimación que hemos hecho sobre el momento en que tuvo lugar el viaje queda hasta cierto punto confirmada por el hecho de que Henry no fue uno de los firmantes del Tratado de Kalmar, que fue firmado en 1397.[14] No estuvo presente en las negociaciones, pero estuvo representado por el obispo Jens de Orkney, que había sido designado en 1396. Aquel tratado unificaba formalmente los tres estados escandinavos de Noruega, Dinamarca y Suecia bajo el gobierno de la reina Margarita. La firma de este tratado era un asunto de suprema importancia para Noruega, y sólo puede haber una explicación para que el principal conde de Noruega no lo firmara: porque Henry estaba embarcado, con las bendiciones y con el permiso de la reina, en un viaje de exploración que tenía la intención última de extender el control de los tres reinos al otro lado del Atlántico Norte. Por tanto, podemos deducir que, a lo largo de todo este período, Henry estuvo intentando liberarse de las obligaciones que tenía con la soberana noruega y con su familia por lo que pudiera acontecer.

El mero hecho de sugerir que un hombre con unas capacidades organizativas tan meticulosas no hubiera dejado instrucciones precisas en cuanto a la sucesión del condado y en cuanto a la cuestión de su propio entierro en caso de muerte es inconcebible. Sin embargo, no parece que tuviera lugar entierro alguno o, al menos, no aparece registrado. El fallecimiento de señor tan grande y noble, cuya posición política tanto en Escocia como en Noruega habría sido un asunto de considerable importancia, no dejó registro oficial alguno de defunción en ninguno de los dos países. Los tres breves y poco claros relatos de su muerte, unidos al hecho de estar escritos en idénticos términos, se nos antoja simplemente un ardid, un camuflaje.

Existen dos explicaciones posibles y razonables que pueden dar cuenta del modo en que murió Henry y del extraño silencio que siguió a su muerte. Una de ellas nos la sugirió el conde Malcolm Caithness, el actual jefe del clan Sinclair. El conde Malcolm sitúa el comienzo del declive de la suerte de la familia en el misterioso fallecimiento de Henry, y afirma, de forma bastante admisible, que el rey de Escocia estaba cada vez más alarmado por el creciente poder de aquel conde del norte. Sugiere que los «southrons» de los que se habla en los registros antiguos quizás enmascararan el hecho de que el conde Henry resultó muerto en un combate naval frente al rey de Escocia en algún lugar de la costa oeste de Escocia. Malcolm admite que, hasta el momento, no ha sido capaz de justificar esta hipótesis, pero que está buscando pruebas activamente.[15]

Pero nosotros tenemos una hipótesis alternativa que ofrecer y que, al menos, tiene el apoyo de evidencias circunstanciales. Sugerimos que el conde

Henry St. Clair dio permiso a Antonio Zeno para volver a Venecia y que, luego, volvió a América del Norte en 1404, con la firme intención de pasar el resto de su vida entre unas personas cuya cultura y cuyos valores espirituales eran sumamente cercanos a los suyos propios. Si esto fuera así, llegaríamos a la conclusión de que Henry no fue ni el primer ni el último europeo en ser asimilado por la cultura nativa americana. Los ideales templarios, que impregnaron la familia St. Clair durante doscientos años, subrayaban la primacía de la vida comunal, el servicio a los demás y la elevación de las sociedades en las cuales se movían. En sus repetidos viajes a América, Henry había encontrado una cultura que no sólo predicaba estos ideales, sino que los vivía. No es descabellado pensar que la atracción por esta forma de vida se impusiera a las supuestas ventajas de vivir en el mundo brutal, peligroso e intolerante de la Europa de finales de la Edad Media.

## Una extraña tradición

Existe una leyenda nativa americana poco conocida que vendría a confirmar la idea de que Henry y algunos de su partida quizás murieran en América del Norte. Cuando se preguntó a los indios narragansett quién había construido la Torre de Newport, respondieron que habían sido unos extranjeros de ojos verdes y cabello de fuego, como ya hemos mencionado antes. Pero tienen también otra tradición que, dado que parece contradecir los hechos conocidos acerca de su forma de vida, se ha ignorado en gran medida. Esta tradición afirma que la Torre de Newport la construyeron unos antepasados suyos, que le dieron el carácter de un *templo*. Dado que los nativos americanos no construían templos, esta declaración se ha considerado irrelevante. Pero si, como creemos, Henry St. Clair construyó la Torre de Newport como iglesia y, posteriormente, fue asimilado por el pueblo narragansett, esta tradición adquiriría una sorprendente relevancia. En el informe sobre su exploración de la costa este de América, Verrazano llamaba la atención sobre los distintos tonos de piel de los pueblos americanos con los que se encontró entre 1524 y 1545.[16] Habló de los miembros de una tribu de Rhode Island de los que dijo que tenían una piel excepcionalmente blanca, mientras que Jacques Cartier daba una información similar sobre la existencia de una «tribu blanca» en Nueva Escocia.

Las dos personas que hubieran sido de esperar que explotaran y divulgaran las excelencias del Nuevo Mundo eran Henry St. Clair y Antonio Zeno.

Henry St. Clair o bien resultó muerto o bien volvió al Nuevo Mundo para quedarse allí en 1404, por lo que quedaría descartado a la hora de hacer cualquier exposición pública de los descubrimientos que había hecho. Antonio Zeno volvió a Venecia, y murió poco después, en 1405.[17] Los únicos registros que pudieron quedar en Europa del viaje serían, así pues, la tradición oral de los St. Clair, por una parte, y la colección de cartas de Antonio Zeno, que acumulaban polvo en Venecia, por la otra. Pero el nieto de Henry, el conde William St. Clair, que levantó la Capilla de Rosslyn como monumento conmemorativo de las creencias templarias y de la tradición de la familia St. Clair, dejó las referencias codificadas del viaje en las tallas de las plantas americanas de la capilla mucho antes de que Colón se hiciera a la mar.

## Una travesura de niño

Las cartas que los hermanos Zeno enviaron a casa quedaron olvidadas durante más de cien años en el palacio de los Zeno de Venecia, hasta que las descubrió accidentalmente un travieso y curioso niño de cinco años, llamado también Nicolo Zeno. Éste las encontró en un baúl, junto con unos mapas antiguos. En su inocencia, el pequeño garabateó algunas de ellas, y otras las despedazó, hasta que un adulto lo detuvo.[18] Posteriormente, alcanzada ya la juventud e interesado en la geografía, leyó los trozos de aquellas cartas que no había llegado a destruir con un profundo remordimiento por aquella travesura infantil.[19] En las cartas se describían los fascinantes viajes de descubrimiento que sus antepasados, Sir Nicolo y Antonio Zeno, habían realizado entre 1390 y 1404. Intentando enmendar sus inconscientes actos de infancia y conocer mejor lo que hicieron sus antepasados, emprendió la lenta y tediosa tarea de recomponer los trozos de aquellos viejos y frágiles papeles. La tinta emborronada y los desgastados fragmentos de las cartas (en algunas de ellas faltaba el trozo donde figuraba la fecha) no hicieron nada fácil su tarea. Y la utilización de nombres que le resultaban totalmente extraños, escritos con una ortografía arcaica, complicaban las cosas aún más. El joven Nicolo dio cuenta a su padre del hallazgo y de las dificultades que estaba enfrentando para recomponer correctamente las cartas; y su padre le mostró a su vez las cartas recompuestas a un familiar respetado, Marco Barbaro, que estaba enzarzado en componer la historia de sus distinguidos antepasados venecianos.

Este libro, *Discenza Patrizie*,[20] se publicó en 1536, y fue la primera obra en sacar a la luz pública las exploraciones que, en el siglo XIV, realizaron Sir Nicolo y Antonio Zeno por el Atlántico Norte. El libro consta de varios volúmenes, y en uno de ellos se puede leer:

Nicolo el Chevalier, de la Parroquia de los Santos Apóstoles, llamado el Viejo – en 1379, capitán de una galera contra los genoveses. Escribió con hermano Antonio el viaje a Frislanda, donde murió.[21]

Antonio escribió con su hermano Nicolo el Chevalier el viaje a las islas cercanas al Polo Ártico, y de sus descubrimientos de 1390 por orden de Zichno, rey de Frislanda. Llegó al continente de Estotiland, en América del Norte. Permaneció catorce años en Frislanda; es decir, cuatro con su hermano, y diez solo.[22]

El libro de Barbaro no tuvo mucha difusión fuera de Venecia, de modo que lo que se decía en él tuvo poco o ningún impacto en la conciencia europea de la época. Sin embargo, sí que tuvo efecto en la república marítima, pues existen varios globos terráqueos en Venecia que datan de mediados del siglo XVI y que registran la llegada de Zeno a Nueva Escocia y la sitúan, erróneamente, en 1390.[23]

Unos veinte años después, cuando el joven Nicolo heredó las cartas despedazadas tras la muerte de su padre, compuso un relato del viaje de exploración de sus antepasados haciendo uso de los fragmentos recompuestos de las cartas que habían sobrevivido. Su relato termina con una explicación sobre el origen de las cartas y sobre su travesura de niño, y sobre la motivación que le impulsó a recomponerlas.

Estas cartas las escribió Messire Nicolo (y Antonio) para Messire Carlo, su hermano; estoy apenado de que el libro y otros muchos escritos sobre estos temas, no sé cómo, quedaran arruinados; pues, no siendo más que un niño, cayeron en mis manos, y yo, no sabiendo lo que eran, los despedacé, como hacen los niños, y lo arruiné todo; circunstancia que no puedo recordar ahora sin sentir el mayor de los pesares. No obstante, con el fin de que tan importantes memorias no se pierdan, las he puesto en orden, lo mejor que he podido, en la narración anterior; para que nuestra época pueda, más de lo que hicieron sus predecesoras, obtener placer en alguna medida de los grandes descubrimientos realizados en aquellas partes donde menos les esperaban a ellos; pues la nuestra es una época que se toma gran interés en nuevos relatos y en los descubrimientos que se han hecho en países hasta ahora desconocidos, con el enorme coraje y la gran energía de nuestros antepasados.[24]

## La *Narración de Zeno*

La *Narración de Zeno* se publicó en Venecia en 1558, con el título, un tanto deslucido, de *El descubrimiento de las islas de Frislanda, Eslanda, Engronelanda, Estotilanda e Icaria: hecho por dos hermanos de la familia Zeno, a saber, Messire Nicolo, el Chevalier, y Messire Antonio. Con un dibujo especial de toda la región de su descubrimiento en el norte.*[25] La frase «un dibujo especial de toda la región de su descubrimiento en el norte» se refiere al documento que normalmente se conoce como el mapa de Zeno. Este mapa lo dibujó el joven Nicolo, el que publicó la *Narración*, y no los exploradores originales, como muchos de sus detractores quieren hacernos creer. El mapa de Zeno ha sido muy criticado porque en él aparecen líneas de latitud y de longitud, conceptos que ni siquiera se habían planteado en el siglo XIV. También se ven en él algunas islas extrañas y poco conocidas, así como nombres de lugares que se copiaron de otros mapas. La copia de errores, así como de detalles correctos, de mapas anteriores no es una peculiaridad del mapa de Zeno;[26] fue una costumbre habitual durante muchos años antes y después de que se publicara este mapa. Nicolo no le haría ningún favor a la causa del viaje de Zeno, debido a la controversia sobre este confuso mapa.[27]

Otro factor que afectó a la credibilidad de la *Narración de Zeno* fue la demora de ciento cuarenta años existente entre el viaje y su publicación. Según Norman Biggart, un investigador de Massachusetts, ese retraso fue una consecuencia directa de la política estatal de las autoridades venecianas. Biggart sugiere que los viajes se mantuvieron en secreto hasta mucho tiempo después de que se hubieran establecido líneas comerciales con América, con el fin de que sus rivales comerciales, Pisa y Génova, no se aprovecharan de los descubrimientos de los venecianos.[28] Biggart sostiene que la historia de la travesura infantil de Nicolo despedazando las cartas pudo ser también un acto de desinformación calculada, que pretendía crear una explicación plausible sobre la pérdida de datos importantes de la narración,[29] y que, además, existe la posibilidad de que las cartas originales puedan seguir intactas en algún archivo largo tiempo olvidado de Venecia.[30]

Para responder a estos puntos, y con el fin de obtener una visión realista de las verdaderas causas de la polémica que envuelve a la *Narración de Zeno*, tendremos que preguntarnos por los motivos del desinterés de las autoridades venecianas en los descubrimientos realizados por los hermanos Zeno en 1404, año del regreso de Antonio, así como en la época de la primera publicación de la narración, en 1558.

## Los motivos de la demora en la publicación

En 1405, año de la muerte de Antonio, Venecia estaba iniciando un período de expansión y prosperidad sin precedentes. Según el historiador John Julius Norwich:

> ... la república se había convertido en una nación. ... Venecia se vio dueña de una considerable extensión de terreno en el nordeste de Italia, en el que se encontraban las ciudades de Padua, Vicenza y Verona, extendiéndose hacia el oeste hasta las orillas del lago de Garda. Finalmente, podía tratarse de igual a igual con naciones como Inglaterra, Francia y Austria; era, por derecho propio, una potencia europea.[31]

Con tan gran auge de poder y de influencia, la considerable destreza de la Serenissima República en cuestiones económicas y políticas se aplicó a la consolidación y explotación de su posición, considerándose inconveniente malgastar esfuerzos en aventuras especulativas en el Atlántico Norte. En la época de la publicación de la *Narración de Zeno*, en 1558, la Italia continental era el escenario de un conflicto sin precedentes, por cuanto el ejército español, dirigido por el duque de Alba, había invadido los territorios papales por un lado, mientras que los aliados del papa, un ejército francés de más de diez mil hombres, dirigidos por el duque de Guisa, los invadían desde el otro lado.[32] Venecia, haciendo alarde de sensatez, se había mantenido al margen, y seguía disfrutando de la época de paz más duradera de su historia, hecho que llevaría a un historiador francés a comentar: «...la historia de los venecianos discurre sin verse marcada por ningún acontecimiento digno de atención para la posteridad».[33]

De hecho, con la elección del *doge* Girolamo Priuli, en noviembre de 1599, la mayor parte de los problemas de política exterior de la república veneciana simplemente se desvaneció.[34] Hasta los turcos otomanos les habían dejado en paz, dado que estaban más ocupados con una guerra civil dentro de sus propias fronteras. Pero, a pesar de todo esto, Venecia se sumergió en un largo período de declive que le impidió capitalizar las hazañas de los hermanos Zeno. Por otra parte, tras el primer viaje de Cristóbal Colón, el papa dividió el Nuevo Mundo en dos zonas de influencia de estricto acatamiento: una para los católicos de España y la otra para sus leales súbditos de Portugal.[35] Venecia había esperado demasiado. La inactividad de las autoridades venecianas no es óbice, sin embargo, para desestimar la precisión de la *Narración de Zeno*. Los contenidos de este libro, que se publicó más de sesenta años después de que comenzara la explotación del Nuevo Mundo por parte de los europeos, no planteaba ninguna amenaza política ni económica para españoles ni para portugueses, ni posteriormente para los colonos ingleses y franceses de América del Norte. ¿Por qué, entonces, engendraría después tanta polémica y tantas discusiones agrias?

## NOTAS

1. Traducción: A Nicolo y Antonio Zeno, que en el siglo XIV exploraron/navegaron los Mares del Norte. Por Decreto de la Comuna, 1881.

2. Documento de la Biblioteca Nacional de Escocia, relacionado en el archivo de la Biblioteca de Abogados, Ms. 32. 2. 41.

3. Frederick Pohl, *Prince Henry Sinclair* (Halifax, NS: Nimbus Publishing, 1967), p. 170.

4. Rev. Fr. Hay, *The Genealogie of the St. Clairs of Roslin* (Edimburgo: Maidement, 1835).

5. Citado por Eric Linklater, *Orkney and Shetland, an historical and geographical survey* (Londres: Robert Hale, 1965), p. 73.

6. Documento de la Biblioteca Nacional de Escocia, relacionado en el archivo de la Biblioteca de Abogados, Ms. 32. 2. 41.

7. Pohl es quien habla de la supuesta tumba del conde Henry en St. Matthews, en Roslin, en *Prince Henry Sinclair*, p. 171.

8. Pohl, *Prince Henry Sinclair*, p. 171.

9. Hay, *The Genealogie of the St. Clairs of Roslin*.

10. Alexander Sinclair, *A Sketch of the History of Roslin and Its Possesors* (Edimburgo: Irvine, Maxwell Dick, 1856).

11. J. Storer Clouston, *A History of Orkney* (Kirkwall, UK: W. R. Mackintosh, 1932), p. 247.

12. De hecho, Henry II fue nombrado como Henry de Sancto Claro, Orcadie et Dominie de Roslyn, en un documento de la colección de Hay.

13. *Genealogie of the House of Drummond,* p. 91, donde se dice que la escritura original se conserva en el depósito documental de Perth, el Perth Charter Chest, si bien hay una copia en la Biblioteca de Abogados.

14. Niven Sinclair, *Beyond Any Shadow of Doubt* (Londres: publicación privada, 1998), sección 5.

15. Información recogida como resultado de las conversaciones mantenidas entre los autores y el jefe del clan Sinclair, el conde Malcolm St. Clair de Caithness.

16. Hjalmar R. Holand, *Explorations in America before Columbus* (Nueva York: Twayne Publishers, Inc., 1956), p. 256.

17. Andrew Sinclair, *The Sword and the Grail* (Londres: Century, 1993), p. 150.

18. Pohl, *Prince Henry Sinclair,* p. 177.

19. Ibíd, p. 178.

20. El original del *Discenza Patrizie* en varios volúmenes se conserva en el Museo Corer, en la Plaza de San Marcos, en Venecia.

21. *Discenza Patrizie,* último volumen, S-Z.

22. Ibíd, S-Z.

23. Estos globos terráqueos se exhiben al público en el Museo Corer, en Venecia.

24. R. H. Major, trad., La *Narración de Zeno* (Londres: Haklyut Society, 1835), p. 35.

25. Publicado en italiano bajo el título de *Dello scoprimento dell'Isole Frislandia, Eslanda, Engrovelanda, Estotilanda & Icaria, fatto sotto il polo artico da due Fratelli Zeni, M. Nicolo il K. e M. Antonio con un disegno particolare did'tutte le dette parte did tramontana da lor scoperte.*

26. Entre otros, están el mapa de Claus Magnus de 1529 y el mapa de Claudius Clavus de 1556, según el experto en cartografía Erik Wilhelm Dahlgren.

27. Pohl, *Prince Henry Sinclair,* p. 180.

28. Ensayo de Norman Biggart, en el Archivo de James Whittal, reimpreso parcialmente en el libro de Niven Sinclair, *Beyond Any Shadow of Doubt,* sección 16.

29. Biggart, reimpreso parcialmente en el libro de Niven Sinclair, *Beyond Any Shadow of Doubt,* sección 16.

30. Esta posibilidad nos la confirmó personalmente el actual Nicolo Zeno de Venecia, que admite que el archivo familiar es extenso, está sin catalogar y resulta caótico.

31. John Julius Norwich, *A History of Venice* (Londres: Penguin, 1983), p. 280.

32. Norwich, *A History of Venice,* p. 280.

33. P. Daru, *Histoire de la République de Venise,* vol. 4, (París: 1821), p. 118.

34. Norwich, *A History of Venice,* p. 461.

35. El Tratado de Tordesillas, en 1494.

# 13

# La *Narración de Zeno*

La *Narración de Zeno* se compiló a partir de los pedazos de unas cartas emborronadas y escritas con una ortografía arcaica. Pero las dificultades no quedaron sólo en eso, ya que Nicolo y Antonio, los autores originales, escribían en italiano, haciendo uso de la información que les suministraban los isleños, que hablaban lenguas nórdicas, escocés o gaélico. Ellos mismos habían tenido ya bastantes dificultades para deletrear los nombres de las personas, las ciudades, las islas y los países con los que se encontraban; así que, ¡cuánto más difícil sería para el joven Nicolo, más de cien años después, intentar recomponer las cartas y los mapas que había destrozado siendo niño! Unas cartas y unos mapas que hablaban de lugares cuyos nombres no cabía esperar que reconociera.[1]

El título de la *Narración*, más que el texto en sí, en el que se relacionan los extraños nombres de las islas que descubrieran los hermanos Zeno, como Frislanda, Eslanda, Engronelanda, Estotilanda e Icaria, ya era suficientemente desconcertante para cualquiera que tuviera un conocimiento rudimentario de la geografía del Atlántico Norte; pero no sería ésta la principal fuente de confusión. La mayor parte de las críticas vertidas sobre la *Narración de Zeno* procede del problema que supone identificar, como personaje histórico, al protagonista principal de la narración, el príncipe Zichmni. Según Frederick Pohl, Zichmni era «... el más fastidioso problema ortográfico de la historia».[2] Uno puede batir todos los registros y archivos del norte de Europa y jamás encontrará ni rastro de alguien cuyo nombre se asemeje ni remotamente a Zichmni. Durante los dos siglos posteriores a la publicación de la obra, parece que no hubo nadie capaz de aventurarse siquiera a lanzar una culta suposición sobre la verdadera identidad de este esquivo personaje, que sería identificado finalmente en 1786 por el historiador Johann Reinhold Forster.[3] En un momento de lucidez, Forster llegó a la conclusión de que Zichmni era simplemente una trascripción desordenada de Sinclair, que se deriva de St. Clair. Aunque esta identificación ha sido ampliamente aceptada por la mayoría de los historiadores,[4] le tocó a Frederick Pohl explicar, a mediados del siglo XX, el mecanismo preciso mediante el cual las palabras «conde Henry St. Clair, príncipe de Orkney» se corrompieron hasta quedar reducidas al enigmático «Zichmni».

Si nos atenemos a las costumbres de la época, Sir Nicolo Zeno habría podido referirse al conde Henry como «príncipe Enrico» o, más probablemente, por el nombre del territorio que gobernaba, «príncipe d'Orkney». Y ahora veremos cómo vino a ser el nombre de Zichmni:

En italiano medieval, las formas de las letras dadas por Capelli, «d'O» se habría escrito probablemente como

En el catálogo Marciana de Venecia, la Z mayúscula de «Zeno» se escribía así:[5]

La doctora Barbara A. Crawford, profesora de estudios medievales de la Universidad de St. Andrews, afirma que:

Una tiene que admitir, no obstante, que su interpretación [la de Pohl] de «príncipe Zichmni» como una mala interpretación de «príncipe d'Orkenei», debido a que la Z en la escritura italiana puede parecer «d'O», es ingeniosa y plenamente satisfactoria.[6]

Fred Lucas, el principal crítico de la *Narración*, que plasmó por escrito sus disensiones a finales del siglo XIX, sostenía la peculiar creencia de que Zichmni era en realidad un pirata del Báltico llamado Wichmann. Pero Lucas no hizo ningún intento por justificar los motivos por los cuales dos destacados nobles venecianos de una de las más poderosas y orgullosas familias de la Serenissima República iban a ponerse al servicio de un pirata e iban a sentirse orgullosos de que un villano como aquél hubiera podido conferirles la orden de caballería.

Richard Hakluyt publicó una versión en inglés de la *Narración* en Londres, en 1582, afirmando que «este discurso lo recogió Ramusio, secretario del estado de Venecia, o bien el impresor Tho. Giunti».[7] Hakluyt, cuya competencia en viajes de exploración gozaba de una bien merecida reputación internacional, identificó a seis exploradores que llegaron a América antes que Colón, cuatro de los cuales eran venecianos: Marco Polo, en 1270; Nicolo y Antonio Zeno, en 1380; y Nicolaus Conti, en 1444.[8] Para el historiador Jack Beeching, Hakluyt constituye una fuente fiable de información, con un sólido lustre de erudición:

> Él [Hakluyt] era básicamente un erudito dentro de la más pura tradición renacentista, un hombre para el cual la búsqueda gratuita del conocimiento en sí mismo era el fin más importante de la vida... hubiera ido donde hubiera hecho falta para recomponer los hechos.[9]

Beeching no es el único en elogiar el rigor de Hakluyt, pues el historiador Ben Jonson sostiene que los documentos de Hakluyt eran «certificados de veracidad».[10]

## El visto bueno oficial

Pero había alguien cuyo visto bueno era aún más significativo, un tal Ramusio, que ofreció un relato del viaje en su publicación *Viaggi*, que se editó en torno a 1574. Como secretario del estado de Venecia, Ramusio era de hecho el censor estatal que tenía que asegurarse de que todo lo que se imprimiera fuera veraz y auténtico, con el fin de que no se publicara nada que pudiera utilizarse para mermar el honor, el prestigio y la seguridad de la república. Ramusio tenía que entrevistarse con los capitanes de todos los barcos que regresaban a Venecia, y debía tomar nota de sus hazañas, de modo que era la autoridad suprema de su tiempo en temas de viajes y descubrimientos.[11] De ahí que fuera ampliamente conocido y respetado como geógrafo e historiador.[12]

Venecia disfrutaba de un gran prestigio internacional por la calidad y la precisión de sus documentos sobre el comercio y las exploraciones de sus navegantes. Según el profesor Taylor, de la Universidad de Londres, en lo tocante a viajes marítimos de exploración, Ramusio era «un hombre al que difícilmente se le hubiera podido engañar».[13] Por tanto, la firma de Ramusio al pie de la *Narración de Zeno* significa dos cosas de suma importancia: la primera, que la exactitud de la *Narración* era intachable; y segunda, el visto bueno del estado para su publicación.[14]

El Secretario Honorario de la Real Sociedad Geográfica de Londres entre 1866 y 1881, R. H. Major, sustentó la autenticidad de la *Narración* en los siguientes términos:

> El primero en honrarse en reivindicar la veracidad de la *Narración de Zeno* fue el distinguido compañero del capitán Cook, el circunnavegante Johann Reinhold Forster, en un trabajo publicado en 1784 y 1786. Entre otros que apoyan la *Narración* tenemos a todos estos hombres brillantes y sabios: Eggers, el cardenal Zurla, Zach, Malte Brun, Walckenaar, de la Roquette, el geógrafo polaco Joachim Lelewel y el anticuario danés Bredsdorf, y también al presciente Humboldt.[15]

El cargo de secretario honorario de la sociedad durante el siglo xix es el equivalente al de director ejecutivo de hoy en día. Entre los comentarios de Johann Reinhold Forster citamos el siguiente:

> ... que los países que visitaron y describieron los dos Zeno están entre aquellos ya conocidos, que visitaron Groenlandia, y que estos ilustres aventureros no desconocían América.[16]

El renombrado historiador y escritor estadounidense John Fiske incluyó un capítulo de 108 páginas, titulado «Viajes precolombinos», en su principal obra en dos volúmenes, en la cual afirma:

> En cierto sentido, Henry, como hombre civilizado, en el sentido moderno del término, fue el verdadero descubridor de América; los historiadores del futuro no tendrán más remedio que llegar a esta conclusión bajo todos los cánones críticos... Sobre la *Narración de Zeno*, de la cual hay una traducción al inglés en la Colección de Viajes de las Sociedades Hakluyt, se ha discutido ampliamente, y disfruta de una amplia aceptación.[17]

La mayoría de los académicos modernos dan fe también de la veracidad de la *Narración*, inclusive el profesor E. G. R. Taylor, de la Universidad de Londres, que escribió:

Se ha puesto en duda la autenticidad del relato, pero se ha hecho sobre una base poco firme. Para un escritor actual, está fuera de toda cuestión que un autor pudiera inventar una historia que en cada detalle refleja unos hechos sobre los cuales es imposible fantasear.[18]

El profesor William Herbert Hobbs, de la Universidad de Michigan, escribió en 1951 un artículo titulado «El descubrimiento de América de Antonio Zeno en el siglo XIV», en el cual describe a los hermanos Zeno como «... exploradores honestos y dignos de confianza, que iban muy por delante de su época. ... No revelaron el Nuevo Mundo ante el Viejo Mundo, como hizo Colón, pero su presencia en América debe aceptarse como un hecho histórico».[19] En 1561, Ruscelli se refería a Nicolo Zeno como una autoridad tanto en historia como en geografía «...que goza del prestigio universal de tener, en nuestros días, pocos que le igualen en toda Europa».[20]

La autenticidad de la *Narración de Zeno* ha sido aceptada por la prestigiosa publicación *Encyclopaedia Americana* desde 1904. En la actual edición, la expedición Zeno/St. Clair se describe en los siguientes términos:

> Se dice que el escocés Henry Sinclair, conde de Orkney, y Antonio Zeno, un navegante veneciano, hicieron un viaje hacia el oeste en 1398 que quizás les llevó a Nueva Escocia. Zeno escribió un relato del viaje que no sería publicado hasta 1558, si bien de forma un tanto confusa. El informe, no obstante, tiene visos de veracidad. Su descripción geográfica de aquellas tierras desconocidas encaja con la de Nueva Escocia. Pero lo más significativo es que Zeno habla de alquitrán que manaba del suelo, un fenómeno que en otro tiempo se daba en Nueva Escocia. ... Las tradiciones entre los indios mi'qmac de Nueva Escocia, que recuerdan la llegada de un «príncipe» con cierto parecido a Sinclair, parecen apoyar este relato.[21]

Y el *Dictionary of National Byography* también ha confirmado que fue Henry St. Clair quien dirigió la expedición de Zeno.

Estamos completamente de acuerdo con el profesor Taylor, de la Universidad de Londres, cuando dice que no hay forma alguna por la cual un noble veneciano hubiera podido conocer, en 1558, la existencia de un monasterio, de unas aguas termales y de una ensenada libre de hielo en Groenlandia.[22] Ni existe ningún otro modo de saberlo, salvo el del redescubrimiento de las cartas originales, mediante las cuales el joven Nicolo Zeno pudo conocer los detalles topográficos de la costa de Nueva Escocia, de la ensenada de Guysborough o de la montaña humeante de Stellarton. La precisión de las descripciones del asentamiento monástico de Groenlandia, por una parte, y de la montaña humeante, por otra, especifica rasgos geográficos que, siendo únicos, le otorgan una completa autenticidad a la narración de los viajes de los Zeno.

## El destino de las «Islas que Salieron Volando»

La cuestión de estas islas de nombre tan extraño, y de su aparente desaparición desde los tiempos en que se escribió la *Narración* y se trazó el mapa, también resulta sencilla de explicar. Al compilar la *Narración* a partir de las cartas de la familia, Nicolo escribió:

> Pensé que estaría bien dibujar una copia de estas tierras del norte a partir del mapa de navegación que aún guardo entre las reliquias familiares. Para aquellos que encuentran placer en tales cosas, servirá para arrojar luz sobre lo que sería difícil comprender sin él.[23]

Pero, por desgracia, los esfuerzos del joven noble al trazar el mapa trajeron, con los siglos, más confusión que claridad. Al «mapa de navegación» extraído de las reliquias familiares le añadió las islas de Frisland, Estland e Icaria, que aparecen claramente descritas en la *Narración*. Pero, desafortunadamente, si echamos un vistazo a los mapas modernos del Atlántico Norte, no encontraremos ni rastro de ellas. Y muchos son los críticos que denuncian como fraudulentas tanto la *Narración* como el mapa debido a la inclusión de estas islas, aparentemente ficticias.[24]

Pero, dado que la mayoría de estas islas aparecen mencionadas en antiguos escritos históricos, no existe una base fáctica que permita asegurar que se trata de un producto de la imaginación colectiva de la familia Zeno. Estotiland, Estland y Drogio aparecen en los relatos nórdicos y vikingos de los viajes atlánticos,[25] y se pueden ver en el mapa de Módena de 1350.[26] En cuanto a Frisland, Colón creía que era otro de los nombres dados a Islandia, o bien a Newfoundland. El arcaico nombre de este misterioso lugar se remonta al siglo XII, cuando se le dio este nombre, debido a los nobles frisios que supuestamente la descubrieron en los mares del norte. Sin embargo, la confusión en la identificación de Frisland con la isla de Fer se puede explicar fácilmente por los problemas de comunicación existentes entre los hermanos italianos y sus anfitriones del norte.

Hubo un crítico, Samuel Eliot Morison, que se centró en la historia del viaje a Icaria y en la descripción que se hace de su rey, y que reservó sus más mordaces comentarios para lo que él describe como las «Islas que Salieron Volando». Sin embargo, Arlington Mallery y otros cartógrafos modernos hicieron un sorprendente descubrimiento que, finalmente, demostró que el mapa de Zeno era correcto. Hubo en otro tiempo un grupo de islas situadas entre Islandia y Groenlandia conocidas como las «Skerries de Gunn Biorn».[27] Las descubrió el comerciante nórdico Gunn Biorn en 920, y se habla de ellas en la *Descripción de Groenlandia*, publicado en 1873. Se pueden ver en los mapas publicados por la Oficina Hidrográfica de Estados Unidos, pero no aparecen en los mapas normales porque están ahora a más de 60 brazas (110 metros) por debajo del nivel del mar, debido a que se han hundido. Sin embargo, aparecían en los mapas hasta el siglo XVII.

En 1456, se decía que la isla principal, Gombar Skaare, tenía 105 kilómetros de largo y 40 de ancho; y, según Arlington Mallery[28] y Charles Hapgood,[29] esta isla era bastante más grande a finales del siglo XIV, y que es probable que se trate de la isla de Icaria. La existencia de Icaria en la antigüedad viene avalada por su mención en los relatos medievales del viaje de san Brandan. El actual hundimiento de esta isla, cuyas cimas montañosas fueron desapareciendo poco a poco bajo las olas, podría dar cuenta de los peligrosos bancos que, según la *Narración de Zeno*, había en torno a sus costas.

> La evidencia... de que Islandia viene hundiéndose desde hace miles de años ha quedado corroborada por las exploraciones modernas de la expedición polar noruega dirigida por Fritjohf Nansen. Nansen llegó a la conclusión de que las Islas Feroe e Islandia estuvieron conectadas en otro tiempo mediante una meseta basáltica que emergía por encima del nivel del mar en un período en que la línea de la costa estaba 500 metros más abajo de donde se encuentra ahora. La cresta feroe-islandesa se extiende ahora más allá de Islandia, hasta Groenlandia, y el extremo sur de Groenlandia también se está hundiendo.[30]

El desproporcionado tamaño de Islandia en el mapa de Zeno queda explicado así de la mano de Arlington Mallery, que da también detalles de la inmersión de varias provincias de la isla que se hundieron bajo las aguas después de un período de terribles explosiones volcánicas que se prolongó durante unos cuarenta años. Las explosiones terminaron en 1380, pero los efectos sobre los niveles del agua se prolongaron aún durante un siglo más.[31] Mallery afirma:

> Los expertos se han visto frustrados, principalmente, porque no tomaron en consideración los tremendos cambios geográficos que tuvieron lugar en la región de Groenlandia-Islandia debido a los fenómenos naturales. No siendo conscientes del posterior hundimiento de la tierra y de la formación de plataformas submarinas, a medida que la superficie de la tierra cedía al peso del hielo de los glaciares, no se dieron cuenta de que algunos puntos de referencia de las rutas vikingas se habían desvanecido bajo el hielo y el agua.[32]

Dando la debida consideración al informe anterior sobre el hundimiento de tierras, el profesor Charles Hapgood afirma que «es muy probable que la Islandia que vemos en el mapa de Zeno sea la Islandia más grande que haya existido con anterioridad a la visita de los hermanos Zeno».[33] Meses después de publicar sus primeros comentarios sobre la *Narración de Zeno*, Mallery leyó los informes de las tres expediciones polares dirigidas por Paul-Emile Victor,[34] y declaró:

> Al confirmar mis análisis de la sección de Groenlandia del mapa de Zeno, Victor logró algo de considerable magnitud para cartógrafos, historiadores y expertos en general: devolvió al mapa de Zeno la reputación de autenticidad que tuvo en sus orígenes.[35]

## La autentificación del mapa de Zeno

Mallery descubrió que, si se comparaba con los mapas más recientes del ejército de Estados Unidos, todos los puntos de Groenlandia que aparecían en el mapa de Zeno estaban dispuestos con un sorprendente grado de precisión. Charles Hapgood, que fue en otro tiempo cartógrafo profesional de la marina de Estados Unidos, analizó el mapa de Zeno tanto con la proyección Portalan como con la proyección Polar. En la proyección Polar, comparó treinta y ocho localizaciones en Groenlandia, Islandia, Escandinavia, Alemania, Escocia y las islas del mar del Norte en la relación que mantenían unas con otras, y descubrió que los puntos europeos son sorprendentemente precisos, mientras que los puntos de referencia de Groenlandia y de Islandia eran ligeramente menos precisos.[36] Tanto John Fiske como Miller Christy coincidieron en afirmar que, en el mapa de Zeno, Groenlandia había sido cartografiada haciendo uso de coordenadas magnéticas. Fiske comentó:

> La autenticidad de la *Narración de Zeno* queda así definitivamente demostrada, dados sus conocimientos sobre la geografía del Ártico, unos conocimientos que sólo podrían haberse obtenido mediante una visita al lejano norte, en tiempos anteriores a que la colonia de Groenlandia perdiera finalmente el contacto con su nación madre.[37]

El mapa de Zeno, con todos sus supuestos errores, estuvo considerado como un mapa auténtico por cartógrafos como Mercator y Ortelius, en 1569 y 1574 respectivamente, y por el explorador Martin Frobisher en 1576. Mercator y Ortelius reprodujeron detalles del mapa de Zeno, los mismos que Nicolo Zeno había indudablemente copiado de trabajos anteriores, modificándolos en función de los descubrimientos que habian hecho sus ilustres antepasados, que habian viajado hacia el oeste con Henry St. Clair. Indudablemente, esta expedición habia utilizado información extraida de las sagas vikingas, de Nicolas Lynne, que también hizo mapas del Atlántico Norte,[38] y de los mapas trazados en 1350 por el monje dominico Ranulf Higden, que vivió en Chester, Inglaterra.[39] Los mapas de Higden, en los que aparecía «Wineland» y «Svinlandia», fueron utilizados en una historia geográfica del siglo XIV denominada *Polychronicon*,[40] y se han reproducido en un trabajo moderno de referencia, *The History of Cartography*.

## Una marea creciente de aceptación

A despecho de su larga y turbulenta historia, la autenticidad de la *Narración de Zeno* está ahora firmemente establecida, siendo aceptada por académicos como Hapgood y Hobbs; por el historiador americano Ridpath; el Albany Herald the Escocia; el fallecido Sir Iain Moncreiffe of that Ilk; la doctora Barbara Crawford; el archivero jefe Gelting, de Dinamarca; el arqueólogo sueco Rausing; el experto danés Aage Russel; Arlington Mallery; Johann Reinhold Forster; el historiador naval de la época Tudor, Richard Hakluyt; el secretario del estado de Venecia, Ramusio; el profesor Taylor, de la Universidad de Londres; el historiador veneciano Ruscelli; R. H. Major, de la Real Sociedad Geográfica; el historiador estadounidense John Fiske; el historiador británico Andrew Sinclair; y, cómo no, por el insistente estudioso de las exploraciones precolombinas de América, Frederick Pohl.

El mapa de Zeno, a pesar de haber sido confeccionado ciento cincuenta años después del viaje, y de que se dibujó a partir de la información suministrada en la *Narración*, también ha sido autenticado como un mapa preciso del viaje. La importancia del trabajo realizado por el capitán Arlington Mallery y por Charles Hapgood a la hora de establecer unas razones válidas para la sorprendente desaparición de la «Isla que Salió Volando», de Icaria, ha neutralizado multitud de antiguas críticas, y el trabajo de Paul-Emile Victor al devolver al mapa de Zeno su reputación original de autenticidad ha sido vital.

Sin embargo, la realidad histórica de la expedición Zeno/St. Clair al Nuevo Mundo no depende exclusivamente de la validez del mapa y de la *Narración de Zeno*. Tenemos también las evidencias del Caballero de Westford, en Massachusetts, y de la Torre de Newport, en Rhode Island; de las tallas de la Capilla de Rosslyn y de la conmemoración oficial del viaje en una placa del Palazzo de Zeno, en Venecia. Pero, además, tenemos sólidos indicios en la piedra del barco de Westford, en el petroglifo que hay en las cercanías de Halifax y en una carta que le escribió Pietro Pasqualigo, embajador de Venecia ante la corona de Portugal, a su hermano en 1501. Hablando de la expedición de Cortereal, que había regresado de la península del Labrador y de Newfoundland once días antes, Pasqualigo decía:

> ... También han traído un trozo de espada rota con incrustaciones de oro, que estamos convencidos de que se forjó en Italia, y uno de los niños llevaba en las orejas dos fragmentos de plata, que lo más seguro es que se hayan hecho en Venecia.[41]

La declaración del embajador no deja lugar a dudas. La pregunta es: ¿qué expedición llevó la espada y los fragmentos de plata a través del Atlántico antes de la llegada de Cortereal? Dado que no existen registros de expedición veneciana alguna, salvo la de Zeno/St. Clair, que hubiera llegado a Newfoundland antes que Cortereal, ¿serían estos objetos una reliquia de la exploración que zarpó de Orkney?

A pesar de la resistencia que ofrecen los académicos en Estados Unidos, una marea creciente de aceptación del viaje St. Clair/Zeno ha estado emergiendo desde la década de 1850. Aunque no tenemos dudas de que el atrincheramiento de posiciones de los partisanos de los distintos bandos en lo relativo al origen de la Torre de Newport proseguirá durante algún tiempo, la verdad sobre los constructores de esta anomalía arquitectónica se está difundiendo irremediablemente, gracias al trabajo de Jim Whittal y de otros. Nosotros tuvimos el privilegio de ayudar a Niven Sinclair, a Malcolm Goodwin y a Norman Biggart en la exitosa presentación que hicieron ante los comisarios arqueológicos del estado de Massachusetts, en octubre de 1999, para la conservación de la talla del Caballero de Westford. Y, bajo la dirección de estos comisarios arqueológicos, la Sociedad Histórica de Westford ha emprendido los trabajos de conservación de este monumento conmemorativo medieval único, preservando así para futuras generaciones el legado imperecedero de la expedición St. Clair/Zeno.

Las autoridades civiles de Guysborough, en Nueva Escocia, también han mostrado su apoyo al conceder los permisos para erigir dos monumentos conmemorativos dentro de su jurisdicción. El primero, situado en el lugar donde desembarco el conde Henry, lo erigió la Sociedad Príncipe Henry Sinclair de América del Norte, como consecuencia de los incansables esfuerzos de su presidenta, D'Elayne Coleman. La Sociedad del Clan Sinclair de Nueva Escocia erigió el segundo monumento en un parque público de Guysborough para señalar el abrigo marino que utilizaron los barcos de Henry mientras exploraban la región (*véase* la Figura 4, en pág. 124). A la inauguración del monumento asistieron un gran número de Sinclair de ambos lados del Atlántico, el embajador de Noruega y los representantes del gobierno canadiense. El monumento lo inauguró el conde de Caithness, Malcolm Sinclair, jefe hereditario del clan y descendiente directo del conde Henry.

## NOTAS

1. Norman Biggart, «The Zeno Narrative—Interpretive Thoughts», Archivo de James Whittal y reimpreso en parte por Niven Sinclair, en *Beyond Any Shadow of Doubt* (Londres: publicación privada, 1998), sección 16.

2. Frederick Pohl, «Prince Zichmini of the Zeno Narrative», *The Annals of the Society for the History of Discoveries*, vol. II, Amsterdam, Israel, 1970.

3. Johann Reinhold Forster, *History of the Voyages and Discoveries Made in the North* (Dublín: 1786), pp. 178 y siguientes.

4. Forster, *History of the Voyages and Discoveries Made in the North*, pp. 178 y siguientes.

5.  Pohl, «Prince Zichmini of the Zeno Narrative», citado también por el mismo autor en *Prince Henry Sinclair* (Halifax, NS: Nimbus Publishing, 1967), pp. 86-87.

6.  De la revisión del doctor Crawford sobre el libro de Pohl, *Prince Henry Sinclair*. El doctor Crawford es también el autor de *A Lesson in the Art of Political Survival, a treatise on the Life of the third St. Clair Jarl of Orkney.*

7.  Biggart, «The Zeno Narrative—Interpretive Thoughts».

8.  Richard Haklyut, *Divers Voyages touching on the discoverie of America* (Londres: George Bishop and Ralph Newburie, 1582).

9.  Jack Beeching, ed., *Richard Haklyut: Voyages and Discoveries* (Londres: Penguin, 1972), p. 19.

10. Beeching, *Richard Haklyut: Voyages and Discoveries*, p. 28.

11. Biggart, «The Zeno Narrative—Interpretive Thoughts».

12. Andrew Sinclair, *The Sword and the Grail* (Londres: Century, 1993), p. 114.

13. Biggart, «The Zeno Narrative—Interpretive Thoughts».

14. Ibid.

15. R. H. Major, trad., *Narración de Zeno* (Londres: Haklyut Society, 1835).

16. Johann Reinhold Forster, citado en Niven Sinclair, *Beyond Any Shadow of Doubt.*

17. John Fiske, *The Discovery of America—with some account of the Ancient Americans and the Spanish Conquest*, dos volúmenes (Boston: Houghton Mifflin, 1892).

18. E. G. R. Taylor, *A Fourteenth Century Riddle.*

19. W. H. Hobbs, «The Fourteenth Century Discovery of America by Antonio Zeno», *Scientific Monthly*, n⁰. 72, (1951), 24-31.

20. El *Ptolomeo*, de Ruscelli (Venecia, 1561). Esta obra consta en gran medida de mapas. Existen pocas copias completas del original, pero muchos de los mapas originales se pueden encontrar en museos de todo el mundo.

21. *Encyclopaedia Americana.*

22. Taylor, *A Fourteenth Century Riddle.*

23. Major, *Narración de Zeno*, introducción.

24. Gunnar Thompson, *The Friar's Map*, (Seattle: Laura Lee Production & Argonauts of the Misty Isles, 1996), p. 167.

25. Thompson, *The Friar's Map*, p. 167.

26. Ibid., p. 169.

27. Arlington Mallery, *The Rediscovery of Lost America* (Nueva York: E. P. Dutton, 1979).

28. Mallery, *The Rediscovery of Lost America.*

29. Charles Hapgood, *Maps of the Ancient Sea Kings* (Nueva York: Chilton Books, 1966).

30. *Pre-Columbian Charts and Maps of the New World*, p. 152. Citado en Hapgood, *Maps of the Ancient Sea Kings.*

31. Hapgood, *Maps of the Ancient Sea Kings.*

32. Ibid.

33. Ibid.

34. Dio cuenta de ellas un despacho de Associated Press del 26 de octubre de 1951.

35. Citado por Niven Sinclair en *Beyond Any Shadow of Doubt*.

36. Hapgood, *Maps of the Ancient Sea Kings*.

37. Fiske, *The Discovery of America*, vol. 1, p. 236.

38. Thompson, *The Friar's Map*, es una obra en la que se detalla el viaje de Nicolas Lynne.

39. Existen copias originales de los mapas de Higden en la Biblioteca Huntingdon, San Marino, California.

40. Compilada también por Higden.

41. Citado por Helge Ingstad en *Westward to Vinland* (Nueva York: St. Martin's Press, 1969), p. 96.

# 14

# El linaje señorial continúa

Con la misteriosa desaparición de Henry St. Clair, conde de Orkney, en 1404 más o menos, las tradiciones del linaje señorial de los ilustres St. Clair recayeron sobre su hijo mayor, Henry II, que no llegaría a ser investido formalmente conde de las islas, aun cuando la investidura constituía un requisito previo para conservar el cargo. La única explicación racional para esta flagrante omisión es que nunca pudiera demostrarse ni el paradero ni la muerte de su padre. El mismo año, Antonio Zeno, después de muchos años de fiel y leal servicio como almirante de la flota St. Clair, regresó a Venecia y murió pocos meses después.[1]

## Henry II

A Henry II, en su calidad de Lord Gran Almirante de Escocia, se le encomendó la tarea de llevar al príncipe de la Corona de Escocia (que posteriormente reinaría bajo el nombre de Jacobo I) a Francia, pero fueron capturados por los ingleses durante el viaje.[2] Hay quien dice que fueron traicionados por unos monjes agustinos que eran espías de los ingleses; otros afirman que quien los traicionó fue el hermano del rey Roberto III, el duque de Albany, que codiciaba el trono de Escocia. Con independencia de quién les traicionara, si es que les traicionó alguien, lo bien cierto es que el conde Henry y el príncipe fueron encarcelados en la Torre de Londres.

El rey Roberto murió súbitamente al enterarse de la noticia de la captura de su hijo,[3] y el duque de Albany se convirtió en el regente del reino durante la cautividad del nuevo rey. Ciertamente, no se esforzó demasiado por conseguir la liberación de su soberano, el rey. Durante el prolongado período de prisión, a Henry se le concedió la libertad periódicamente, para que pudiera ocuparse de sus asuntos en Escocia, con la condición de que uno de sus hermanos o un noble de la familia de Douglas se entregara en el castillo de Durham como rehén para asegurar así su regreso. Se dice que, como consecuencia de su largo cautiverio en manos de los ingleses, el futuro rey Jacobo I se convirtió en «el rey más culto» que jamás reinó a los escoceses.

La prolongada ausencia de sus dominios de Henry St. Clair ofrecía una buena ocasión para que el caos asomara su fea cabeza, una vez más, entre los súbditos isleños de la corona noruega. Intentando prevenir esta posibilidad, y con el fin de mantener el control de los St. Clair, el hermano de Henry, John, pasaría a ser Fould de Shetland,[4] y su hermano Thomas se convertiría en «mandatario» de Orkney en su ausencia.[5] Henry fue liberado en 1418, y murió en 1420. Debido al misterio que envolvió a la desaparición de su padre de los registros oficiales, a la captura de Henry y a su prolongado cautiverio, y al breve período que transcurrió entre su liberación y su muerte, su mandato dejó poca huella en las islas, y casi nada en absoluto en los registros oficiales.

Según el historiador de Orkney, J. Storer Clouston, existe un documento que da cuenta de la muerte de Henry II y del inicio del mandato del tercer St. Clair conde de Orkney, William. En este documento se desvela que, tras la muerte de Henry, el obispo Thomas Tulloch fue designado para dirigir el condado mientras William fuera menor de edad.[6] El obispo sería reemplazado posteriormente como gobernador de las islas por un tío por matrimonio de William, David Menzies de Wemyss, cuyo gobierno fue tan deplorable que los isleños se levantaron contra él y le pidieron al rey que lo destituyera. En 1427, accediendo a la petición de la corona, el obispo Tulloch fue designado nuevamente como gobernador.[7]

# El conde William St. Clair

Sir William St. Clair fue proclamado formalmente conde de Orkney en una ceremonia celebrada en Dinamarca en 1434, en la cual Thomas St. Clair y Thomas Tulloch fueron los testigos.[8] En 1447, se casó con su prima, Elizabeth Douglas.

A las acciones y a las ideas espirituales del conde William se debe en gran medida que los St. Clair de Roslin ejercieran una profunda y formativa influencia, aunque indirecta, entre los padres fundadores de Estados Unidos de América. Este escocés espiritualmente dotado cruzó como un coloso el puente cultural que llevó al hombre medieval desde su atávico y supersticioso pasado hasta los primeros años del Renacimiento y la era de la colonización transatlántica. Se le describió de diversas formas, como «uno de los illuminati», como «un noble de singulares talentos» y como «un hombre de talentos excepcionales, muy dado a la política, así como a la construcción de castillos, palacios e iglesias».

Sin embargo, hasta donde se puede verificar, William no fundó más que una iglesia en Orkney y otra en Roslin.[9] Los cimientos de la Capilla de Rosslyn se pusieron en 1446, con la intención de construir una colegiata, con «un preboste, seis canónigos y dos monaguillos».[10] Y se completó en el estado que muestra actualmente, que es sólo el equivalente del coro de los planos originales, inmediatamente después de la muerte del conde William, en 1480.

> Es, en algunos aspectos, la más extraordinaria obra arquitectónica de Escocia. ... si se contempla desde un punto de vista estrictamente arquitectónico, el diseño puede parecer imperfecto en muchos aspectos, siendo muchos de sus detalles toscos en extremo, en tanto que en su construcción se ignoraron muchos de los principios elaborados durante el desarrollo de la arquitectura gótica. Pero, aún con todos estos defectos, la profusión de diseños, que se muestran abundantemente en todas partes, y la exuberante fantasia del arquitecto impacta al visitante que ve Rosslyn por vez primera con un asombro que la familiaridad no consigue borrar.[11]

## La Capilla de Rosslyn

A pesar de la mezcla de influencias arquitectónicas presentes en este edificio, la Capilla de Rosslyn tiene, no obstante, un carácter esencial e innegablemente escocés. La variedad, la franqueza y la exuberancia de sus abundantes tallas, que no tienen parangón en ninguna otra parte de Gran Bretaña, dan a la Capilla de Rosslyn la reputación de ser un santuario único.[12] El carácter de sus tallas de piedra le conceden también una gran importancia, en términos espirituales, para los francmasones de todo el mundo, así como para todos los que buscan la iluminación espiritual. Pero hay algo más, aparte de la calidad innata de las tallas, que pueda atribuirse a la competencia artística o incluso a la habilidad arquitectónica, pues hay aquí una nítida aunque indefinible calidad que trasciende el mero arte, pues desde cada una de sus piedras parece irradiarse la sinergia simbólica y profundamente mística que debió de existir entre el fundador y sus artistas.

Aquella gente de finales de la Edad Media (artesanos, artistas, patrones u observadores) sabía que su obra debía ser hermosa, pero que la mera belleza no era suficiente. La belleza debía tener significado,[13] no sólo significado en el sentido de relatar una historia, aunque éste fue con frecuencia un ingrediente esencial, sino significado desde un profundo nivel espiritual. Las tallas, las pinturas e incluso el edificio en sí se diseñaron deliberadamente para los hombres y las mujeres para quienes el simbolismo era el aliento de su vida espiritual;[14] una vida espiritual que, en el caso de la Capilla de Rosslyn, difería enormemente de los obsoletos dogmas y de la ideología de la Iglesia.

Las tallas que hay en el interior de la Capilla de Rosslyn representan, a través de un potente simbolismo, casi cada sendero espiritual conocido que haya influido en la conciencia europea con anterioridad a la fecha de su fundación. Hay una mezcla caótica de símbolos espirituales de los mundos celtas de Europa occidental, creencias paganas nórdicas y sajonas, prácticas de iniciación del zoroastrismo, el culto de Ishtar y de Tammuz de Babilonia, los misterios de Mitra, las tradiciones judaicas y, esparcidas por aquí y por allá, referencias ocasionales a aspectos esotéricos del cristianismo.[15] El tema que lo impregna todo, que unifica todas estas corrientes espirituales tan dispares, es el de un himno a la naturaleza en todo su esplendor, tan amada por los místicos cristianos medievales.[16] Y es en este aspecto de las tallas de Rosslyn donde encontramos diversas referencias a plantas autóctonas del Nuevo Mundo que explorara el abuelo de William, Henry St. Clair. Como ya comentamos anteriormente, hay aquí tallas de maíz, estilizados relieves de cactus de aloe, del árbol del sasafrás, de *trillium grandiflorum* y, finalmente, de *quercus nigra* o roble americano (*véanse* las Figuras 18-19, página 208).

Pero el principal tema herético codificado en la tallas se encuentra en las referencias simbólicas al sistema de creencias de los Caballeros Templarios, que habían sido suprimidos más de ciento treinta años atrás, antes de que se fundara la capilla.[17] Tres pilares soberbiamente tallados separan el cuerpo principal de la capilla del retrocoro: el pilar del Maestro Masón, el del Viajero y el del Aprendiz. Para la hermandad de los francmasones, esparcidos por todo el mundo, estos tres pilares tienen un profundo significado simbólico. El del Maestro Masón significa sabiduría; el del Viajero significa fuerza, y el del Aprendiz significa belleza. Cada uno de ellos no sólo representa la cualidad mencionada, sino también su trascendencia y su función: la sabiduría construye y está ordenada para descubrir; la fuerza da soporte; y la belleza adorna. Y todo debe construirse sobre los cimientos de la verdad y la justicia.

La idea de este fundamento ideal encuentra sus ecos en las cualidades a las que aspira el verdadero iniciado.

> El que es tan sabio como un Maestro Perfecto no saldrá fácilmente perjudicado por sus propias acciones. Si la persona tiene la fuerza que un Guardián Mayor representa, soportará y superará todo obstáculo en la vida. Aquel que se adorna como un Guardián Menor, con la humildad del espíritu, está más cerca de la semejanza de Dios que cualquier otro.[18]

Así pues, en los cuidados prodigados sobre estos tres magníficos pilares tenemos, salvaguardada en piedra, la expresión masónica como parte integral del simbolismo, de lo esotérico, la inspiración y la sabiduría espiritual con las que esta capilla fue abundantemente bendecida.

Si se pone usted de pie, dando la espalda a los tres pilares, que se encuentran en el cuerpo principal de la capilla, el diseño arquitectónico llevará su mirada hacia la bóveda de piedra del techo. Esta imponente estructura es de sólida piedra, y tiene alrededor de un metro de espesor. Se divide en cinco secciones, con distintos adornos y arabescos.[19] La primera está decorada con margaritas, que representan la inocencia; el segundo panel está profusamente adornado con lirios, símbolo del linaje sanguíneo puro, descendiente de los sumos sacerdotes del Templo de Jerusalén;[20] las flores que se abren al sol de la tercera sección se hallan en adoración, mientras que en la cuarta hay rosas, símbolo que otrora decorara los templos babilónicos de Ishtar. La última sección, en la parte occidental del techo, está profusamente decorada con estrellas de cinco puntas, una cornucopia, la paloma de los Caballeros Templarios, la luna y la resplandeciente esfera de un sol en esplendor, que está medio oculto tras una balaustrada.[21]

Las estrellas de cinco puntas decoraban también los templos de Ishtar, pero en este caso representan la *Via Lactodorum*, el Camino de las Estrellas. Es una referencia alegórica a la Vía Láctea, que forma el Arco Real que une el pilar del Aprendiz de la Capilla de Rosslyn con una estructura similar que hay en Sintra, y cubre la ruta de la antigua peregrinación templaria de iniciación.[22]

El sol en esplendor medio oculto es, para los iniciados, el símbolo del Rey Pescador de la tradición del Rex Deus.

## La transmisión de los principios templarios

Las familias del Rex Deus, que afirmaban ser descendientes directos de los sumos sacerdotes del Templo de Jerusalén[23] y, a través de ellos, de los antiguos iniciados de Egipto, designaban en cada generación a uno de entre ellos como Rey Pescador, el verdadero heredero del trono de Jerusalén. La difamadísima Orden de los Caballeros Templarios, que había transformado la faz de la sociedad europea durante sus breves doscientos años de historia, es posiblemente la manifestación más obvia de las actividades de este grupo secreto.[24] Después de su brutal supresión, el Rex Deus optó sabiamente por otras rutas a través de las cuales transmitir sus creencias a las personas espiritualmente conscientes de la sociedad europea.

Su creencia central, la de que podría crearse el cielo en la Tierra si la humanidad cambiaba su forma de proceder,[25] se promulgaba de muy diferentes modos. Las historias de la búsqueda del Santo Grial eran alegorías del sendero de iniciación que llevaba a la iluminación, y estaban promovidas por los miembros del Rex Deus. Para ellos, la espiritualidad no tenía nada que ver con «castillos en el aire» (en el cielo) después de la muerte, sino que era el móvil principal de la acción aquí en la Tierra. La hermandad, la justicia, la verdad y el servicio a la sociedad constituían los verdaderos cimientos de todas sus creencias. Pero, no estando contento con el riesgo que suponía la continuidad de esta tradición por medios exclusivamente hereditarios, el Rey Pescador del siglo XV, el conde William St. Clair, jugó un papel crucial en la difusión de estas enseñanzas esotéricas, que habían tenido su origen en el antiguo Egipto, eligiendo cuidadosamente a hombres de buena voluntad de su propia época. Y tenía al alcance de la mano los medios perfectos, pues había sido designado gran maestro de los Masones del Arte, los Gremios Duros y Blandos de Escocia, en 1441.[26]

> Bajo la dirección de los St. Clair, los miembros ocultos de la Orden Templaria seleccionaron a los candidatos más adecuados de los gremios artesanos operativos con el fin de instruirlos en las distintas ramas del conocimiento. Entre los temas que se cubrían estaba la cien-

cia, la geometría, la historia, la filosofía y todos los contenidos de los manuscritos que los templarios habían recuperado durante sus excavaciones en Jerusalén. Como consecuencia de ello, Escocia en general, y Midlothian en particular, se convirtió en un foco de iluminación. La nueva hermandad de masones especulativos «libres» creó instituciones de caridad para apoyar a los sectores más pobres de la sociedad, y sus respectivos gremios apartaban ciertas cantidades de dinero para beneficiar a sus vecinos menos afortunados. Según el príncipe Michael de Albany, fueron las primeras instituciones caritativas establecidas en Gran Bretaña que estaban fuera del control directo de la Iglesia o de sus instancias.[27]

## La fundación de la francmasonería

El secretismo absoluto que envolvió los tres primeros siglos de la francmasonería ha hecho ciertamente difícil evaluar el alcance y la profundidad de la gran variedad de influencias esotéricas que dieron forma a esta fraternidad. La historia de los St. Clair de Roslin deja claro que fue la preservación de las tradiciones templarias el motivo que llevó a la transformación de los gremios de masones operativos en lo que sería la sociedad especulativa y fraterna de la francmasonería. Bajo la dirección de los grandes maestros St. Clair, la tradición de la transmisión de conocimientos secretos y sagrados a través del ritual desplegó un alto nivel de sofisticación y de complejidad, que llevó al desarrollo del Rito Escocés de la Francmasonería y a los grados del Arco Real.

El hecho de que el Rito Escocés de la Francmasonería extraiga sus enseñanzas de fuentes de gran antigüedad queda de manifiesto en el nombre de «Roslin», que, de acuerdo con Tessa Ranford, significa en gaélico escocés «conocimiento antiguo transmitido a través de generaciones».[28] Los St. Clair y otras familias del Rex Deus eran descendientes de los sumos sacerdotes del Templo de Jerusalén, que a su vez eran descendientes de un reducido grupo sacerdotal que remontaba su linaje y sus enseñanzas a los comienzos del sacerdocio hereditario del antiguo Egipto. William St. Clair de Roslin, como Rey Pescador del Rex Deus de su época, fue, así pues, la vía a través de la cual la *gnosis* sagrada de la tradición egipcia/hebraica pudo difundirse, liberando así a los hombres más lúcidos de la Edad Media de la estrechez de miras y del despótico dogmatismo de la Santa Madre Iglesia. Por tanto, no debe sorprendernos descubrir que, en la Europa continental, la francmasonería exhibiera un sesgo anticlerical y anticatólico innato, y que mantuviese estrechos lazos con su progenitor espiritual en Escocia.[29] Al igual que sus homólogas escocesas, las logias francesas se esforzaron enconadamente por ceñirse a las creencias tradicionales que se habían ido transmitiendo de generación en generación a lo largo de los siglos.

La tradición de la enseñanza de los conocimientos sagrados y de su control hereditario prosiguió durante casi tres siglos más después de la muerte del conde William St. Clair. La creación de la francmasonería especulativa tuvo siempre su razón de ser en el objetivo a largo plazo de difundir las enseñanzas y la influencia transformadora del Rex Deus más allá de los estrechos confines de las familias Rex Deus. Pero un paso tan importante no podía darse de forma precipitada. Se necesitaría mucho tiempo para que las enseñanzas se difundieran entre los iniciados cualificados, que, a su vez, demostrarían su valía transmitiendo los conocimientos sagrados durante varias generaciones, antes de concedérseles el pleno control de la fraternidad. William St. Clair, como gran maestro de los Gremios Duros y Blandos de Escocia, había sido juez y árbitro supremo de los gremios en los tribunales que éstos tenían en Kilwinning, en el siglo XV.

Los St. Clair de Roslin conservaron la transmisión hereditaria de grandes maestros de los gremios y de la francmasonería hasta principios del siglo XVIII, cuando, en el Día de San Andrés de 1736, otro Sir William St. Clair de Roslin renunció formalmente a su «patronazgo y protectorado hereditario del Arte masónico» al efecto de crear «La Gran Logia de Masones Antiguos, Libres y Aceptados de Escocia».[30] En las actas de la reunión se pueden encontrar pasajes como éstos:

1441. William St. Clair, Conde de Orkney y Caithness, Barón de Roslin, etc., etc., obtuvo la concesión de este cargo del rey Jacobo II. Él aprobó las Logias con su presencia, propagó el arte real y construyó la capilla de Roslin, esa obra maestra de la arquitectura gótica. La masonería comenzó entonces a difundir su benigna influencia por todo el país, y el Príncipe y los Nobles crearon muchos edificios nobles y majestuosos durante el tiempo del Gran Maestro Roslin. Mediante otra escritura del susodicho rey Jacobo II, este cargo se hizo hereditario en el susodicho William St. Clair, y en sus herederos y sucesores en la Baronía de Roslin; en el cual la noble familia ha continuado sin interrupción hasta los últimos años...

... El señor William St. Clair, de Roslin (un verdadero Masón, y un caballero de la mayor honestidad y benevolencia, que heredó las virtudes de sus predecesores, pero sin su fortuna), se vio obligado a transmitir la herencia: y, no teniendo hijos por sí mismo, mostróse reacio a que el cargo de Gran Maestro, que ostenta ahora en su persona, quedara vacante tras su muerte...

... como Gran Maestro hereditario de toda Escocia, convocó esta reunión con el fin de condescender en un plan adecuado para la elección de un Gran Maestro; y, con el fin de promover tan loable intención, propuso renunciar en manos de los Hermanos, o de quienquiera que ellos se complacieran en elegir, a todo derecho, atribución o título, que él o sus sucesores tienen para reinar como Gran Maestro sobre los Masones de Escocia...[31]

Tras aceptar, no sin cierta reluctancia, la renuncia de Sir William al cargo de gran maestro, los hermanos reunidos decidieron que:

... no podían conferir tan alto honor a ningún Hermano mejor cualificado, o con más derecho, que a William St. Clair, de Roslin, cuyos antepasados habían presidido a los Hermanos durante tanto tiempo, y habíanse desempeñado con honor y con dignidad. En consecuencia, por voz unánime, el Señor William St. Clair, de Roslin, fue proclamado Gran Maestro de toda Escocia, y siendo puesto en la presidencia, fue investido, saludado, homenajeado y reconocido como tal.[32]

## Por sus frutos los conoceréis

La fraternidad mundial de la francmasonería puso en acción sus transformadoras enseñanzas y se convirtió en la causa principal de los cambios políticos y sociales de los siglos XVII y XVIII. Los conceptos de democracia, libertad y ciencia se beneficiaron de los toques de los hombres, espiritualmente dotados, que habían obtenido sus inspiraciones en el cuerpo viviente de la tradición del Rex Deus, dentro de la cual se amparaban las enseñanzas de la francmasonería.[33] Muchos de tales iniciados se combinaron con ciertos eruditos tolerantes en una imprecisa red para conformar la «Tercera Fuerza», un movimiento de moderación que hizo campaña contra los excesos de católicos y protestantes en los turbulentos tiempos que siguieron a la Reforma. La Tercera Fuerza se fundió con un movimiento esotérico holandés de inspiración masónica, conocido como «La Familia del Amor», para formar un «Colegio Invisible» paneuropeo de eruditos que trabajaban por el cambio. Este movimiento saldría a la luz con el tiempo en Inglaterra con la fundación de la Sociedad Real, a la cual Carlos II le concedió su carta en 1662.

La Sociedad Real estaba compuesta por científicos que, en su mayor parte, habían sido extraídos de entre las filas de la francmasonería. Entre ellos estaban Robert Boyle (1627-1691) e Isaac Newton (1642-1727). A todos ellos, al igual que a sus predecesores templarios, se les dotó con unos conocimientos que iban más allá de los límites de la ciencia.[34] Un vástago posterior del Colegio Invisible, conocido como la Sociedad de la Correspondencia, jugaría un papel determinante en la configuración de los ideales democráticos de *Liberté, Egalité* y *Fraternité* que inspirarían la Revolución francesa.[35] La francmasonería fue, desde sus mismos comienzos, una organización política que estuvo íntimamente entrelazada con la causa de los Estuardo. Cuando el monarca Estuardo partió al exilio en 1691, la francmasonería francesa recibió una ingente inyección de miembros, que trajo como resultado la difusión de los ideales masónicos por toda Europa.

La marea creciente de la influencia liberal francmasónica no le pasó desapercibida al papado. En 1738, el papa Clemente XII promulgó una bula papal, *In Eminenti Apostolatus Specula,* que sería la primera de una serie de denuncias contra el Arte, y que llevaría a la Inquisición a actuar según sus métodos tradicionales. Bajo pena de excomunión, el papa prohibió a todos los católicos que se unieran a la fraternidad y, en los países católicos, conocidos francmasones serían acosados, encarcelados, torturados y deportados. En los Estados Papales, la pertenencia a una logia masónica era un delito que se podía castigar con la muerte.[36] La fraternidad de los francmasones jugó un papel crucial en los movimientos revolucionarios de Rusia, así como en todos los lugares de Europa donde los revolucionarios rusos exiliados buscarían refugio. Los líderes italianos del *Rissorgimento,* Garibaldi y Mazzini, fueron francmasones activos, y el marqués de Lafayette alcanzó un alto rango dentro de la francmasonería durante el tiempo que estuvo en América, continuando dentro de la fraternidad cuando regresó a Francia. Otros revolucionarios franceses que fueron miembros de la francmasonería fueron Danton, Camille Désmoulins y el Abbé Sieyés.[37]

No resulta sorprendente que el sacerdote derechista y realista Abbé Augustin de Barruel, afirmara en sus *Memoirs pour Servir l'Histoire de Jacobinism,* publicadas en 1797, que la Revolución francesa fue, simplemente, la consecuencia sangrienta de un complot francmasónico para derrocar la autoridad real y eclesiástica.[38] Lo paradójico de todo esto es que, aunque los franc-masones estuvieron indudablemente activos en los movimientos revolucio-narios, otros miembros del Arte se implicaron también intensamente en su apoyo a los regímenes de derecha de Austria, Prusia y Gran Bretaña.[39] De este modo, la lista de los francmasones destacados del siglo XIX es, vista en términos políticos, notablemente inconsistente y contradictoria. Por el bando revolucio-nario, encontraríamos a Mazzini y Garibaldi en Italia, Bakunin y Kerensky en Rusia, y a Daniel O'Connel y Henry Grattan en Irlanda. Al otro lado del arco político, tenemos al apóstata Talleyrand en Francia, tres presidentes franceses, el administrador derechista y poeta Goethe, dos reyes de Prusia del siglo XIX, varios reyes de Inglaterra, miembros de la nobleza inglesa y muchos miem-bros del clero anglicano.

## La francmasonería en América

Quizás no resulte extraño que la francmasonería ejerciera su más profunda influencia en las tierras que explorara y que quizás el conde Henry St. Clair eligiera como destino último. La hermandad fraterna llegó a América del Nor-te a principios del siglo XVIII como consecuencia de la emigración de francma-sones desde el Reino Unido a las colonias, así como a través de las actividades de las logias itinerantes del ejército británico. Se crearon logias en Boston y en Filadelfia en 1730, y un destacado estadounidense, Benjamin Franklin, pu-blicó el primer libro masón del Nuevo Mundo en 1734.[40] Para cuando estalló la Revolución estadounidense, la mayoría de los más destacados defensores de la independencia, como George Washington, Paul Revere y John Hancock, eran miembros del Arte, al igual, cómo no, que muchos miembros del ejército británico de ocupación.

Tras la guerra de la Independencia, se crearon en Estados Unidos Grandes Logias nuevas, de modo que los francmasones estadounidenses dejaron de es-tar bajo el control activo de la Gran Logia de Londres. Los críticos del Arte han señalado que, en América, al igual que había pasado en Europa, ser miembro de la masonería era un requisito previo casi inevitable para ostentar un alto cargo. Como ya hemos mencionado, aunque la francmasonería extraía a sus miembros de todos los ámbitos de la vida, también es cierto que solía reclutar un gran número de personas entre las clases aristocráticas, así como entre las clases cultas y de las profesiones liberales. Por tanto, si bien cualquier persona puede ser miembro de la francmasonería, con independencia de su nacionalidad, su religión y sus ideas políticas, no resulta sorprendente que, en el contexto histórico, entre sus miembros haya habido un gran número de políticos y de jefes de Estado. Desde los tiempos de George Washington hasta los de Gerald R. Ford, a finales del siglo XX, se sabe que catorce presidente de Estados Unidos han sido francmasones.[41] La Declaración de Independencia de Estados Unidos la firmaron nueve miembros del Arte, y el pensamiento masónico constituyó la influencia predominante en la creación de lo que muchas autoridades consideran que es la personificación de los más elevados ideales de la democracia, a saber: la Constitución de Estados Unidos.

## La Constitución de Estados Unidos

La Constitución de Estados Unidos se redactó en la Convención Constitucional celebrada en Filadelfia entre el 25 de mayo y el 17 de septiembre de 1787. Este documento sigue siendo la constitución más antigua que se haya escrito en cualquier estado y que siga estando vigente. En su núcleo se encuentra el concepto democrático que dice que todas las formas de gobierno deben de estar confinadas bajo el imperio de la ley.

La constitución es en muchos aspectos la encarnación de los principios de la Era de la Ilustración del siglo XVIII y se vio fuertemente influenciada, no sólo por las creencias masónicas, sino también por diversos filósofos europeos y americanos como John Locke, Voltaire, Montesquieu y Thomas Paine, todos los cuales criticaron con dureza a los gobiernos despóticos y sugirieron que el poder democrático tenía que proceder desde abajo, y no ser impuesto desde arriba. Al igual que en la Declaración de Arbroath de 1340, en la que el rey de los escoceses tuvo que aceptar que su poder derivaba del consentimiento de su pueblo, la Constitución de Estados Unidos proclamaba que el gobierno sólo podría derivar su poder del consentimiento de los gobernados. Además, se basaba en la idea de que todos los hombres libres tienen ciertos derechos naturales e inalienables, y que estos derechos deben ser respetados por el gobierno, sea cual sea la forma que adopte. Clave en esta idea se hallaba el concepto de que todos los hombres nacen iguales y deben ser tratados como iguales ante la ley.

Los Artículos de la Confederación, que se formularon como consecuencia de la hostilidad de diversas colonias norteamericanas contra el despótico gobierno británico, incorporaba en su núcleo la repugnancia de los colonos ante cualquier forma de autoridad nacional fuerte, de tal modo que casi todo poder efectivo quedaba en manos de las autoridades locales. La nueva constitución se basaba en la suposición razonable de que sería tan sabio como prudente distribuir y equilibrar los poderes entre los diferentes gobiernos, dando poderes locales definidos y una considerable autonomía a los gobiernos de los estados, y dejando los poderes generales al gobierno de la nación. La asignación al gobierno nacional o federal de sólo aquellos poderes que específicamente se le delegaban se hizo de manera que quedara claro que todos los demás poderes quedarían en manos de los gobiernos de los estados. Los amplios poderes del presidente se ordenaron en diversos lugares mediante responsabilidades designadas que se definieron con toda claridad. El concepto de Montesquieu de la separación y el equilibrio de poderes se adoptó con entusiasmo y, como consecuencia de ello, John Adams proclamó que los ocho mecanismos explícitos de equilibrio dentro de la constitución eran una magnífica muestra de la virtud republicana del documento. Estas comprobaciones y equilibrios guardaban relación entre:

1. Los estados y el gobierno central.
2. La Cámara de Representantes y el Senado.
3. El presidente y el Congreso.
4. Los tribunales y el Congreso.
5. El Senado y el presidente (en lo relativo a nombramientos y tratados)
6. El pueblo y sus representantes.
7. Las legislaturas estatales y el Senado (en la elección original de senadores).
8. El Colegio Electoral y el pueblo.

Aunque la Constitución de Estados Unidos tenía muchas imperfecciones propias del ser humano, se enmarcó no obstante con tanta sabiduría que ha sido capaz de asimilar posteriores enmiendas y elaboraciones, dentro de esa soberbia garantía de los derechos del pueblo a ser gobernado bajo la ley que tiene actualmente.

La filosofía de la tradición del Rex Deus, que a través de la sabiduría del conde William St. Clair de Roslin se difundió en el mundo emergente de la francmasonería, salió a la luz con unos efectos sumamente beneficiosos en Estados Unidos. Pero, lamentablemente, su aplicación se vería seriamente limitada, y lo haría de un modo que habría horrorizado a Henry St. Clair y a su nieto, William, el gran maestro hereditario de los gremios de Escocia. A pesar de la idea de que «todos los hombres nacen iguales y tienen derecho a igual trato ante la ley», hubo dos colectivos humanos que serían rigurosa y cruelmente excluidos de su protección: la población esclava de los estados del sur y los indígenas americanos. Quizás no consuele mucho decir que, en la historia de los Estados Unidos, los esclavos, al menos, fueron hasta cierto punto desagraviados mucho antes de que se hiciera lo mismo con los pueblos nativos, quienes, en general, dieron la bienvenida a los primeros colonos y les ayudaron en sus primeras penurias y tribulaciones. Y esta situación se hace particularmente trágica si tenemos en cuenta las sorprendentes similitudes existentes en cuestión de cultura, espiritualidad, acciones y creencias que sostenían e inspiraban a las familias del Rex Deus, como los St. Clair, por una parte, y los nativos americanos, como los mi'qmaq, por otra.

## NOTAS

1.  Andrew Sinclair, *The Sword and the Grail* (Londres: Century, 1993), p. 154, que cita 1406 como fecha de la muerte de Antonio Zeno; también Frederick Pohl, *Prince Henry Sinclair* (Halifax, NS: Nimbus Publishing, 1967), p. 172, que cita 1405.

2.  Alexander Sinclair, *Sketch of the History of Roslin and its Possesors;* Rev. Fr. Hay, *The Genealogie of the St. Clairs of Roslin* (Edimburgo: Maidement, 1835); también Andrew Sinclair, *The Sword and the Grail*, pp. 149-50.

3.  Pohl, *Prince Henry Sinclair*, p. 173.

4.  Thormodus Torfaeus, *Orcades seu rerum Orcadiensum Historia* (Copenhague: H. C. Paulli, 1715).

5.  Niven Sinclair, *Beyond Any Shadow of Doubt*, (Londres: publicación privada, 1998), sección 4.

6.  J. Storer Clouston, *A History of Orkney* (Kirkwall, UK: W. R. Mackintosh, 1932), p. 242.

7.  Torfaeus, *Orcades*.

8.  Bishop Tulloch, *Genealogy and Deduction of the Earls of Orkney*.

9.  Tim Wallace-Murphy, *An Illustrated Guidebook to Rosslyn Chapel* (Roslin, UK: Friends of Rosslyn, 1993), p. 3.

10.  Wallace-Murphy, *An Illustrated Guidebook to Rosslyn Chapel*, p. 4.

11.  Thomas McGibbon y David Ross, *Castelated and Domestic Architecture of Scotland*, 5 vols. (Edimburgo: David Douglas, 1887-1892).

12.  Tim Wallace-Murphy y Marilyn Hopkins, *Rosslyn: Guardian of the Secrets of the Holy Grail* (Shaftsbury, UK: Element Books, 1999), p. 10.

13.   Rudolf Steiner, *Die Templlegende und die Goldene Legende*, conferencia n°. 93.

14.   Tim Wallace-Murphy, *The Templar Legacy and Masonic Inheritance within Rosslyn Chapel* (Roslin, UK: Friends of Rosslyn, 1996), pp. 29-30.

15.   Wallace-Murphy, *The Templar Legacy and Masonic Inheritance within Rosslyn Chapel*, p. 12.

16.   Wallace-Murphy, *An Illustrated Guidebook to Rosslyn Chapel*, p. 14.

17.   Wallace-Murphy, *The Templar Legacy and Masonic Inheritance within Rosslyn Chapel*, p. 27.

18.   Gedricke, historiador de la francmasoneria del siglo XVIII.

19.   T. Ravenscroft y Tim Wallace-Murphy, *The Mark of the Beast* (London: Sphere Books, 1990), p. 63.

20.   Wallace-Murphy y Hopkins, *Rosslyn: Guardian of the Secrets of the Holy Grail*, p. 10.

21.   Tim Wallace-Murphy, Marilyn Hopkins y Graham Simmans, *Rex Deus* (Shaftsbury, UK: Element Books, 2000), p. 236.

22.   La Peregrinación de Iniciación se describe en *Rosslyn: Guardian of the Secrets of the Holy Grail*.

23.   La leyenda de la ascendencia del Sumo Sacerdote del Templo de Jerusalén es el tema principal de *Rex Deus*.

24.   Wallace-Murphy *et al.*, *Rex Deus*, capítulos 9, 10, 11.

25.   Ibid., capítulo 15.

26.   Wallace-Murphy, *An Illustrated Guidebook to Rosslyn Chapel*, p. 3.

27.   Wallace-Murphy *et al.*, *Rex Deus*, p. 217.

28.   Chris Knight y Robert Lomas, *The Second Messiah* (Londres: Century, 1997), p. 32.

29.   Knight y Lomas, *The Second Messiah*, p. 32.

30.   Wallace-Murphy, *The Templar Legacy and Masonic Inheritance within Rosslyn Chapel*, p. 23.

31.   El documento original se conserva en la Gran Logia de Escocia, hay una copia en la Biblioteca Nacional de Edimburgo.

32.   El documento original se conserva en la Gran Logia de Escocia, hay una copia en la Biblioteca Nacional de Edimburgo.

33.   Wallace-Murphy *et al.*, *Rex Deus*, p. 243.

34.   Ibid., p. 244.

35.   Ibid., p. 245.

36.   Michael Baigent y Richard Leigh, *The Temple and the Lodge* (Londres: Corgi, 1992), p. 259.

37.   Baigent y Leigh, *The Temple and the Lodge*, p. 351.

38.   Wallace-Murphy *et al.*, *Rex Deus*, pp. 257-58.

39.   Baigent y Leigh, *The Temple and the Lodge*, p. 262.

40.   Wallace-Murphy *et al.*, *Rex Deus*, p. 219.

41.   Ibid., p. 240.

# 15

# El legado de los viejos

La exploración europea y el aprovechamiento de los recursos de América, que se dieron con tanta celeridad después del primer viaje de Cristóbal Colón, se deslucieron irremisiblemente con tantas medidas represivas y explotadoras. En el transcurso de los cien primeros años desde la llegada de los europeos, la población nativa total descendió desde los setenta y cinco u ochenta millones estimados de personas hasta unos diez o doce millones, una dramática caída, debida principalmente al genocidio. En el contexto de la población mundial total de aquella época, este crimen excede con mucho en escala, en naturaleza y en brutalidad incluso al holocausto nazi contra los judíos, los gitanos y los rusos durante la Segunda Guerra Mundial. La destrucción de los pueblos nativos se «justificó» teológicamente, pues «Los conquistadores españoles llegaron a la conclusión de que los pueblos nativos no tenían alma y, por tanto, tenían perfecto derecho a esclavizarlos o matarlos».[1] Los problemas laborales que generó esta oleada de asesinatos en masa se resolvería eventualmente con la importación de esclavos negros desde el oeste de África.

Aunque el nacimiento de la Norteamérica protestante fue un acto político deliberado, el comportamiento de los miembros de la Iglesia reformada no fue muy diferente del de sus homólogos católicos en el sur. La codiciosa rapacidad y la arrogancia intelectual y racial de los colonos hubiera bastado de por sí para inducir al genocidio y a la destrucción cultural; pero, aliadas con la certidumbre religiosa, imprudentemente mezclada con los nuevos conceptos científicos y con la ética protestante del trabajo, trajeron consigo una desacralización del mundo natural en la mentalidad de los colonos. Y así, la naturaleza y todo lo que había en ella se vio amenazado, junto con los pueblos nativos que tanto la reverenciaban.

Los primeros colonos de Nueva Inglaterra trataban a los nativos americanos con desdén y se mofaban de sus valores culturales. Los puritanos, cuya búsqueda de libertad religiosa y de un estado fundamentado en los principios cristianos llevó a la creación de Estados Unidos, estaban, debido a su fanática certidumbre religiosa, mal equipados para tolerar a un pueblo con unas creencias y una cultura totalmente diferentes, así como para vivir en paz con ellos. «Si hubieran sido genuinos reformadores, habrían tenido que aceptar el Nuevo Mundo. Pero no había nada en su historia que les dijera cómo hacerlo.»[2] El escritor y activista de los derechos civiles Daniel N. Paul afirma que «la compasión de los europeos para con los aborígenes americanos fue con demasiada frecuencia inexistente. Sin embargo, en lo que dejaron escrito para la posteridad, cuando hablaban de la relación mantenida con las distintas tribus, los europeos no dejaban de ensalzar la benévola generosidad que habían mostrado los nativos americanos con ellos».[3] ¿Quiénes eran estos pueblos a los que tan neciamente traicionamos y a los que a punto estuvimos de destruir?

## La espiritualidad de los nativos americanos

Los nativos americanos eran (y los descendientes de sus supervivientes siguen siendo) personas de una intensa y profunda espiritualidad, gentes que siempre buscaron, instintiva, deliberada y conscientemente, una guía espiritual en todo lo que hacían; una raza que vivía en vibrante armonía con la tierra y con todas las criaturas que la habitaban; una población que era consciente, gracias a su intuición natural, de que el espíritu de Dios residía dentro de todos y cada uno de los aspectos de la creación. Sus propias palabras describen mejor que ninguna otra cosa esta relación íntima espiritual con la naturaleza:

> No hay lugares silenciosos en las ciudades del hombre blanco. Ningún lugar donde escuchar como brotan las hojas en la primavera o el zumbido de las alas de un insecto. ... ¿Y qué queda de la vida si un hombre no puede escuchar el graznido solitario del chotacabras o las discusiones de las ranas en torno a un estanque en la noche?

Todo lo que le pase a la Tierra les pasará también a los hijos de la Tierra. Si los hombres escupen en el suelo, se escupen a sí mismos. Porque nosotros sabemos esto: que la Tierra no le pertenece al hombre; es el hombre quien pertenece a la Tierra. Esto sabemos. Todas las cosas están relacionadas entre sí, como la sangre que une a una familia. Todo lo que le ocurra a la Tierra les ocurrirá también a los hijos de la Tierra. El hombre no tejió la trama de la vida: el hombre no es más que un hilo de ella. Todo lo que le haga a esa trama se lo hace a sí mismo.[4]

Cada palmo de esta Tierra es sagrado para mi pueblo. ... La savia que corre por los árboles porta los recuerdos del piel roja. ... Nuestros muertos nunca olvidan esta hermosa Tierra, pues es la madre del piel roja. Nosotros somos parte de la Tierra, y ella es parte de nosotros. ... El murmullo de las aguas es la voz del padre de mi padre. Los ríos son nuestros hermanos, ellos apagan nuestra sed. El aire es precioso para el piel roja, pues todas las cosas comparten el mismo aliento. ... Sabemos que el hombre blanco no comprende nuestros caminos. ... La tierra no es su hermana, sino su enemiga, y cuando la ha conquistado, se va. Su voracidad devorará la Tierra y no dejará atrás más que un desierto. ... Pero quizás sea porque yo soy un salvaje y no lo comprendo. ¿Qué sería del hombre sin los animales? Si todos los animales desaparecieran, el hombre moriría de una gran soledad espiritual. Pues todo lo que les ocurra a los animales, no tardará en ocurrirle también al hombre.[5]

Caballo Loco se sumió en el sueño y entró en el mundo donde no hay otra cosa salvo los espíritus de todas las cosas. Ése es el mundo real que hay detrás de éste, y todo lo que vemos aquí es como una sombra de ese mundo.[6]

Todas las cosas son obra del Gran Espíritu. Todos deberíamos saber que él está dentro de todas las cosas: de los árboles, de la hierbas, de los ríos, de las montañas, y de los animales de cuatro patas, y del pueblo con alas: y aún más importante, deberíamos comprender que él está por encima de todas esas cosas y pueblos.[7]

Los nativos americanos utilizaban su intuición espiritual como motivo principal de sus acciones cotidianas en el mundo que habitaban. De esta fuente espiritual extrajeron su sentido del honor, que fue el fundamento de su estilo de vida. Para ellos, no había una división arbitraria entre el mundo espiritual y el mundo material. Su espiritualidad impregnaba cada uno de sus actos, tanto en la guerra como en la paz, en la familia, en las relaciones entre individuos dentro de la tribu y entre las mismas tribus,[8] y fue el fundamento de su coraje, de su cortesía y de su hospitalidad con los rostros pálidos de allende el océano.

Los colonizadores blancos, todos ellos profundamente imbuidos de los preceptos cristianos del amor, la verdad y la caridad, persiguieron y traicionaron a los pueblos nativos, a los que despreciaron como paganos y salvajes pintarrajeados; enfoque que se encuentra en aguda contradicción con la visión del conde Henry St. Clair, pues su expedición a América del Norte formaba parte de la estrategia general del Rex Deus de fundar una comunidad basada en la tolerancia, lejos de la garra opresora de la Santa Madre Iglesia. Por desgracia, debido a las circunstancias, que se combinaron para mantener los viajes en secreto, su objetivo y su espiritualidad no tuvieron el impacto deseado en el comportamiento de los posteriores colonizadores europeos.

Gracias a la previsión del conde William St. Clair y a las actividades de la francmasonería, la filosofía del Rex Deus ejerció cierto grado de influencia formativa en el desarrollo de la Constitución de Estados Unidos, como ya explicamos antes. A pesar de la aclamación general ante el desarrollo de la cultura y de la economía en Estados Unidos y en Canadá como faro de libertad y de oportunidades para las gentes de procedencia europea, no hubo, por desgracia, un reflejo en el resto de los esfuerzos coloniales europeos en su brutal indiferencia por los derechos de los pueblos indígenas.

Impulsada por la ética protestante del trabajo, la economía norteamericana no tardó en superar a las de sus progenitores europeos y comenzó a dominar, si no a controlar, la economía mundial en su conjunto. La filosofía del desarrollo económico en el siglo XX discurrió a partir de este punto destruyendo, saqueando y contaminando el mundo natural, hasta el punto en que la misma humanidad es ahora una especie en peligro. Los países desarrollados de Occidente han sembrado los vientos, pero todo el mundo tiene que cosechar ahora las tempestades de la contaminación atmosférica, del peligro radiactivo, de la escalada en el crecimiento de la población y del efecto invernadero. Pero, por deprimentes que puedan antojársenos estas consecuencias, aún se pueden mitigar. Podemos comenzar a aplicar las lecciones que se pusieron en práctica cuando Henry St. Clair y Antonio Zeno encontraron a los mi'qmaq en América del Norte.

# Un cambio de paradigma

¿Existe alguna evidencia que nos diga que, en este comienzo del tercer milenio, estamos por fin preparados para aprender del pasado? Nosotros creemos que sí que las hay, tanto en el mundo de la política como en el de la población de los países desarrollados occidentales. Desde la década de 1960, la opinión pública ha llevado a cabo campañas contra la injusticia, el racismo y la destrucción del medio ambiente, campañas que, llegados a este punto, parecen formar parte integral de la sociedad.[9] Las maneras de ver el mundo cambian; y los paradigmas no sólo se transforman, sino que a menudo se ven desplazados enérgicamente; las nuevas ideas, hasta que demuestran su valor, se ven sustentadas por una minoría comprometida, esa minoría que tiene el coraje suficiente para actuar. Edmund Burke dijo: «Nadie puede cometer mayor error que el de no hacer nada porque pensó que sólo podía hacer un poco». Tenemos que comenzar a conducirnos responsablemente con nuestra propia vida y con el lugar en el que vivimos.

La creciente constatación del cambio climático, del incremento en los niveles de contaminación y de la escalada en el crecimiento de la población mundial son razones suficientemente convincentes como para que iniciemos una acción efectiva. Pero si un simple argumento lógico e intelectual hubiera sido suficiente para cambiar la percepción y el modo de actuar de las personas, el reino de los cielos del cual habló Jesús llevaría ya dos mil años entre nosotros. La acción es, en última instancia, más convincente que la fe o los argumentos, pues sólo cuando cambiamos nuestra manera de conducirnos y nos convertimos en la encarnación viva de la experiencia espiritual es cuando podemos influir en los demás.

William James afirmaba que «yo debo de actuar como si lo que hago pudiera marcar la diferencia». Y esto es crucial en las relaciones que mantenemos entre nosotros, así como en nuestra relación con la naturaleza en general. Como individuos, razas o naciones, tenemos que reconocer que la paz no se puede imponer desde arriba; no es el fruto de una legislación, ni se deriva de las disposiciones religiosas ni de los códigos morales. La paz crece en nuestro interior, a partir de las energías cooperadoras de los seres humanos. Como indicó la psicóloga estadounidense Marilyn Ferguson: «.La paz es un estado mental, no el estado de una nación».[10] Paz y justicia no son simplemente temas políticos, pues tienen una dimensión espiritual y religiosa innata. El líder de los derechos civiles Martin Luther King, Jr., escribió en cierta ocasión: «Cualquier religión que manifieste estar preocupada por las almas de los hombres y que, sin embargo, no se muestre preocupada por la situación social y económica que puedan estar dejando sus cicatrices en el alma, es una religión espiritualmente moribunda, que sólo espera el día en que vaya a ser enterrada».[11]

En Estados Unidos, tras las campañas por los derechos civiles de la década de 1960, se han dado pasos agigantados para combatir la injusticia racial. Políticos de toda América del Norte están intentando desagraviar a los pueblos nativos americanos, de los que tan cruelmente abusaron los invasores blancos. Tanto en Estados Unidos como en Canadá, las leyes están dando cada vez mayores protecciones a los derechos de las tribus que reclaman su legado cultural.

El derecho constitucional de los ciudadanos norteamericanos a tomar parte activa en el proceso de toma de decisiones es casi único en el mundo desarrollado. Es un tributo a la previsión de aquellos hombres espiritualmente dotados que redactaron la Constitución, que en el preámbulo declara: «Nosotros, el pueblo...», algo que sigue teniendo relevancia hoy en día. Los ciudadanos, a título individual, enmarcan resoluciones en el período previo a las elecciones de cada estado con el fin de iniciar cambios en la ley que, de ser aprobados en los referéndums estatales, pasan a la legislación. No conocemos otra democracia donde esto sea posible.

En las democracias de América, aunque los sistemas políticos permitan el cambio y los políticos hayan iniciado algún tipo de desagravio en favor de la población nativa, ¿existe un verdadero electorado para fomentar el cambio? No hay duda de que, estimuladas por las presiones de la crisis global, las personas están pensando en profundidad, están reevaluando las viejas ideas y están mirando al mundo con nuevos ojos; pero, ¿están realmente abiertas a conceptos espirituales?

La respuesta a ambas preguntas es un sonoro *sí.* Existe un movimiento creciente que reclama la existencia de valores espirituales como fundamento para la toma de decisiones desde principios del siglo XIX, cuando un grupo de escritores americanos conocidos como los Trascendentalistas se pusieron a construir sobre los antiguos cimientos europeos que dejaran personajes como Blake y Swedenborg. Helena Petrovna Blavatsky fortaleció este proceso, y la Sociedad Teosófica que ella fundó jugó un papel catalizador a la hora de abrir la conciencia occidental a las potencias místicas inherentes a las filosofías religiosas orientales. El llamado Revival Esotérico en Europa y en todas partes, que se difundió desde finales del siglo XIX en adelante, potenció la conciencia creciente de que el misticismo y la espiritualidad tenían una validez real, y que eran de vital importancia en nuestros tiempos. El misticismo y la espiritualidad tienen en su mismo centro el concepto del cambio de conciencia, hecho que llevó al historiador William McLoughlin a afirmar que la década de 1960 marcó el comienzo del cuarto «gran despertar» de América, y que supuso un tiempo de disloque cultural y de revitalización que se extendería durante tres décadas o más.

> La contracultura, que comenzó a emerger durante la década de 1960, no se limitó sin embargo a Estados Unidos; se difundió rápidamente a través de una nueva y vibrante cultura popular internacional a muchas naciones de Europa. En Escandinavia, Alemania, Francia e Inglaterra, ya existía un grupo creciente, pensante y objetante de gente joven de clase media que se sentían desencantados e incómodos con el desierto emocional y espiritual que constituía el producto final, aparentemente inevitable, de la sociedad de consumo. Así, comenzó un movimiento informal caracterizado por una sed espiritual, un tiempo de creciente sentido de comunidad y una nueva síntesis cultural que estuviera en armonía con la naturaleza y con la Tierra en sí. El trabajo que tenemos por delante ahora, a comienzos del tercer milenio, es buscar una nueva ecología del espíritu.[12]

¿Qué papel pueden jugar la espiritualidad nativa americana y las inspiraciones de los místicos medievales a la hora de generar una transformación efectiva en esta época de cambios tecnológicos? El fundamento de las creencias espirituales nativas americanas lo constituye la certeza de que somos una parte viva de la naturaleza, no sólo unos observadores distanciados y diferenciados de ella; la especie humana es una de las especies sometidas al orden natural, no su dueña. Si utilizamos esta simple verdad como fundamento de nuestro sistema de creencias y construimos sobre él los principios de la tolerancia, el amor y el servicio a la sociedad que fueron el denominador común de las tres culturas que reflejaron aquellos valores cuando la expedición St. Clair/Zeno se encontró con el pueblo mi'qmaq, quizás podamos ganarnos aún nuestro derecho a sobrevivir como especie.

> La Tierra no le pertenece al hombre; es el hombre el que pertenece a la Tierra. ... Esta Tierra es preciosa para el Creador, y hacerle daño a la Tierra es acumular desdenes sobre el Creador. ... Nuestros muertos nunca olvidan esta hermosa Tierra, pues es la madre del piel roja. Nosotros somos parte de la Tierra, y ella es parte de nosotros.[13]

# NOTAS

1. Documento de referencia sobre el proyecto nativo americano en *Teología en las Américas* (Detroit II) julio/agosto, 1980, p. 3.

2. Frederick Turner, *Beyond Geography, the Western Spirit against the Wilderness* (Piscataway, NJ: Rutgers University Press, 1992).

3. Daniel N. Paul, *We Were Not the Savages* (Halifax, NS: Nimbus Publishing, 1993).

4. Jefe Seattle, citado por John M. Rich en *Seattle's Unasnwered Challenge* (Fairfield, WA: Ye Galleon Press, 1970).

5. Discurso del jefe Seattle al presidente de Estados Unidos en 1854, tal como lo expone John M. Rich en *Seattle's Unasnwered Challenge*.

6. John H. Neihart, *Black Elk Speaks* (Nueva York: Washington Square Press, 1959), pp. 70-71.

7. Neihart, *Black Elk Speaks*, pp. 70-71.

8. Paul, *We Were Not the Savages*.

9. La campaña de Martin Luther King para la igualdad racial en Estados Unidos, e incontables «campañas verdes» que se han llevado a cabo en todo el mundo desarrollado.

10. Marilyn Ferguson, *La conspiración de Acuario* (Barcelona: Ed. Kairós, 2007).

11. Martin Luther King, Jr., *Stride towards Freedom* (Nueva York: Harper, 1958), p. 72.

12. William McLoughlin, *Revivals, Awakenings and Reform* (Chicago: University of Chicago Press, 1978).

12. Rich, *Seattle's Unanswered Challenge*.

# Epílogo
# Un viaje moderno de descubrimiento

En el otoño de 1997, una aventurera italiana, Laura Zolo, se vio en mitad de un temporal en su velero, el *7 Rosas*, frente a las costas de Orkney, y buscó refugio en la ensenada de Kirkwall. Durante su forzosa estancia, mientras estaba hojeando una guía turística en un pub, se encontró con un artículo que disparó de inmediato su imaginación. Aquel artículo, publicado para celebrar el 600 aniversario del viaje a América de Henry St. Clair/Zeno, hacía un resumen de las evidencias aportadas en el Simposio Sinclair celebrado en Kirkwall pocas semanas atrás.[1] Laura describió lo que sintió al leer el artículo con las siguientes palabras:

> ¿Por qué nunca había oído hablar de esto? ¿Y por qué se había estado pasando por alto una gesta tan crucial de la historia de la navegación? Estaba decidida a investigar el asunto en cuanto volviera a Italia. Yo soy una navegante italiana, de modo que, cuando leí lo que decían de Zeno, el navegante italiano, me sentí embargada por cierto orgullo patriótico, y pensé: «¡Uau! Un compatriota mío pudo haber formado parte del descubrimiento de América». Es obvio que lo hizo, y yo voy a encontrar las evidencias en el momento en que también lo haga.[2]

A su regreso a Italia, Laura se puso a investigar lo relativo a los viajes por el Atlántico Norte de los hermanos Zeno, y decidió que iba a replicar aquellos viajes con su propio velero, y que iba a sacar a la luz pública los logros de los hermanos Zeno con una noticia internacional. Buscando patrocinio para su proyecto, Laura recibió una respuesta inmediata y generosa por parte de las

*Figura 20. La hermosa y valiente navegante Laura Zolo.*

*Figura 21. Laura Zolo recibiendo unas placas de las autoridades venecianas.*

autoridades municipales de Venecia,[3] que no sólo apoyaron sus esfuerzos, sino también la campaña de la Sociedad Príncipe Henry Sinclair de Norteamérica para dar publicidad a los viajes St. Clair/Zeno del siglo XIV.[4] Laura consiguió también el respaldo de la Marina Italiana,[5] así como el apoyo de las autoridades de su isla natal, Elba.[6]

Nosotros nos enteramos de la existencia del *Projetto Zeno* cuando fuimos invitados a una recepción civil de presentación del proyecto en la Escuela Naval de Morosini, en Venecia, el 16 de diciembre de 1999.[7] Cuando nos presentamos ante la puerta de la escuela, se desencadenaron una serie de problemas, pero también de coincidencias. El guardia de seguridad no hablaba inglés, y se negó a darnos entrada, a la espera de una autorización de sus superiores. Mientras esperábamos, llegó una pareja de jóvenes italianos que hablaban inglés fluidamente, y que se ofrecieron a hacer de traductores para nosotros. La pareja se presentó, y resultó que sus nombres eran Nicolo y Eleanor Zeno; ciertamente, una coincidencia inspirada por la divinidad. Como es natural, Niven Sinclair se sentía encantado con esta reunión de las familias St. Clair y Zeno después de un lapso de seis siglos. Tuvimos tiempo para conversar antes de que comenzara la recepción oficial, y a nuestro grupo se unieron Richard y D'Elayne Coleman, fundadores y directores de la Sociedad Príncipe Henry Sinclair de Norteamérica. Los Coleman habían sido cruciales para el lanzamiento del Projetto Zeno. Luego, llegó Laura Zolo, y se convirtió lógicamente en el centro de atención. Es una mujer muy agradable, con un considerable encanto, y entre otros atributos exhibe un gran coraje, un sólido sentido práctico y, por encima de todo, belleza.

La recepción estuvo presentada y presidida por el responsable cultural del Ayuntamiento de Venecia. El imponente dignatario esbozó el proyecto y le dio la bendición oficial de las autoridades de la ciudad. Niven Sinclair pasó después a relatar los detalles del viaje original del siglo XIV,[8] y Nicolo Zeno y D'Elayne Coleman aportaron también sus comentarios. Luego tomó la palabra Laura, que hizo un breve resumen de su participación y esbozó los objetivos del proyecto. La obsequiaron con una serie de placas conmemorativas de cristal veneciano para que se las entregara a las autoridades civiles de los puertos en los que recalara. Posteriormente, Niven describiría el proyecto del siguiente modo:

> Es el maravilloso proyecto de una hermosa mujer que ya ha circunnavegado el mundo. Tiene la experiencia, el coraje y la determinación para llevar a término este viaje. Se merece nuestro más ferviente apoyo.[9]

*Figura 22. Niven Sinclair y Nicolo Zeno en Venecia.*

Durante los días que siguieron, disfrutamos de la compañía de Eleanor y de
Nicolo Zeno, de Laura y de su compañero y miembro de la tripulación, Cap'n
Jack Lammiman. Pasamos un montón de horas tomando café y charlando en
el confortable aunque abarrotado camarote del *7 Rosas*, que estaba amarrado
cerca del viejo astillero naval del Arsenale. Eleanor y Nicolo no sólo invitaron
a nuestra creciente tribu a su casa en uno de los *palazzi* Zeno originales, sino
que nos obsequiaron generosamente con su tiempo para asegurarse de que
tuviéramos la oportunidad de visitar muchos lugares de Venecia relacionados
con su ilustre familia. Y también fueron los anfitriones de una de las cenas entre amigos más encantadoras a las que hayamos asistido jamás, en la cual el
humor alcanzó altas cotas de surrealismo.

*Figura 23. El velero 7 Rosas llegando al abrigo de Guysborough.*

Acompañados por una escolta oficial proporcionada por la Marina italiana y por una flotilla de pequeñas embarcaciones, Laura y Cap'n Jack zarparon de la laguna de Venecia el 6 de enero del año 2000. Dependiendo por completo de las velas, se enfrentaron a vientos adversos y soportaron diversas condiciones climáticas a medida que avanzaban lentamente hasta Elba y, cruzando el Mediterráneo, a los puertos de Italia, Francia y España, rumbo a Gibraltar y el Atlántico. En su itinerario, habían incluido el paso por los puertos templarios de St. Raphael, Aigües Mortes y Marsella, en el Mediterráneo, Tomar, en Portugal, y La Rochelle, en la costa francesa del Atlántico. Pasaremos por alto el singular, aunque desafortunado, accidente de bicicleta de Cap'n Jack en Hartlepool, donde colisionó con una góndola (son sus palabras, no las nuestras), fracturándose una costilla y echando a perder con agua salada una petaca llena de tabaco de pipa. Tras la pausa en Hartlepool y tras el adecuado tratamiento médico, el velero, de poco más de once metros de eslora, se introdujo en el mar del Norte, atravesando los límites del condado de Orkney del príncipe Henry St. Clair, arribando el martes 20 de junio.

En compañía de Niven, y de Tony y Anna Sinclair, volamos hacia Orkney el jueves 22 de junio. Tras reservar habitaciones en el hotel, nos fuimos de inmediato al puerto, subimos al velero y nos pusimos a escuchar las aventuras que habían vivido Laura y Jack desde que dejaron Venecia. Habían sido muy bien recibidos en todos los puertos donde habían recalado, y ya habían comenzado a darle cuerpo al primer viaje de Zeno a las Orkney. El relato de Laura hizo que la historia de este viaje largo tiempo olvidado cobrara vida de un modo que resultaría sumamente atractivo, no sólo para los historiadores académicos, sino también para el público en general y, lo más importante, para los niños. El hecho de que Laura no fuera una Zeno ni una Sinclair, que no fuera escocesa ni veneciana, le daba un alto grado de imparcialidad, añadiéndole énfasis a la historia que estaba recreando.

El viernes por la mañana, se nos unió el jefe del clan Sinclair, Malcolm Sinclair, conde de Caithness, descendiente directo del conde Henry St. Clair de Orkney. El Consejo de la Isla dio una recepción oficial a Laura en sus oficinas en Kirkwall, en la cual ella les obsequió con una de las placas conmemorativas que le había confiado el Ayuntamiento de Venecia. A cambio, obsequiaron a Laura con una placa de Orkney. Pero un hecho que hay que destacar de la ceremonia fue que ésta tuviera lugar debajo de la bandera de los mi'qmaq con la que Donald Julian, el doctor Peter Christmas y el jefe Kerry Prosper habían obsequiado al pueblo de Orkney durante el Simposio Sinclair de 1997. Después del intercambio de placas, le regalaron a Laura algunos manjares de Orkney para el viaje, así como una botella de whisky (sólo para fines medicinales, evidentemente). Más tarde, le confiaron la Espada de la Paz para que se la entregara al gran jefe de los mi'qmaq en Nueva Escocia. Esta espada ceremonial fue forjada, por encargo especial, por los famosos creadores de espadas Wilkinson, y llevaba grabada la palabra «paz» en más de doscientos idiomas, incluido el mi'qmaq. Llevaba también los símbolos de los mi'qmaq, así como la cruz angrelada de los St. Clair. Debía ser entregada al pueblo mi'qmaq como muestra de respeto y gratitud por la bienvenida y la hospitalidad con la que habían recibido al conde Henry.

La noche del viernes concluyó con una cena en la que estuvimos todos presentes. Tony y Anna Sinclair pasaron el resto del sábado aprovisionando al *7 Rosas* para su travesía por el Atlántico, tras lo cual nuestro grupo partió, tomando un vuelo hacia el sur de nuevo. Laura y Jack asistieron a una recepción en su honor en el Club de Vela, recibiendo más obsequios de las generosas gentes de la isla. Zarparon de Kirkwall rumbo a Shetland el domingo 25 de junio, escoltados por una pequeña flotilla de embarcaciones del Club de Vela de Orkney.

El viaje hasta las Shetland lo llevaron a cabo con la ayuda de una suave brisa del noroeste, mientras Laura y Jack reflexionaban sobre la cálida hospitalidad de Orkney y sobre los muchos presentes que habían recibido. Laura comentaría más tarde que Bressay era un soberbio abrigo natural; y, mientras cruzaban sus tranquilas aguas, les adelantó una imponente réplica de un drakkar vikingo, que estaba recreando los viajes de los que se habla en las sagas vikingas.[10] La historia tiene el hábito de repetirse a sí misma; y, del mismo modo que el conde Henry y Antonio Zeno habían seguido las direcciones de navegación de los exploradores vikingos, ahora, en su recreación del viaje, Laura se encontraba de nuevo siguiendo el rastro de los vikingos. El velero permaneció en Shetland seis días. Laura y Jack disfrutaron de una reunión muy agradable en el Ayuntamiento, con las autoridades civiles de la isla, antes de ponerse manos a la obra con las interminables faenas necesarias para preparar un pequeño velero para tan largo viaje por los mares del norte.[11]

La travesía desde las Shetland a las Feroe fue rápida; les llevó sólo cuarenta horas tocar tierra en Thorshaven, para hacer una estancia muy corta, pues poco después zarpaban rumbo a Islandia. Siendo italiana, los mares del norte y sus condiciones climáticas resultaron para Laura una fuente constante de descubrimientos: el cielo era diferente, el movimiento del siempre cambiante patrón de nubes era una fuente de deleite, y el sol de medianoche era un espectáculo cautivador. Finalmente, divisaron en el horizonte la resplandeciente belleza de una imponente montaña envuelta en hielo. Los acantilados de la isla de Vestmannaeyjar, frente a la costa meridional de Islandia, abrían sus brazos protectores al *7 Rosas*, mientras anclaba en una ensenada perfecta formada por la acción de los volcanes.[12] Laura pensó que aquel abrigo debió de dar un muy necesario refugio a muchos barcos vikingos, camino de Groenlandia y de Vinlandia, en el Nuevo Mundo. Tras un breve descanso de dos días, Laura y Jack zarparon rumbo a Reykjavik, el principal puerto de Islandia, donde tuvieron que esperar varios días a que el temporal amainara. Por suerte, descubrieron que la gente de Islandia es amable y generosa, dispuesta a ayudar siempre que pueden. Dejaron Islandia y pusieron rumbo a Groenlandia el 25 de julio.

El clima y las circunstancias en Groenlandia, Labrador y Newfoundland retrasaron el dia de llegada a Nueva Escocia, que Laura habia estimado hacia finales de la primera semana de septiembre. Tomamos un vuelo con Niven desde Londres a Halifax el jueves 7 de septiembre para encontrarnos con Laura y con Jack, mientras ellos atracaban en Guysborough el viernes. D'Elayne y Richard Coleman, de la Sociedad Príncipe Henry Sinclair de América del Norte, habian hecho un buen trabajo publicitando la llegada de Laura en la prensa local, por lo que había una verdadera muchedumbre esperando en Jost Wharf, en Guysborough, aquel viernes por la tarde.

La gente de la zona, el señor Kerry Prosper y su esposa, y otros miembros de los mi'qmaq, politicos tanto locales como nacionales, el cónsul italiano, la prensa y nuestra pequeña partida nos habíamos congregado con gran expectación en el pequeño fondeadero del centro de Guysborough. A la hora exacta, vimos al *7 Rosas* culminar su largo y fatigoso viaje de más de once mil kilómetros, entrando por el estrecho paso de la bahía de Chedabucto, escoltado por una flotilla de embarcaciones pequeñas, entre las que estaba la del concejal Miles MacPherson, que nos había llevado por estas aguas un año antes, durante nuestro viaje de investigación. Cuando el *7 Rosas* viró hacia el muelle, la muchedumbre se sumió en un extraño silencio, y a muchos se nos saltaron las lágrimas viendo la culminación de tan largo viaje. Laura estaba al timón, y Cap'n Jack en la cubierta de proa, preparado para el atraque. Instantes después de amarrar el barco, todo eran abrazos y besos de bienvenida a Laura y a Jack. Pero en la bienvenida había algo que no esperaba Laura. Su hermano, Andrea, había venido desde Elba para encontrarse con ella al término del viaje.

D'Elayne y Richard Coleman habían organizado una recepción aquella noche en nombre de la Sociedad Príncipe Henry Sinclair de Norteamérica, para dar una bienvenida formal a Laura y a Jack. A este evento asistieron muchos miembros del la Asociación del Clan Sinclair de Nueva Escocia; la Asociación del Clan Sinclair de Canadá; varios visitantes de Estados Unidos; la señora Elo-Kai Ojama, cónsul general de Estados Unidos; el señor Rodolfo Meloni, honorable vicecónsul de Italia; Warden Hines, del Distrito Municipal de Guysborough; Andrea Zolo, de Elba; nuestro grupo y, aunque llegaron durante el acto, Rory Sinclair, de Toronto, que traía al jefe del clan Sinclair, Malcolm Sinclair, del aeropuerto de Halifax. Se le hicieron varias entregas a Laura, incluida una generosa donación de la Sociedad Príncipe Henry Sinclair; luego, a Laura y a Jack les regalaron sendas chaquetas de Nueva Escocia. Como es natural, el acto resultó muy emotivo, y culminó con un discurso de agradecimiento de Laura. Pero, por estimulante que fuera hasta aquel momento, la fiesta sólo estaba empezando.

El sábado brillaba un sol radiante, que mostraba la ensenada de Guysborough en todo su esplendor. A la hora del almuerzo, hubo una recepción formal en el De Barres Manor Hotel para Laura y Jack, organizada por Warden Hines en nombre del Ayuntamiento de Guysborough. A ella asistieron todas las personas citadas antes, además del señor Ron Chisolm, miembro de la Asamblea Legislativa de Guysborough y de Port Hawkesbury; el señor Peter MacKay, miembro del Parlamento por Pictou, Antigonish y Guysborough; el doctor Peter Christmas, don Julián y el gran jefe Ben Sylliboy y su esposa, del pueblo mi'qmaq; el conde de Caithness; y nuestro grupo de Inglaterra. Laura obsequió a Warden Hines con otra placa de cristal veneciano y, en correspondencia, el señor Hines le regaló a Laura una soberbia fotografía enmarcada de la ensenada de Guysborough. Tras un magnífico almuerzo, todo el grupo se trasladó al Parque de Boylston Upper, al lugar en el que la Asociación del Clan Sinclair de Canadá había erigido el monumento conmemorativo al príncipe Henry para culminar la Celebración 2000, el homenaje del clan Sinclair a las naciones mi'qmaq y a los marinos italianos.

En este majestuoso escenario, con la bella panorámica de la ensenada de Guysborough, y bajo la dirección de Jack Sinclair como maestro de ceremonias, el clan Sinclair celebró el logro de Laura al recrear los viajes originales St. Clair/Zeno de finales del siglo XIV. La ceremonia comenzó con los sones de la gaita de Rory Sinclair, en una procesión encabezada por el gran jefe Sylliboy y por el conde Malcolm Sinclair. Intercaladas entre los discursos de diversos dignatarios, se nos obsequió con distintos espectáculos de la zona y con las danzas de los Bailarines Eskasoni de los mi'qmaq, en las que todos fuimos invitados a bailar. Para la mayoría de los presentes, la más conmovedora aportación fue la de una dama calificada como de Poeta Laureada de los mi'qmaq, la señora Rita Joe, que fue galardonada con la Orden de Canadá en reconocimiento a su trabajo como escritora y portavoz de los mi'qmaq. Esta indomable y lúcida mujer de ochenta y dos años de edad, que lleva luchando con la enfermedad de Parkinson desde hace muchos años, se situó en el centro del escenario, se sentó ante el micrófono, y dijo:

Yo soy una mi'qmaq, y hablo por mi pueblo.
Doy la bienvenida
a los marinos venecianos de Italia,
Laura Zolo y el Capitán Jack,

que terminan su heroico viaje en Guysborough.
De las muchas tierras que han visitado
hasta llegar a la nuestra.
Soy una representante de los mi'qmaq,
como en los días de 1398,
la mano tendida sigue aún ahí,
la otra en mi corazón, en señal de amistad.
Yo soy la nación, conocida en todo el mundo,
que ayudó a los hombres quebrantados, sus cuerpos maltrechos
   por el escorbuto,
mi alimento, tu alimento,
mi medicina, tu medicina.
Mi miedo el mismo que el tuyo ante el desconocido.
Hoy ya no hay miedo, sino el saber bienvenido
de que somos amigos, como así debiera,
y la visión que ofreció Antonio Zeno en 1398,
el amistoso recibimiento de la nación mi'qmaq,
le doy las gracias hoy.
Y del viaje del príncipe Henry Sinclair y
el clan que así reconoce esta historia,
al mostrar a los mi'qmaq compasivos
yo agradezco y sé que es cierto.[13]

Aquel sencillo y conmovedor discurso llegó hasta lo más profundo del corazón de los presentes. Niven Sinclair comentó:

> Quizás fuera comprensible que Rita Joe se compenetrara de inmediato con esa otra mujer valiente, Laura Zolo. Cuando se abrazaron, las lágrimas empaparon sus respectivos hombros. Dos mujeres excepcionales, dos culturas, al unísono.[14]

Y Niven, que es un orador de primera, dio el discurso de su vida. Después, llegó el momento de presentar la Espada de la Paz.

Tradicionalmente, la espada es símbolo del honor, de la caballería y de la fraternidad. Y fue con esto en mente como se ofreció la Espada de la Paz a la Nación Mi'qmaq, como reconocimiento a la bienvenida que le dieron al príncipe Henry St. Clair, a Antonio Zeno y a todas las generaciones de escoceses que hicieron su hogar en Nueva Escocia. Malcolm Sinclair, conde de Caithness, en calidad de jefe hereditario del clan de los Sinclair, fue quien entregó la espada al gran jefe Sylliboy de la Nación Mi'qmaq. El gran jefe es un hombre solemne, que ha dirigido a su pueblo en medio de muchas penurias y tribulaciones; pero incluso este hombre curtido se mostró emocionado al recibir este regalo de su homólogo escocés. Sosteniendo la espada con los brazos extendidos, con una mano junto a la empuñadura y la otra en la hoja, dio las gracias en nombre de su pueblo, mientras su rostro temblaba visiblemente. El gran jefe Sylliboy dio la bienvenida a todos al territorio mi'qmaq, y pronunció las siguientes palabras:

> Como gran jefe de la Nación Mi'qmaq, históricamente y hoy en día tengo la responsabilidad del bienestar territorial del pueblo mi'qmaq. Sentimos un inmenso placer al recibir a nuestros amigos del clan Sinclair y a sus muchos seguidores en la continuación de la saga del viaje del príncipe Henry St. Clair al país de los mi'qmaq en el pasado. Nos gustaría agradecer al Muy Honorable Malcolm Sinclair, conde de Caithness y jefe hereditario del clan Sinclair su presencia aquí, hoy, en nuestra tierra mi'qmaq, y su gran gesto de paz entre nuestras dos tribus.
>
> Aceptamos esta hermosa Espada en nombre de nuestra Nación Mi'qmaq como símbolo de la paz y de la perdurable amistad, que acentuará los lazos de una relación duradera.[15]

El gran jefe concluyó su discurso rindiendo homenaje a Laura Zolo, dándole las gracias por recrear el viaje St. Clair/Zeno. Después rindió tributo con todo tipo de elogios al trabajo de Niven Sinclair en sus investigaciones y en la difusión del viaje original al territorio mi'qmaq. Y finalmente, puso la Espada de la Paz bajo la custodia de Donald Julian, director ejecutivo de la Confederación Continental de los Mi'qmaq, para que la conservara hasta que se le diera el lugar de honor que se merecía, en el Museo Dehert, cuando el proyecto hubiera finalizado.[16]

Las palabras de Niven resumen el ambiente que se generó en esta ceremonia:

> Fueron unos instantes que quedarán grabados para siempre en las mentes de todos los que estuvimos allí. Fueron unos instantes en los que dos pueblos de ambos lados del Océano Atlántico, indígenas e inmigrantes, compartieron su historia. Fueron unos instantes en que se compartieron y se derramaron lágrimas en un lazo común de comprensión y amistad que trascendieron los límites de la cultura y las costumbres.

*Figura 24. El conde Malcolm Caithness y el gran jefe Benjamin Sylliboy con la Espada de la Paz.*

Fueron unos instantes en los que el espíritu del príncipe Henry St. Clair se manifestó y permitió que los presentes tomaran conciencia de que el camino del progreso es el camino de la paz. Él sentó un precedente por el modo ejemplar en que trató a los pueblos indígenas con los cuales entró en contacto; un ejemplo que encontró una generosa respuesta en el modo en el cual el pueblo mi'qmaq le recibió. Y fue esta lección la que expresó Rita Joe con sus palabras, con su propio e inimitable estilo.[17]

Pero el viaje de Laura aún no había terminado. Después de dejar Nueva Escocia, continuó el recorrido del viaje original del príncipe Henry St. Clair y se dirigió hacia Vinlandia. Anclando en la Bahía de Boston, ella y Jack se encaminaron a Westford para ver la talla del Caballero de Westford, e interpretaron su papel en la inauguración oficial de una exhibición acerca de la historia de la talla en el Museo de Westford, organizada por Elizabeth Lane, de la Biblioteca J. V. Fletcher.[18] Zarpando nuevamente, se dirigieron a Newport, Rhode Island, donde terminaron la ruta conocida del viaje del príncipe Henry, antes de viajar a Nueva York donde, irónicamente, Laura tomó parte en el Desfile del Día de Colón.

Son muchos los que creen todavía que Cristóbal Colón fue el descubridor de América, a pesar de que estas tierras habían estado ocupadas desde hacía once milenios por los pueblos nativos americanos, a pesar de que habían sido visitadas frecuentemente por egipcios, romanos y vikingos, por no decir nada de las aún no demostradas exploraciones de fenicios y celtas. La participación de Laura en el Desfile del Día de Colón reforzó el hecho de que, más de cien años antes de que Colón zarpara en su famoso viaje, el príncipe Henry St. Clair y Antonio Zeno habían cruzado el Atlántico, que habían llegado en son de paz, que habían establecido buenas y fructíferas relaciones con los mi'qmaq, y que habían creado unos vínculos duraderos y permanentes de amistad con aquel magnífico y compasivo pueblo, unos vínculos que habían soportado los embates del tiempo.

## NOTAS

1.  Kath Gourlay, artículo publicado en el número de 1988 de *Islander*, una publicación anual que habla de los acontecimientos de Orkney.

2.  Gourlay, artículo publicado en el *Scotsman*, lunes, 4 de enero de 2000.

3.  Gourlay, artículo publicado en el *Sunday Times* (edición escocesa), 2 de enero de 2000.

4.  Carta del Ayuntamiento de Venecia a la señora D'Elayne Coleman, fundadora y presidente de la Sociedad Príncipe Henry Sinclair de Norteamérica.

5.  Las evidencias del apoyo oficial de la Marina Italiana al *Progetto Zeno* se encuentran en la utilización de la Escuela Naval de Morosini para el lanzamiento del proyecto y la provisión de una escolta naval oficial durante la partida de Laura desde Venecia el 6 de enero de 2000.

6.  Carta de confirmación emitida por la *Communita Montana dell'Elba e Capria*, fechada el 16 de diciembre de 1999.

7.  Invitación realizada por la *Commune did Venezia*, diciembre de 1999.

8.  El discurso fue un breve resumen de su libro *Beyond Any Shadow of Doubt*.

9.  De una carta de Niven Sinclair a la lista de discusión del clan Sinclair.

10.  Detallado en un e-mail de Laura Zolo a Niven Sinclair.

11.  Detallado en un e-mail de Laura Zolo a Niven Sinclair.

12.  Otro e-mail de Laura a Niven Sinclair, que Laura utilizaría posteriormente como base para escribir un artículo para un periódico.

13.  El discurso lo recogió amablemente Rob Cohn, de Halifax.

14.  De los comentarios hechos por Niven Sinclair y difundidos al clan Sinclair en todo el mundo en las Navidades del 2000.

15.   De un artículo soberbiamente ilustrado de Don Julian titulado «Nation to Na-tion–Chief to Grand Chief: Sword of Peace Presented to Mi'qmaq», *Mi'qmaq-Maliseet Nations News*, noviembre de 2000.

16.   Julian, «Nation to Nation–Chief to Grand Chief: Sword of Peace Presented to Mi'qmaq», *Mi'qmaq-Maliseet Nations News*, noviembre de 2000.

17.   De los comentarios hechos por Niven Sinclair y difundidos al clan Sinclair en todo el mundo en las Navidades del 2000.

18.   Jackie Young, «Museum Musings», *Westford Eagle*, noviembre de 2000.

# La genealogía del conde
# Henry St. Clair

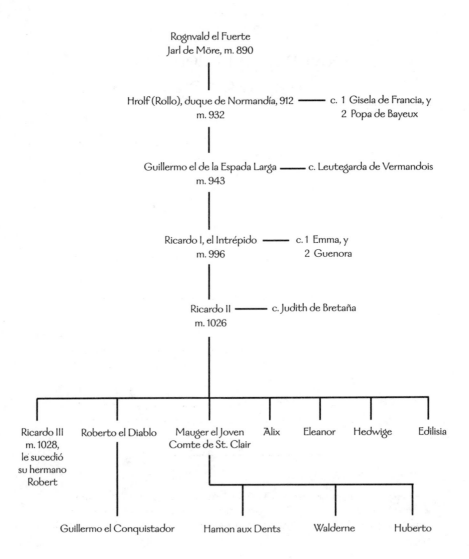

Rognvald el Fuerte
Jarl de Möre, m. 890

Hrolf (Rollo), duque de Normandía, 912 —— c. 1 Gisela de Francia, y
m. 932                                             2 Popa de Bayeux

Guillermo el de la Espada Larga —— c. Leutegarda de Vermandois
m. 943

Ricardo I, el Intrépido —— c. 1 Emma, y
m. 996                              2 Guenora

Ricardo II —— c. Judith de Bretaña
m. 1026

Ricardo III      Roberto el Diablo      Mauger el Joven      Ãlix      Eleanor      Hedwige      Edilisia
m. 1028,                                 Comte de St. Clair
le sucedió
su hermano
Robert

Guillermo el Conquistador      Hamon aux Dents      Walderne      Huberto

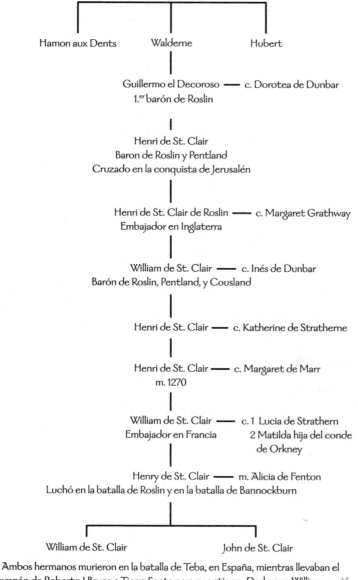

Hamon aux Dents      Walderne      Hubert

Guillermo el Decoroso —— c. Dorotea de Dunbar
1.er barón de Roslin

Henri de St. Clair
Baron de Roslin y Pentland
Cruzado en la conquista de Jerusalén

Henri de St. Clair de Roslin —— c. Margaret Grathway
Embajador en Inglaterra

William de St. Clair —— c. Inés de Dunbar
Barón de Roslin, Pentland, y Cousland

Henri de St. Clair —— c. Katherine de Stratherne

Henri de St. Clair —— c. Margaret de Marr
m. 1270

William de St. Clair —— c. 1 Lucia de Strathern
Embajador en Francia     2 Matilda hija del conde
                           de Orkney

Henry de St. Clair —— m. Alicia de Fenton
Luchó en la batalla de Roslin y en la batalla de Bannockburn

William de St. Clair             John de St. Clair

Ambos hermanos murieron en la batalla de Teba, en España, mientras llevaban el
corazón de Roberto I Bruce a Tierra Santa para su entierro. Dado que William murió
antes que su padre, la baronía de Roslin pasó a su hijo (el nieto de Henry), William de St. Clair.

William de St. Clair —— c. Isabel, hija de Malise Sperra,
Muerto en combate en Lituania, 1358     conde de Orkney

Henry de St. Clair, conde de Orkney,
barón de Roslin, Pentland y Cousland.
Viajó a América con los hermanos Zeno en 1396–1400.

# El mapa del viaje

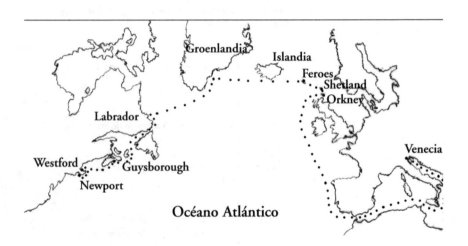

# Bibliografía

Anderson, Rasmus B. *America Not Discovered by Columbus*. Chicago: S. C. Griggs & Co., 1877.

Anderson, W. R. *Viking Explorers and the Columbus Fraud*. Chicago: Valhalla Press, 1981.

*Annual Report of the Board of Regents of the Smithsonian Institution, 1953*. Washington DC: U. S. Government Printing Office, Washington, 1954.

Baigent, Michael y Richard Leigh. *Masones y templarios*. Madrid: Mr Ediciones, 2007.

Bartlett, Robert. *La formación de Europa*. Valencia: Universidad de Valencia, 2003.

Bauer, Fred C. *Norse Visits to America*, con los comentarios de James P. Whittal, Jr. Rowley, MA: Early Sites Research Society, 1990.

Beavois, Eugene. *Les Voyages Transatlantiques des Zenos*. Lovaina, Bélgica: J. B. Istas, 1890.

Beeching, Jack, ed. *Richard Haklyut, Voyages and Discoveries*. Londres: Penguin, 1972.

Boland, Charles Michael. *They All Discovered America*. Nueva York: Doubleday & Co., 1961.

Bolton, Charles K. *Terra Nova, The Nort East Coast of America before 1602*. Boston: F. W. Faxon & Co., 1935.

Bradley, Michael. *Grail Knights of North America*. Toronto: Hounslow Press, 1998.

———. *Holy Grail Across the Atlantic*. Ontario: Hounslow Press, 1988.

Bridge, Anthony. *The Crusades*. Londres: Grenada Publishing, 1980.

Brigham, Herbert Olin. *The Old Stone Mill*. Newport, RI: Franklin Printing House, sin fecha.

Cahill, Ellis. *New England's Viking and Indian Wars.* Peabody, MA: Chandler-Smith Publishing Inc., 1986.

Channing, George G. *Newport Rhode Island 1793-1811.* Citado por Philip Ainsworth Means in *Newport Tower.*

Chapman, Paul H. *The Man Who Led Columbus to America.* Atlanta, GA: Judson Press, 1973.

——. *The Norse Discovery of America.* Atlanta, GA: One Candle Press, 1981.

Clouston, J. Storer. *A History of Orkney.* Kirkwall, UK: W. R. Mackintosh, 1932.

——. *Records of the Earldom of Orkney 1299-1614,* segunda serie. Edimburgo: Impreso por la Scottish Historical Society, 1914.

Collins, Andrew. *Gateway to Atlantis.* Londres: Headline, 2000.

Conchina, Ennio. *Dell'arabico—A Venezia tra Rinascimento e Oriente.* Venecia: Marsilio, 1994.

Davies, Nigel. Voyagers to the New World. Nueva York: William Morrow & Co. Inc., 1979.

Davis, Stephen A. *Mi'qmaq.* Halifax, NS: Nimbus Publishing, 1997.

De Costa, B. F. *The Pre-Columbian Discovery of America.* Traducciones de las Sagas Islandesas. Albany, NY: Joel Munsell's Sons, 1901.

De Saint Clair, Louis Anatole. *Histoire Généalogique de la Famille de St. Clair det ses alliances.* Paris: Hardy & Bernard, 1905.

*Diplomatorum Norvegicum,* Vol. 55. Christiana: R. J. Malling, 1852.

Enterline, James Robert. *Viking America.* Nueva York: Doubleday & Co. Inc., 1972.

Finnan, Mark. *The Sinclair Saga.* Halifax, NS: Formac Publishing Co. Ltd., 1999.

Fischer, Joseph (S. J.). *The Discoveries of the Norsemen in America,* traducido del alemán por Basil H. Soulsby. Londres: Henry Stephens Son & Stiles, 1903.

Fiske, John. *The Discovery of America—with some account of the Ancient American and the Spanish Conquest,* dos volúmenes. Boston: Houghton Mifflin, 1892.

Foote, P. G. y D. M. Wilson. *The Viking Achievement.* Londres: Sidgwick & Jackson, 1974.

Forster, Johann Reinhold. *History of the Voyages and Discoveries Made in the North.* Dublin: 1786.

Fossier, Robert, ed. *The Cambridge Illustrated History of the Middle Ages.* Vol. 3, 1250-1520. Cambridge: Cambridge University Press, 1986.

Gaddis, Vincent H. *American Indian Myths and Mysteries.* Londres: Signet, 1977.

Gathorne-Hardy, G. M. *The Norse Discoverers of America—the Wineland Sagas.* Oxford, Inglaterra: Oxford University Press, 1921.

Gessing, Gutorm. *The Viking Ship Finds.* Oslo, Noruega: A. W. Broggers Boktrykkeri A/S, 1938.

Gibbs, George. *The Gibbs Family of Rhode Island and some Related Families.* Nueva York, 1933.

Gibson, Frances. *The Seafarers: Pre-Columbian Voyages to America.* Filadelfia: Dorrance & Co., 1974.

Godfrey, William S., Jr. *Digging a Tower and Laying a Ghost.* Tesis de doctorado, Cambridge, MA. 1951.

Goodwin, William B. *The Ruins of Great Ireland in New England.* Boston: Meador, 1946.

*Gronlands, Historiske, Mindesmerker.* Vols. 2 y 3. Copenhague, 1838-45.

Grovier, Gabriel. *Découverte de L'Amerique par les Normands au Xme Siècle.* París: Maisonneuve et Cie., 1874.

Gunn, Mark Rugg. *History of the Clan Gunn.* Disponible en la Clan Gunn Association.

Haklyut, Richard. *Divers Voyages touching on the discoverie of America.* Londres: George Bishop and Ralph Newburie, 1582.

——. *English Voyages.* 16 vols. Edimburgo: E. & G. Goldsmid, 1885-1990.

Hapgood, Charles H. *Maps of the Ancient Sea Kings.* Filadelfia y Nueva York: Chilton Books, 1966.

Hardy, G. M. *The Norse Discoverers of America — The Wineland Sagas, translated and Discussed.* Oxford, Inglaterra: The Clarendon Press, 1921.

Haugan, Einar. *Voyages To Vinland, the First American Saga newly translated and interpreted.* Nueva York: Alfred A. Knopf, 1942.

Hay, Rev. Fr. *The Genealogie of the St. Clairs of Rosslyn.* Escocia: Maidement, 1835.

Haywood, John. *The Penguin Historical Atlas of the Vikings.* Londres: Penguin Books, 1995.

*Historic Newport.* Newport, RI: Newport Chamber of Commerce, 1933.

Hjelmeseth, Eilert. *The Secret of Vinland,* trad. por Edna Rude, 1980.

Hobbs, W. H. «The Fourteenth Century Discovery of America by Antonio Zeno». *Scientific Monthly,* Vol. 72, enero de 1951.

——. «Zeno and the Cartography of Greenland», *Scientific Monthly,* Vol. 72, enero de 1951.

——. «The Zeno Map Revisited», *Imago Mundi,* Vol. 6, 1949.

Hodgeman, Rev. Edwin R. *The History of the Town of Westford in the County of Middlesex, Massachusetts, 1659-1883.* Westford, MA: Westford Town Historiacl Association, 1883.

Hodgeson, F. C. *Early History of Venice.* Londres, 1901.

Hoffman, Bernard Gilbert. *The Historical Ethnography of the Micmac of the Sixteenth and Seventeenth Centuries.* Tesis doctoral, University of California, 1955.

Holand, Hjalmar R. *America 1355-1364.* Nueva York: Duell, Sloan & Pearce, Inc., 1946.

——. *Explorations in America before Columbus.* Nueva York: Twayne Publishers Inc., 1956.

——. *A Pre-Columbian Crusade to America.* Nueva York: Twayne Publishers Inc., 1962.

——. *Westward from Vinland.* Nueva York: Duell, Sloan & Pearce, Inc., 1940.

Honore, Pierre. *La leyenda de los dioses blancos.* Barcelona: Ed. Destino, 1989.

Hopkins, Marilyn, Graham Simmans y Tim Wallace-Murphy. *Los hijos secretos del Grial*. Barcelona: Planeta-De Agostini, 2006.

Horn, Georg. *De Originibus Americanus*. La Haya: Johannis Mulieri, 1669.

Horsford, Eben Norton. *The Discovery of the Ancient City of Norumbega*. Boston y Nueva York: Houghton Mifflin & Co., 1890.

Ingstad, Helge. *Wesward to Vinland*. Nueva York: St. Martin's Press, 1969.

Irwin, Constance. *Fair Gods and Stone Faces*. Londres: W. H. Allen, 1964.

Jacopo, obispo de Padua. *Biography of Carlo Zeno*. Editor desconocido.

James, Peter y Nick Thorpe. *Ancient Inventions*. Londres: O'Mara Books, 1994.

Joe, Dame Rita. *Lnu and the Indians we're called*. Nueva Escocia: Ragweed Publishers, 1991.

Kirk, Poul. *Hope and Onefootland—Exploring Vinland, 1981*. Edición privada limitada del autor, Eblerosestien 9, 3460 Birkerod, Dinamarca, 1981.

Knoup, James. *The Genesis of Freemasonry*. Manchester, Inglaterra: Manchester University Press, 1947.

Leland, Charles Godfrey. *The Algonquin Legends of New England*. Boston: Houghton Mifflin, 1884.

——. *The Mythology, Legends and Folk-Lore of the Algonkins*. Londres: Royal Society of Literature Transactions, serie 2, vol. 14, 1886.

Leland, Charles Godfrey y John Dyneley Prince. *Kuloscap the Master and Other Algonquin Poems*. Nueva York: Funk & Wagnalls, 1902.

Lewis, Archibald R. *The Northern Seas, Shipping and Commerce in Northern Europe 300-1100 d. C.* Nueva York: Octagon Books, 1978.

Linklater, Eric. *Orkney and Shetland, an historical and geographical survey*. Londres: Robert Hale, 1965.

Lossing, Benson J. *Pictorial Field Book 1855*. Nueva York: Harper and Bros., 1862.

Lucas, Fred W. *Annals of the Brothers Nicolo and Antonio Zeno*. Londres: Henry Stephens Son & Stiles, 1898.

Magnusson, obispo Olaus. *Historia de gentibus septrionalibus*. Roma, 1528.

Major, Richard Henry, trad. *The Voyages of the Venetian Brothers Nicolo and Antonio Zeno to the Northern Seas in the XIVth Century*. Londres: The Haklyut Society, 1883.

——. *Voyages of the Zeno Brothers*. Londres: The Haklyut Society, 1873.

Mallery, Arlington. *The Rediscovery of Lost America*. Nueva York: E. P. Dutton, 1979.

Marx, Robert y Jennifer. *In Quest of the Great White Gods: Contact between the Old and the New World from the Dawn of History*. Nueva York: Crown Publishers, 1992.

McGlone, William R. y Philip M. Leonard. *Ancient Celtic America*. Fresno, CA: Panorama West Books, 1986.

McGlone, William R.; Philip M. Leonard; James L. Guthrie; Rollin W. Gillespie y James P. Whittal, Jr. *Ancient American Inscriptions*. Rowley, MA: Early Sites Research Society, 1993.

Means, Philip Ainsworth. *Newport Tower*. Nueva York: Henry Holt & Co., 1942.

Morse, Rev. Abner. *Further Traces of the Ancient Northmen in America*. Boston: Dutton, 1861.

Mundy, Martin J. *The Irish in America One Thousand Years Before Columbus*. Boston: Angel Guardian Press, 1906.

Munn, W. A. *Wineland Voyages*. St. John's, Newfoundland: The Labour Press, 1959.

Neihart, John G. *Black Elk Speaks*. Nueva York: Washington Square Press, 1959.

Nilsestuen, Rolf M. *The Kensington Runestone Vindicated*. Lanham, MD: University Press of America, 1994.

Nordenskiold, A. E. *Om Broderna Zenos Resor och de Aldasta Kartor Ofver Norden*. Estocolmo, Suecia: Central-Tryckeriet, 1883.

Norwich, John Julius. *Historia de Venecia*. Granada: ALMED, 2003.

——. *Breve historia de Bizancio*. Madrid: Ed. Cátedra, 2000.

Palsson, Hermann y Paul Edwards, trad. *Orkneyinga Saga*. Londres: Penguin Books, 1981.

Paul, Daniel N. *We Were Not the Savages*. Halifax, NS: Nimbus Publishing, 1993.

Pigafetta, Antonio, trad. por John Pinkerton. *To America and Around the World—comprising the Journal of the First Voyage of Chirstopher Columbus*, Markham, Clements S. (traducido para la Haklyut Society para la edición de 1893) más, *Voyage Around the World*, de Fernández Magellan. Boston: Brandon Publishing Company, 1990.

Pohl, Frederick J. *Atlantic Crossings before Columbus*. Nueva York: Norton & Co., 1961.

——. *The Lost Discovery*. Nueva York: Norton & Co., 1952.

——. *Prince Henry Sinclair*. Halifax, NS: Nimbus Publishing, 1967.

——. *The Sinclair Expedition to Nova Scotia in 1398*. Pictou, NS: Pictou Advocate Press, 1950.

——. *The Vikings of Cape Cod*. Pictou, NS: Pictou Advocate Press, 1957.

Prytz, Kare. *Westward Before Columbus*, Liv Myhre y Charles De Stephano, trad. Oslo, Noruega: Norsk Maritimt Forlag A/S, 1991.

Rafn, Carl Christian. *Memoire sur la découverts de l'Amérique au dixième siècle*. Copenhague: Societé Royale des Antiquaires du Nord, 1843.

Ramusio, Giovanni Batista. *Secudo Volume Della Navigatio et Viaggi*. Venecia, 1559.

Rand, Silas. *Legends of the Micmacs*. Nueva York: Longmans & Green, 1894.

Ravenscroft, Trevor y Tim Wallace-Murphy. *The Mark of the Beast*. York Beach, ME: Samuel Weiser Inc., 1997.

Rich, John M. *Seattle's Unanswered Challenge*. Fairfield, WA: Ye Galleon Press, 1970.

Robinson, John J. *Born in Blood*. Londres: Arrow Book, 1993.

——. *Dungeon, Fire and Sword*. Londres: Brockhampton Press, 1999.

Roesdahl, Else. *The Vikings*. Londres: Penguin Books, 1991.

Runciman, Stephen. *A History of the Crusades*, 3 Vols. Londres: Pelican, 1971.

*Saga Hakon Hakonarsonar* (Codex Frisianus). Documento medieval.

Sertima, Ivan Van. *They Came Before Columbus*. Nueva York: Random House, 1976.

Sewall, Rufus King. *Ancient Voyages to the Western Continent*. Nueva York: G. P. Putnam's Sons, 1893.

Shelton, F. H. *More Light on the Old Mill at Newport*. Newport, RI: Newport Historical Society, 1917.

Sinclair, Alexander. *A Sketch of the History of Roslin and its Possesors*. Edimburgo: Irwin, Maxwell, Dick, 1856.

Sinclair, Andrew. *La espada y el Grial*. Madrid: Edaf, 1994.

Sinclair, Niven. *Beyond Any Shadow of Doubt*. Londres: publicación privada, 1998.

Sinclair, Thomas. *Caithness Events*. Wick, UK: W. Rae, 1899.

Sincleer, Henry Lord. *The Descent and Pedegree of the most noble and ancient house of the Lords of Sincleer*. No figura lugar de publicación, 1590.

Sjovold, Thorleif. *The Viking Ships in Oslo*. Oslo: Universitetets Oldsaksamling, 1985.

Skelton, R. A., Thomas E. Marston y George D. Painter. *The Vinland Map and the Tartar Relation*. New Haven, CT: Yale University Press, 1995.

Smart, T. H. *Pre-Columbian Historical Treasures—The Flatey Book and recently Discovered Vatican Manuscripts Concerning America as Early as the Tenth Century*. Londres, Estocolmo, Copenhague y Nueva York: Norroena Society, 1908.

Stephenson, David. *The First Freemasons*. Aberdeen UK: Aberdeen University Press, 1989.

Storm, Professor. «Studier over Vinlandsreiserne». *Aaboger for Nordske Oldkyndighed og Historie*. Copenhague, 1887.

Taylor, E. G. P. *A Fourteenth Century Riddle*. No figura fecha de publicación.

Thompson, Gunnar. *American Discovery*. Seattle, WA: Misty Isles Press, 1992.

——. *The Friar's Map of Ancient America—1360 d. C.* Seattle, WA: Laura Lee Production & Argonauts of the Misty Isles, 1996.

Torfaeus, Thormodus. *Orcades seu rerum Orcadensium historiae*. Copenhague: H. C. Paulli, 1715.

Tulloch, obispo. *Genealogy and Deduction of the Earls of Orkney*. No figura fecha de publicación.

Turner, Frederick. *Beyond Geography, the Western Spirit against the Wilderness*. Piscataway, NJ: Rutgers University Press, 1992.

*Viking Ship Finds*. Publicado por el conservador del museo de Gokstad en 1938.

Wahlgreen, Erik. *The Kensington Stone—a Mystery Solved*. No figura lugar de publicación: University of Wisconsin Press, 1958.

Wallace-Murphy, Tim. *An Illustrated Guidebook to Rosslyn Chapel.* Roslin, UK: The Friends of Rosslyn, 1993.

——. *The Templar Legacy and the Masonic Inheritance within Rosslyn Chapel.* Roslin, UK: The Friends of Rosslyn, 1994.

Wallace-Murphy, Tim y Marilyn Hopkins. *Rosslyn: Guardian of the Secrets of the Holy Grail.* Shaftsbury, UK: Element Books, 1999.

Whitehead, Ruth Holmes. *Stories from the Six Worlds, MicMac Legends.* Halifax, NS: Nimbus Publishing, 1988.

Whitehead, Ruth Holmes y Harold McGee. *The Micmac.* Halifax, NS: Nimbus Publishing, 1983.

Whittal, James P. ed. *Ground Penetrating Radar Survey of the Newport Tower Site, Touro Park, Newport Rhode Island.* Rowley, MA: Early Sites Research Society, 1994.

——. *T. C. Lethbridge—Frank Glynn, Correspondence 1950-1966.* Rowley, MA: Early Sites Research Society, 1998.

Wright, Ronald. *Continentes robados.* Madrid: Anaya & Mario Muchnik, 1994.

Zurla, D. Placido. *Dissertazione intorno ai viaggi e scoperte settrionali de Nicolo ed Antonio fratelli Zeni.* Venecia, 1808.

# Índice general

### PRIMERA PARTE
### Preparando el terreno para la exploración

### SEGUNDA PARTE
### Tras la estela de la historia